質感生活編輯術

讓48萬粉絲信任的安娜主編
一點一滴創造你的理想人生

An Edited Life

Simple Steps
to Streamlining Life,
at Work and at Home

安娜・牛頓◎著
Anna Newton

侯嘉珏◎譯

目錄 CONTENTS

【引言】別再尋尋覓覓了，我在這 004
基本原則 014
開始前…… 017

PART1

生活

搞定你的日記 023
理財：無聊卻重大的事 035
寵愛自己 067
如何擁有適合你的社交生活 114
打造目標和未來計畫 131
編輯後的生活確認清單 156

PART2

工作

規劃工作場所 159
如何計畫工作日 175
如何完成工作 206
編輯後的工作確認清單 233

PART3

住家

如何簡化並規劃住家 238
如何打造膠囊衣櫥 268
操持家務 298
編輯後的住家確認清單 316

【特別附錄】質感生活編輯術之行動方案 317

致謝 334

別再尋尋覓覓了，我在這

你若需要有人在你打掃衣櫥時——一項你已經延宕了五年的任務——牽著你的手，那麼，我就是那位夢中佳人；你若想要一覽朋友的日記，看看他們都是如何規劃整理這些鳥事，那麼，我的日記就攤在這裡，任君參考；你若幻想著有人向你推薦冥想的ＡＰＰ好讓自己可以過得更加禪意，那麼，我將在此傾囊相授。但最重要的是，你若需要有人陪你去卡拉ＯＫ，唱起牙買加雷鬼歌手尚保羅（Sean Paul）在美國Ｒ＆Ｂ靈魂創作歌手布魯坎特爾（Blu Cantrell）〈呼吸〉（Breathe）一曲中客串演唱的饒舌片段，那麼，別再尋尋覓覓，我就在這兒。

「安娜主編」的誕生

我是安娜，我在週末兼職擔任拼車卡拉ＯＫ①（carpool karaoke）的歌手，其餘時間則是一名全職的部落客及整理收納狂。我還是星座書上所說的典型處女座，會沾沾自喜、陶醉著讀起我的星座特徵就是「勤奮努力、追求效率」，但卻讓我的另一半煩擾不已、幾近抓狂。**堪稱處女座的典範**。自二〇一〇年以來，我經營起名為「安娜主編」（The Anna Edit）的部落格，起初我雖然只是藉此按時記載家中默默堆積如山的美容產品及化妝用品，後來卻轉而用此分享起生活上的點點滴滴，從提升產值的訣竅到加拿大知名男星雷恩・葛斯林（Ryan Gosling）的哏圖，以及從如何構建起容納百搭衣款的膠囊衣櫥，乃至當你遺傳到自己老爸的基因，倘若久未出動剃刀，看起來就會像美國知名男演員暨製作人湯姆・謝立克（Tom Selleck）那副德性而同你分享如何修容刮鬍等等，應有盡有，可謂是網路上多元豐富的一角。歡迎大家撥空前來打聲招呼。

即便我幼時就很享受在空閒時玩起繪兒樂（Crayola）牌的蠟筆配色，但我卻是在大學畢業、偕同先生馬克（Mark）在東倫敦一房一廳的公寓中住了三年時，才開始展開我個人的編輯之旅。我們因為緊鄰 Westfield（一家零售中心，平日乃購物天堂，週末卻是誘發幽閉恐懼症的購物煉獄）而感到舒適，在專營有機食品的全食連鎖超市（Whole Foods）花

① 原指英國主持人詹姆斯・柯登（James Corden）所主持的實境節目《拼車 K 歌秀》（*Carpool Karaoke*），其中主持人以載送明星歌手為由，利用短暫的共乘時光分享受邀歌手的作品及生活瑣事，以拉近與觀眾的距離，深獲好評。此處為作者戲稱自己週末偶會搭乘友人車輛並高聲歡唱的生活型態。

上四十五英鎊購買一包薄餅、奇亞籽布丁（chia pudding）及鷹嘴豆醬風味酥，還很清楚要確切搭上地鐵中央線（central line）的哪節車廂，以便在目的車站的電梯口直接下車。接著，我們在宛如郵票大小的狹窄公寓中縱情享受這樣貨真價實的倫敦經驗，兀自策劃出節省空間的小巧思，像是在沙發後藏入熨馬、硬把吸塵器給塞進敞開的門後等等，只不過，這樣「買買買」的生活方式在持續幾年之後，我新買的物品很快就無處可去，並開始悄悄地爬入每一處的縫隙。浴室變成了囤積蠟燭的區域，抽屜滿到塞不下新的被褥，就連打開衣櫥的門都成了一項早該標示「務必配戴安全帽」之類衛生暨安全警語的艱鉅任務。好了，身為處女座的我，周遭是都井然有序，但就是**東西**多得不像話。直到搬家時，你才會真正瞭解到那些東西有多麼多。這是不是挺有趣的？猶記我們在遭逢大霧霾後搬往倫敦以南五十英里的布萊頓（Brighton）時，我還拖著一只箱子搬進新屋，箱子側邊寫著「舊化妝品，第三箱」，教新鄰居給笑岔了氣。

幸好我們的新家較為寬敞，但隨著我打開一堆堆看似永無止境的箱子，我才瞭解到其中大多裝滿我不需要、不喜歡，甚至是用不到的物事：壞掉的 iPod shuffle！購自快時尚品牌 Topshop、讓我在試穿時看上去像個爆餡臘腸的亮片洋裝！非但沒讀，就連塑膠包膜都尚未拆封的大學教科書！我在取出熟蛋切片器（egg slicer）——這你就別問了——的那一刻，更是錦上添花。你暗示我在某個午後讀起日本收納教主近藤麻里惠的《怦然心動的人生整理魔法》，也就是那本關於清理收納且人人奉為圭臬的全球暢銷書，書中宣揚我們所該保有的東西不是純粹功能導向，就是我們在將其握在手裡時，能從內心感受到由衷的喜悅。於是很快地，就在幾天之後，我扔掉了熟蛋切片器、五只丟滿劣質品的超大垃圾袋、兩袋投入舊衣回收箱的物件，以及一堆捐給慈善店家的電子產品。連我自己都沒意識到，我的生活方式在那週產生了微妙的變化，並開始轉向**極簡主義**（minimalism），一個聽起來帶點恐怖的名詞；接下來的幾個月，家中的機能不但瞬間變得更加完善，我的大腦也在緊繃數月之後首度鬆懈下來，得以騰出空間容納新的想法。那時，我真是「卸下了重擔」，即便這麼說太過老套，但隨著個人物品整理得整整齊齊，我發現自己在工作上更多產，運用時間也更有效率了。我倆甚至開始提前規劃餐點，捨棄以往頻頻預訂、一晃眼就能啃光我倆存款的外帶食物。我更發現自己普遍減少消費，若要消費，也會轉而買起符合「質重於量」這句經典名言的相關商品。真要丟起東西也意味著要開封的箱子變少了。**雙贏的局面無誤**。

從清理「衣櫥」，到精簡「生活」

身為一個「要麼不做，要麼做到最好」的女孩——我的星座特徵就是這樣，你懂吧？——我很快就對這種感受上了癮，甚至到了我先生十分關切哪天他一回到家，會赫然發現因為電視遙控器並沒帶給我任何喜悅而把它給扔掉的程度。我如饑似渴地閱讀並聆聽有關這項主題的書籍、部落格和podcast，變得啥都不愛，就只愛丟亂七八糟的東西。我在週末清理廚房餐櫃，為了有更多東西可扔而跑上閣樓去洗劫一空，還企圖脅迫老媽縮減她所收藏的花瓶數（說句公道話，她已經收藏近五十只以上的花瓶，有點失控），並發展出對日本生活雜貨品牌「無印良品MUJI」PP收納的嗜好。

在我眼中，我達到了極簡主義的要求，但其實我生活上所使用的膠囊衣櫥裡只有七件上衣，身上還沒有乾淨的衣服可穿。我和囤積狂恰恰相反，成了一名塞爆大型垃圾袋的暴君，成天沉浸在要如何把下一袋滿載的垃圾給拋進垃圾掩埋場，到了一種就連我倆實際需要的物品，我也要上演「斷捨離」的地步。當我心存懷疑、死盯起電視遙控器，我這才瞭解，其中一定有著更舒適的「中間地帶」。

接下來幾年，我設計出了一些方法、口號與編輯流程，即便依舊符合極簡主義的部分架構，卻不像我先前讀到的相關主題文章那樣有如規則手冊，不得有違。於是，電視遙控器鬆了口氣，膠囊衣櫥也成了我生活方式中最主要的部分，同時姑且不論「這件上衣我再穿多久就會壞掉？」。

極簡主義這詞的意義很廣，其中涵蓋了所有**減法生活**的信念，從你所擁有的物品只夠塞進一只皮箱，到減少一半你認為「這才配稱作音樂」、無論如何已經快從書櫃上塌落的收藏CD，通通都算。嚴格說來，它可以規範得非常明確。光是我自己就為了「七件襯衫」一事苦苦掙扎，更何況是那些想要挑戰膠囊衣櫥只剩十件物事的人。因此，我逐漸明瞭所謂的「中間地帶」，旨在追求一種**編輯過且更精簡**的生活。在這過程中，我們不斷地接受自己的缺陷，對於非得做到完美無缺不屑一顧，因為我們現在所說的若不是雷恩・葛斯林，那麼，「完美」這詞其實壓根兒就不存在。

所以，歡迎各位打開這本《質感生活編輯術》，書中盡是我在這些年來，一路從購物女王、激進的斷捨離大師，演變成稍微冷靜下來的潔癖狂所發掘而出的種種訣竅，非常實用。藉由清理那些沾滿灰塵的物品，並建立起節省時間的日常習慣，你的大腦將會多些空間去應付生活上其他進行中的種種事務。這類的書我已經讀得夠多，以致我相當清楚內容不外乎是「我早晨醒來，穿著白色亞麻居家服喝了杯濃縮小麥草汁，這才冥想三十分鐘，然後凝望起那片大海……」之類的，但我要說，本書的主旨不在於威脅恫嚇，而在於建議讀者做些改變，並提供不需海景和鼻涕蟲玩具手槍（snot-coloured shooter）即可進行並順利達成的目標。

清理吃掉時間的多餘思緒、事物

千禧年的生活挺瘋狂的。我們要不是在 Instagram 分享美食照，就是基於臉書的推薦而失心瘋地買起一堆不需要的東西。（倘若以上皆非，那麼，我們可能正在某處抱怨著千禧年的生活太難捱了——欸，真是諷刺。）持續進行中的事情很多，伴隨著鼓起的壁櫥、社交活動記錄得密密麻麻的行事曆，還有記不得上回是在何時剪髮的毛囊，我們是該放慢腳步，為自己抽出一些時間做出評估了。我希望閱讀本書給了你一個藉口利用某個週末做起自己想做的事，想幹麼就幹麼；在網飛（Netflix）上瘋狂追劇，或偕爸媽上酒館享用週日才有的烤肉餐②（Sunday roast），並在吃完甜點之後玩起競爭激烈的拼字塗鴉③（Scrabble）。我很樂於從身後踹你一腳，同時送你一拳，好激發你做起這些令人厭煩、已經拖延好幾個月又是身為成人所該做的差事，或是推你一把，讓你替自己預約一次美甲療程，就這麼迷失在垃圾雜誌中半個小時。

過去四年中，我發現到「生活規劃」這詞指涉甚廣，不僅限於有形的物事。我們是會騰出時間清理衣櫥，但《質感生活編輯術》旨在為生活增添更多美好的氛圍，並透過結合清理多餘的雜物，培養起有益的日常習慣，同時轉換心態以變得更知足、更堅決，進而達成這個目標。首先，我建議你從日常約會著手，努力建立不但適合你，還能讓你在時間上兼顧工作、職責、自我寵愛及社交生活的行程。我知道這聽起來**很瘋狂**，卻不無可能。你一旦成了日記專家，不論是從截止日期到數位規劃，便都該著重在事情的實務面了。最後，挖出自己家裡的東西，告別那些堆得到處都是、令你心煩意亂卻不再需要的劣質品吧。與其扔掉那些到頭來你真正需要的東西，藉著把這種極簡人士所奉行的方法當作最後的殺手鐧，你將更可能進一步削弱些許你對囤積的控制欲，並找出你真正需要保留什麼給編輯過後的新生活。「舊化妝品：第三箱」，再見嘍！

這聽起來既容易又單純，因為它正是如此。請記住，一談到整理規劃，其中並沒有什麼「一體適用」的方法，因為我們在此已經捨棄規則手冊，還連同你已經上鎖十五年的那堆文檔資料給一併燒了。《質感生活編輯術》將能讓各位透過應用、調整「生活」「工作」及「住家」三大類別中所呈現的策略，形塑出專屬你個人的常規。每個類別也都具備了一些小巧思、清單和實用建議，好讓你建立起對你和你的個人需求而言，不僅獨一無二，同時也更有組織的生活方式。這並不是要你做出一百八十度的大轉變，然後心不甘情

---

② 英國傳統佳餚，顧名思義為英國人在週日午後同家人歡聚時所享用的餐點，多以烤牛肉為主食，搭配酥脆的塊狀馬鈴薯、綜合蔬菜、約克夏布丁及肉汁淋醬等。

③ 一種語文類的桌上遊戲，遊戲玩家理想為二至四人，其中玩家們必須腦力激盪，想辦法讓自己牌架上的字母牌擺放至遊戲圖板上、拼成完整單字，方能得分。此遊戲不僅可以訓練、測試英文單字的認知程度，亦可激發拆解組合的腦力思維，兼具娛樂及教育效果，適合親子同樂。

不願地丟掉所有的東西，反而比較像是藉著刪去那些吃掉你寶貴時間的事物和思緒，而稍稍改善你的生活，變得更有效率一點。這是有關能在兩分鐘內選定明天要穿什麼——好在你有一只實用的膠囊衣櫥——而不是花上二十分鐘對著椅子上的那堆衣物感到驚慌失措；這是有關把手機鎖入抽屜幾個小時，讓自己沉浸在數位排毒（digital detox）的過程，而非有如動過外科手術那般，使其緊緊貼在掌心，怎麼拿也拿不掉；這是有關花上整個週日接連觀賞一季又一季的《魯保羅變裝皇后實境秀》④（*Rupaul's Drag Race*），而非前往參加你死黨的男友的表親的（失聯）姪子的生日趴，然後一點罪惡感也沒有。

作為整理上癮的朋友的建議

此外，我希望閱讀本書令你感到愉快，也希望它帶給你一些歡笑，讓你能輕鬆地檢視自己的生活規劃，無論何時也都能盤點手上的工具和祕訣，進行取捨。別把這視為一本你非得要恪守的指令手冊，它反而比較像是一個收納成痴（且其實相當享受吸塵器啟動時的隆隆聲）的朋友，在此提供你一些有趣的小小建議。

謹把本書獻給所有像我一樣的莫妮卡（Monica）們，還有那些更把自己當作是菲比（Phoebe）或瑞秋⑤（Rachel）的人。即便你已經是一名膠囊衣櫥的虔誠信徒、老愛用子彈筆記術[6]（Bullet Journal），我仍確信本書中有些內容可以幫助你更進一步簡化生活。對於正在各大生活面上找尋更多指引的人而言，你們更可說是來對地方了。你們在這裡看不到任何評斷，而只看得到祕訣、妙計以及大量有關雷恩・葛斯林的參考資料（這篇引言中談到雷恩・葛斯林已共三處）。找個舒適的地方讀起本書，並向你嶄新、大幅改善且編輯過後的人生打聲招呼吧。

---

④ 美國知名變裝皇后魯保羅的真人實境秀，參賽者為生理男性，於節目中穿著女裝、做女性打扮，藉由美豔、誇張的裝扮（通常都是比絕大多數女性更精緻的妝容與服飾）來突顯女性氣質、表達自我，同時也有對嘴表演、舞蹈戲劇、明星模仿、造型設計等相關內容，除了娛樂效果濃厚，亦將變裝秀提升到藝術層次，繼而帶動時裝及美妝的風潮。

⑤ 莫妮卡・蓋勒（Monica Geller）、瑞秋・葛林（Rachel Green）和菲比・布菲（Phoebe Buffay）係美國影集《六人行》（*Friends*）中的三大女主角，其中莫妮卡擁有重度潔癖，瑞秋對時尚品味獨到，菲比則為傻大姊、經常不按牌理出牌，後兩人不諳收納整理。

⑥ 由美國紐約設計師瑞德・卡洛（Ryder Carroll）所創立的筆記記錄法，內容涵蓋自定符號（Key）、目錄索引（Index）或目次頁（Contents Page）、年月日計畫表（Log）及頁碼（Page Number）等，有助於快速歸納並整理生活中的記事，在歐美十分盛行。詳細說明如後章。

基本原則

你若覺得自己需要邁向正確的方向，這裡的基本原則最終會為你編輯過後的人生打下基礎。以下八大信念貫穿了本書中所有的章節，我們還會時不時就回顧一下；請把這當作使命宣言／道德準則的混搭吧。

質重於量。這是亙古不變的道理。請致力於取捨大量品質優良，同時不是經常使用，就是會為生活某方面帶來附加價值的所有物及商品。

別亂・買・一・通。同理，購物時，請基於你的需求，而非你的想望。偶爾款待自己是沒問題，但請試著跳脫不斷消費的生活方式。

計畫即關鍵。縝密的計畫不但有助於激發我們更多元思考，也使我們更容易建構起務實、可實現的目標；一旦列出那些目標，我們便會感到自己其實正在盡力完成每一件事。

「不」這個神奇的字。清楚何時該為自己爭取時間，避免事情過多以致分身乏術。重視既定的行程，並學習何時才是拒絕的良機——身心皆同。

井然有序的家＝有條不紊的心。你的個人物品若是擺得整整齊齊，你就比較不可能拖拖拉拉、搞得亂七八糟，而阻礙你達到實際上所該完成的工作。

睡得飽・飽・飽。我們在經過充分休息後，達成力是相當驚人的。可能的話，每晚努力睡滿八小時。碧昂絲[7]（Beyoncé），這點老娘可就比妳強多了！

敦厚待人。除了當個好人，請確保你也會用愛與尊重善待自己。你值得。多動一動，吃好一點，充分休息。（沒錯，睡眠的事，我會一直叨念不休）。

多做點自己開心的事。這是本書的最終目標。透過善加規劃並整理你的生活、工作及住家，其中將會出現空檔，好讓你更有時間做令你無比開心的事——無論什麼都好。

⑦ 美國知名創作歌手，據聞長年有失眠問題。

- 想個法子把自己反鎖，靜靜坐下十分鐘，又或者外出散步，並思考一下你目前在**生活**中、**工作**上及**住家**裡的狀態分別為何。
- 你覺得，你在生活中有哪些需要調整？
- 又有哪些你完全**使不上力**？有沒有哪些你認為應該稍微修正，但實在懶得去做？

開始前……

在你切入事物的本質前，我想要先說明幾點。別擔心，我不會要你像小女孩寫起日記那樣記下自己的想法及感受，但我真心認為，花個一時半刻反思一下你目前正處在哪種狀態，是個不錯的主意。

根據我的經驗，你很值得先聽聽自己的答案，再展開自己興奮地想要著手的部分，然後等到你心中燃起更多的熱情——幸好你先前已經做出積極、正面的改變，讓你覺得自己確實像個**老大**，想怎樣都辦得到——這才回過頭去面對你之前不怎麼願意調整的部分。

記住這點之後，我建議本書有兩種使用方式。一是從頭到尾快速翻閱書中代表性的理念；二是先整個瀏覽一遍，再跳到對你隔空喊話，而且喊得最大聲的那個部分。我是依我認為整體最有效的方式來編排本書的順序，但你也許會有不同的解讀。因此，要是先著手掌握自己的工作空間，之後再回到本書的一開頭對你來說比較合理，那麼，主隨客便。正確的規劃方式不止一種；編輯的核心就是修改，所以，請把握這次的機會，仿照溫圖女士①（Ms. Wintour）當起編輯吧。

大家都很清楚我沒生小孩②，年近三十，身為自由工作者獨自在家，所以我在生活規劃上的經驗會與那些育有兩子而且每天還要通勤上班的職業婦女非常不同。我在求學時曾經相當拮据，靠著帳戶餘額透支但信用良好以及大學時 Co-op 在地連鎖超市的減價專區一路死撐活撐，所以我認為有一堆理論派會支持我的觀點；但我缺乏養兒育女的經驗，而且當你就連好好上個廁所都沒時間，我可以理解我的某些建議或許談不上是最實用的。各位都是女超人，我對妳們佩服得五體投地。切記，這段時間總會過去；我現在已經不會躲在門邊偷看，所以，我爸媽終於可以順利上完廁所了！如我所言——人人各有所好——因此，隨你挑選想要閱讀的部分吧。

你若對哪一章特別感興趣，請務必查看本書最後的**資料來源**，以取得一些適切、額外的建議。其中不乏有網站、podcast 和書籍，當我認為自己得要精進解決問題的技能，就會經常拿這些作為靈感的來源；而你若喜歡免費下載並想更進一步深入瞭解，則可在我的部落格找到本書中所囊括的主題，亦可自行列印 PDF 表單；我的網站上更有超過兩千五百則的貼文，主題多樣豐富，並附有連結通往相關的文章、影音和頻道。但請別點回二〇一〇年的貼文喔，那一整年我都在研究美黑產品[③]（fake tan）。有需要我在這兒多說明嗎？

在每章最後，你還會看到**編後語**，簡要說明我們處在何種狀態、即將面對什麼。緊接著，你若不確定該從哪裡開始，**生活**、**工作**及**住家**三大類別的最後還附有清單供你勾選。你更會在書末看到週末、按月或按季所用來編輯生活的行動方案，無論時段怎麼劃分，你都能找出如何有效地把這些拼湊起來。隨意做起筆記、圈起名言佳句，或是搞得亂七八糟，只要你覺得這樣你才用得慣，怎樣都行。每每閱讀，我總愛用標籤或便利貼突顯出可能得要回頭再讀的那幾頁，以便事後參閱，而你若認為有那麼一頁值得用上便利貼，我就感到很榮幸了。謝謝你。

好，開始編輯嘍……

---

① 《Vogue》總編輯，全名安娜・溫圖（Anna Wintour），有「時尚惡魔」之稱。
② 經查，作者已於二〇二一年秋季產下一子，名為雷夫・牛頓（Ralph Newton）。
③ 一種仿曬用品，有噴霧、乳霜、慕斯等形式，藉由去角質後均勻噴灑或塗抹全身，即可短暫營造出陽光健康的小麥肌。

PART1

生活

Life

雖然本書的其他章節都著重在將過程效率化、自動化，但我會說，盡量去做些寵愛自己的事吧。請樂於接納你所適合的方式，優先排序，且絕不因為你把時間花在自己身上而感到內疚。

基本上，當我們被生活壓得喘不過氣，常會認為得要捨棄一切才會感到平靜，於是，我們從壁櫥翻出大型垃圾袋、找不到撕取的邊緣而放聲咒罵，然後才開始無可奈何地扔東扔西，期盼這麼做即能通往一處全然靜謐、我卻認為只有在 Instagram 的地平線照才看得到的地方。嘿，我不是在挑剔這個方法，這樣偶爾是行得通，但為了養成這些有效的新習慣及新常規，你得先處理腦中的雜物，而非實際的雜物才對，這很重要。

別管垃圾袋了：我們討論的是未雨綢繆，並確保當你真的抽出時間重新整理自己的住家，是抱持著最愉悅的心情。

與其著重在**物品**，咱們著重在你身上吧。請準備好你所需要的工具，以規劃出你一眼看去，不致心生焦慮而覺得得要拿起紙袋深呼吸才能緩解的行事曆。撕開你那疊布滿灰塵的信封，並將財務狀況分類，因為是該談談這個「以ㄅ為聲符」的詞了——沒錯，我們該**編列預算**了。寵愛自己聽起來或許很像宣傳單上會出現的文字，但它的確是種人人都得學著精進的技能——從讓自己休息，到排除毫無必要的壓力來源都是**＊空手道會劈去所有的焦慮感＊**基本上，是該把自己好好梳理一番，並著重在個人保養嘍。你有這個……

搞定你的日記

日記是你生活中的個人助理，也是你確切瞭解何時該做什麼的關鍵，所以，咱們來確定一下你在時間規劃上已經具備扎實的結構，好為編輯後的生活打下基礎吧。

你相不相信我們曾經有過沒有行事曆的生活？**我知道有**。沒錯，以往九〇年代是有那種名為「親愛的日記」（Dear Diary）的開闔式電子手帳，以及封面印著「永恆的摯友」（Forever Friends）還附帶鎖扣的筆記本，但你可能曾經有段時間沒有動手寫下行程表了，不然就是即使有了行程表也不按表操課。好啦，我雖不瘋迷後者，但卻是前者無誤。無論是紙本的還是數位的，擁有一份可遵循的行程表能讓我們掌握時程、擠出短暫的空檔，理論上也不致再錯過會議、預約行程或是忘記他人的生日，因為每每如此，大家都很清楚那感覺起來就像砸了鍋一樣，超糟的。

記住這點之後，本書的第一章就是排定行程。這個過程旨於創建出一個整理的架構，而這架構不但是為你量身訂做、符合你的需求及偏好，還能讓你空出一些部分排入編輯後的生活。少了它，我可以擔保你絕對無法有效運用時間，但你若辦得到，大家此時此刻都會輪流為你鼓掌，因為你想必經歷斷片了吧，而我衷心希望，你能把這項技能好好地用在其他方面。製作良好且清楚明確的行事曆是你可以最先取得的整理工具。由於行事曆中已有時間，所以你只要順利寫入清單、預算、計畫、自我寵愛的項目、整理雜物、日常習慣等等，即可展開行動。這聽起來好簡單喔，就像唬人的一樣，不過，本書中每一章的根本的確都能追溯到毫不起眼的日記本。

首先，你何不坐下，然後打開自己現在的行事曆呢？你覺得自己完全掌握、確實瞭解它了嗎？**真有你的**——儘管輕鬆地完成這個部分，然後逕往下一步邁進吧；但你的行事曆上假如盡是日期、時間，還有你在喝下太多紅酒後草草寫下，看上去亂七八糟、教人眼花撩亂，導致如今得要費力拆解的鬼畫符，那麼，你可是來對地方了。

紙本VS數位

倘若你的日記就像一件兒童藝術品，有著就連自己都無法辨識的筆跡，又或者，你老是不斷地提前一週出現在你所預約的牙醫診所，那麼，這很可能是該面對事實的時候，亦即你的現行方法已經無法順利達成目標，所以你值得徹頭徹尾地從零開始，使你有條不紊，不致脫稿演出。但你選的是哪種日記呢？紙本的還是數位的？遙想當年，我很迷那種可以拿在手裡的日記，那時的我感覺像個進退得宜的成人，雖然立可白是我才剛認識的好朋友，但只要說出「我沒帶日記本」就能婉拒自己沒法那麼快就想出藉口的現場邀約實在太方便了。啊，我真是糟糕。

然而，三年前，我改用起 iCal，一種蘋果系列裝置中內建的通用行事曆 APP。我是抗拒了很久才改用 iCal 的（這點讓同事非常困擾），但在這之後，我可以輕易地和爸媽、先生及經紀人分享我的計畫。我扔掉了立可白，自此之後能夠一直不斷地排定、更動行程，並且移除預約項目。由於操作簡單，又可彈性調整，加上只要一點擊就能看到我這個月接下來的進展如何，如今我反而比較喜歡用這種方式了。不過，無論你選用的是哪一種，我手上都有一些不錯的推薦，可供大家參考。

■紙本行事曆推薦如下：

給專業的商務人士：義大利，MOLESKINE

我在投入職場時就是初次嘗試這款日記，它們讓我看起來像個得體的大人，而且將會永遠在我心中占有一席之地。該款日記的顏色、尺寸、版面多樣豐富，深獲好評。

無從選起？

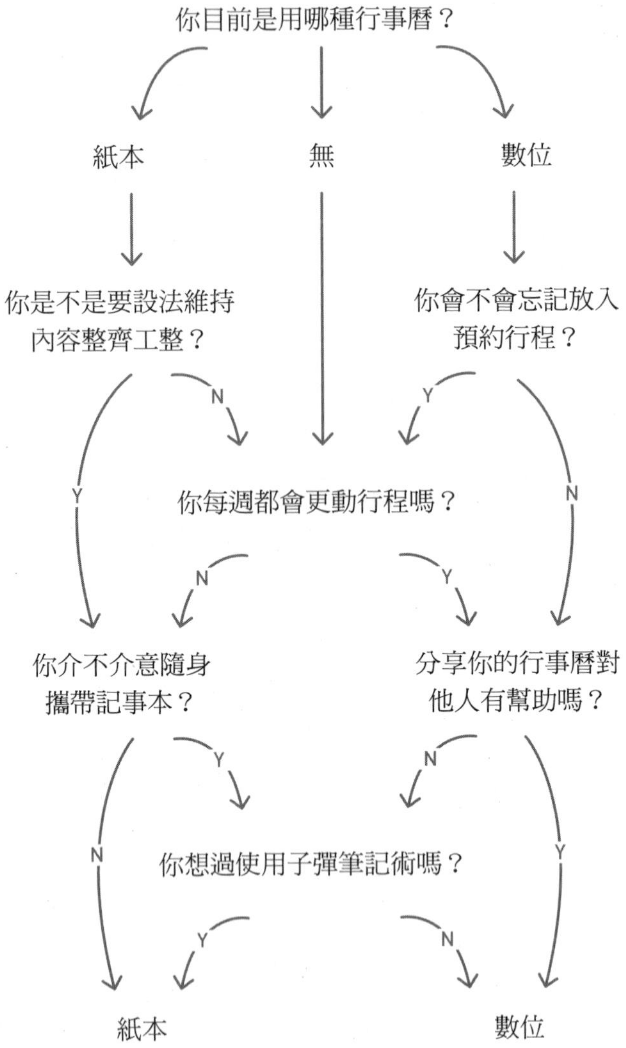
你目前是用哪種行事曆？
紙本
無
數位
你是不是要設法維持內容整齊工整？
你會不會忘記放入預約行程？
N
Y
Y
N
你每週都會更動行程嗎？
N
Y
你介不介意隨身攜帶記事本？
分享你的行事曆對他人有幫助嗎？
Y
N
N
Y
你想過使用子彈筆記術嗎？
Y
N
紙本
數位

給喜愛內部呈現極簡北歐風的人士：美國，APPOINTED

我不確定會有別款日記比這款日記來得更雅緻了；即便它們的排版也很類似 Filofax 的多功能手帳本，但我獨獨鍾愛其中每週規劃表的版面，而且你若想要更酷一點，還能選擇在買好的那本拓上姓名縮寫的壓花。

給喜歡逐年更換的人士：英國，PAPERCHASE 文具百貨

英式老街上最大的文具百貨，販售尺寸齊全、樣式豐富，以及涵蓋食物乃至健身等各種主題的專用日記。注意：你只要買了其中一本，之後就會想要買下整個系列。

給想要日記封面引人注目的創意人士：英國獨立製作文具品牌，OHH DEER

你若喜歡稀奇古怪、放上辦公桌會吸引人們目光的東西，別找了，就在這裡。沒人做得出這種怪異卻又令人驚豔的文具用品。哪天廠商若能把一些日記的樣式也做成壁紙，那就太棒了。**先謝嘍**。

給喜歡排版上著重細節的人士：瑞典文具品牌，KIKKIK

在 KIKKIK 的網站上，有個單獨的「規劃」區。我還需要多解釋嗎？入選這區的款式數量極少，形式單一，且頁面的編排縝密周延，符合各種不同形式的行程規劃。整體上非常完美。

■電子行事曆APP推薦如下：

給想要快速、簡易且免費APP的人士：OUTLOOK、蘋果行事曆、谷歌行事曆

依據你是使用蘋果還是微軟，以及你所用的是哪種電郵版本，系統中皆已各別內建這些全都相當類似，人們又最常使用的行事曆APP。

給想要全面數位規劃的忙碌人士：BUSYCAL（僅限蘋果使用者）

完全客製化的介面，你亦可追蹤待辦清單、設置鬧鐘及提醒通知，並加入日記分錄或黏貼標籤。你若想追求高效體驗的一站式商店，這可說是很棒的選擇。

給老是忘記定期確認行程的人士：BLOTTER（僅限MAC使用者）

這並不是最多功能的行事曆APP，但因其所打造出的行事曆看上去可穿透桌面，與其相融，所以鐵定是最美觀的APP之一。

給需要清楚掌握單一細節的人士：FANTASTICAL（僅限蘋果使用者）

大家一致認同這就是排定行程的那款APP，即便要價不菲，其中卻具備了你所需用來追蹤生活的一切，從提醒通知到待辦清單，樣樣都有。適合真正注重細節的規劃狂。

給視覺型的學習人士：CLOUDCAL（僅限安卓使用者）

當你排進待辦事項，每個待辦事項都對應一個特定的顏色，而這款APP的賣點呢，在於每個日期都呈現出一個圓圈（ring），並由代表特定任務的顏色填滿，所以你輕易就能一眼看出自己每天有多忙，還有都在忙些什麼。

一旦確定了行事曆的種類，便著手安排行程吧。

一、首先，排入時間較長的活動，像是假日、大型會議或學校假期。

二、接著，一路往下排至較小的項目，像是週期性的會議、預約行程及健身課程。

三、這並不是待辦清單（我們稍後會討論）：這是有關活動以及你所排定的計畫，所以，眼下先按表操課吧。

有時候，行事曆才剛入手，我便可能太過滿意其中的設定功能，以致把醒著的每一分鐘都劃分好不同的時段，再用特定的顏色給塞得滿滿的，卻沒空下一些時段做起實際上並沒寫入日記的活動，像是穿著腰圍已是三年前大小的內搭褲邋遢地癱懶在沙發上，或是和好友碰面之類的。所以，請先撇開日常的瑣事、雜務和普遍的待辦事項，而只恪守最優先、最重要的部分就行了。切記，不管是日記、行事曆或行程表——無論你怎麼稱呼——它們之所以存在，是要向你呈現未來你會在哪裡、何時在那裡，如此罷了，其他的則全都屬於「計畫」的部分，留至待辦清單、生產力APP或筆記本再個別處理即可。別擔心，我們之後都會討論。

擇定方法後測試一個月，再檢視這對你行不行得通。你老是忘記至少每天查看一次嗎？**扔了吧**。你發現更動行程挺麻煩的？**再會了，女孩**。你覺得追蹤它太費時了？**隨它去吧**。碰到這些情況，或者你就是用不慣這種方法，請別害怕進行除錯，然後從頭開始。倘若你該確認時沒確認，就把日記的ＡＰＰ設在桌面，或把行事曆存放在工作地點中顯眼的地方；倘若更動意味著你要花上五分鐘摸索自己的手機，或要手動劃掉才能取消會議——難以一眼看到新會議——你就該更換ＡＰＰ，抑或全然捨棄紙本的日記了（還是購入立可帶也行，那是一種不用等到乾掉即可書寫的小滾軸，顛覆了傳統遊戲規則）；倘若它太花時間，你可能是在日記加入了太多可被歸類至待辦清單的事項，或是浪費時間去把紙本的日記做得美輪美奐，所以，你也許該改用數位版嘍。

編輯後的日記：大絕招

你的日記應該讓你感到井井有條，以致到了你想要退後一步好好欣賞這個傑作，並對自己深表肯定的地步。請以你的日記為傲！沒錯，我們無法一直掌控在日記裡放入什麼，卻能掌握如何即時追蹤並更新日記。你一旦更熟悉自己的架構，便可納入以下更多的祕訣，好讓行程表自動執行艱難的工作，而不必事事親力親為：

・倘若人們夠幸運，請加入他們的生日，且設定好在一週前跳出提醒通知，以便寄送生日卡及生日禮。你用的若是數位行事曆，請確保設有重複提醒；我還會註記過去曾聽別人說起他們喜愛什麼，正因如此，我的夥伴麥特（Matt）才會在今年喜獲一台製麵機。

・婚禮和預產期也是同理。唯恐我隨意置放、遍尋不著，我一收到喜帖就會拍照、在日記寫上婚禮的日期，並額外註記地點、賓客名單以及服裝要求，然後，我也會在日記加入好友的預產期，因為（一）在那個日期前後抽得出空順道送份千層麵是很棒的；（二）便於將參加產前派對[1]（baby shower）的費用和購自懷特公司[2]（The White Company）的高貴贈禮編入預算。

・至於工作，請加入截止日期——即便時間還久——然後，你若想奮發圖強、振奮精神，則可善用每月都會告訴你還剩幾天的提醒通知。

---

① 由準媽媽的親友為其在生產前所舉辦的派對，除了歡慶其將為人母，還會帶來多樣賀禮。因寶寶一出生便猶如「沐浴」（shower）在滿坑滿谷的禮物中，從而得名。

② 英國的時尚居家用品公司，由克麗西・魯克（Chrissie Rucker）於一九九四年創立，其秉持著簡潔乾淨且舒適柔軟的設計理念，打造出高品質的居家生活產品，從餐具、寢具、成人服飾到嬰幼兒用品等等，應有盡有。

• 寫入會議地點，以拯救好不容易用手肘擠出一條路來上了公車，還迫切地試圖找出那封原始郵件的自己。你若使用數位版，請確保你已向所有與會者發出邀請，也已加入可能在開會時派上用場的註記或連結。

• 這項祕訣只有在你用起數位版才管用，但你若仍在使用紙本的行事曆，便試試雙軌並行，同時採用兩份行事曆吧。一份用來記錄個人的預約行程，如健身、牙醫／一般看診，以及晚間和週末的計畫；然後另一份用於工作，載明所有的會議、截止日期、專案上線日，以及你得密切關注的其他動態。於是，你總是能和想要的人分享個人行事曆，也和同事分享工作行事曆，而不會讓上司看到你已在明午的用餐時段約好要看婦產科。

• 你若一向都用紙本，便火速拿出那些螢光筆及顏色代碼吧，這樣即可輕易區分個人事務和工作業務，以及朋友的生日和槓鈴有氧③（BodyPump）的課程。

• 一提到時間，大家可能都會樂觀到一種不切實際的地步，因此，請確保你在兩場會議之間擁有足夠的時間進行評估、補齊缺漏的工作，然後順利地展開下一場會議。會議超時和交通狀況最是讓人討厭，所以，總是寬估你的時間點，並縱情享受自己提前下個預約的行程吧。你看看你，超優秀的！

• 很遺憾的，日記不會自行規劃，所以，請試著建立一種習慣，讓你能夠像盆植物、動也不動地花上二十分鐘規劃、調整，並且善用日記排定下週的行程。我發現對我來說，週五的晚上或週日的某個時段最是管用。我知道，你要問真是週五晚上嗎？沒搞錯吧？對我這個派對動物來說，居然願意在那個黃金時段靜靜規劃行程，大家想必不敢置信吧！

③ 一種結合有氧及重訓的運動，透過輕重量、高次數的肌力訓練技巧，針對全身肌群做肌耐力訓練，以燃燒脂肪、強化肌力並達到雕塑體態的目的。

呼，讀完了一章，我希望比起你最初拾起本書的當下，你感覺自己變得更井井有條了？只有一點點？我接受，也但願你已經**搞定**自己的行事曆了。你如今會天天確認？定期更新？

其實，你覺得這在規劃、管理工作及住家的日常生活上，都是一項很有幫助的工具？**太好了**。你看，我就說，一份妥善規劃的日記雖然看似細微末節，卻會讓其他的一切宛如好好上過潤滑油的機器運行著，就像電影《舞力麥克：尺度極限XXL》（*Magic Mike XXL*）中的查寧・塔圖（Channing Tatum）渾身是勁、動力全開。

至於要維持你在「安排行程」這方面努力練起的肌肉，你只要按月檢查，確保你的方法仍然適用（沒錯過開會、排錯行程、忘記預約），並真正致力於每週固定二十分鐘規劃就行了。這不僅讓你按時追蹤、更新行程，還讓你有時間為下週整體評估，以確保萬事俱備。

好了，你在規劃面已經熱身完畢，我想，你準備接著迎接嚴肅的成人事務了吧。是該談談**理財嘍……**

理財：無聊卻重大的事

編輯生活時，編列預算也許最教人興味索然，卻又扮演著一大重要的環節。因此，咱們就來降低金錢衍生的壓力，並認真為自己量身打造一份專屬的預算吧。

財務規劃很容易成為成年後最單調的事情之一。你若還沒贏得樂透彩，加總自己銀行帳戶裡的餘額真的談不上是什麼最有趣的事。只不過，金錢可能會是我們生活中最大的壓力來源之一，而每週僅僅花個十分鐘參照預算、評估一下個人的收入和支出可能會讓你有所不同，不是像個嬰兒安心酣睡，就是徹夜難眠以致上網費心選購後，ASOS①購物籃裡的金額最終達到了四位數，但裡頭的商品你既完全負擔不起卻又想要通通買下。少了預

① 成立於二〇〇〇年，是英國最大的零售購物網站，主要販售歐美知名品牌及其他自有品牌的相關商品，包括流行男女裝、鞋款、飾品、內衣及美容產品等共六萬餘種。

算，我們最後可能對於帳戶裡有什麼（或沒有什麼）毫無概念，也無法洞燭機先，而把財務狀況調校到與生活目標一致——無論我們存錢是為了旅行、置產、育兒還是購買手提包。

預算的概念也許不怎麼容易讓人接受，卻是編輯生活中很重要的一部分。

- 既然你已經選好日記，便可固定加入財務規劃的部分（**務必**：為了提升其優先順序，請一如會議把這排入行程）。
- 你即將學習如何寵愛自己，而充分掌握預算數字將可讓你緩緩推動相關措施，免於擔憂因金錢滋生的壓力每兩秒就朝你信步走來、打起招呼。
- 預算將會讓你初步瞭解個人的財務狀況，這樣無論是在職業生涯還是居家生活上，你都能有效地提前計畫。
- 你將得知銀行帳戶裡的錢哪些可花在食物、旅行和ASOS上，哪些既可用來支付帳單，同時又能存下一筆。

一開始，實際分類支出可能會讓你相當震驚，但最初那種「天啊，我一個月在Pret②花了那麼多?!」的歇斯底里一旦平復，你就可能排定支出的優先順序，而且不論情況多麼誘人，皆可妥善分配所得。預算一向背負著「僵化」的惡名，讓人覺得你只要參加臨時邀約的晚餐，便會成為拒絕平分費用的那種人，但預算也是可以富有彈性、靈活變化的。收入和支出都會逐月調整、變動，所以一份務實的預算必須反映這點，而且要求自己達到一些編列好的概括數字不但有助於你計畫，還會卸下你多年來在財務上所肩負的重擔。

在我求學和後來出社會的這段時間裡，我逃避現實，光用單手就數得完一個月查看銀行帳戶多少次。當時我兼職擔任女酒保，苦學調酒，收入微薄，看到帳戶餘額前面出現了個大大的減號實在沒啥大不了的。但是當我因為不太確定帳戶裡的錢是否足以**再**購買一支桃裸色口紅，而在交易成功時鬆了一大口氣，我這才意識到自己得要調整財務狀況，並且改掉總會失控買起桃裸色口紅的老毛病。

這麼做也許花了我不少年（還讓我多次在谷歌中鍵入「我已經忘光以前在校所學，因此可否教我如何實際使用試算表？」進行搜尋），但我最後終於把預算調整到恰到好處。我先讓自己從簡單的工作做起，習慣每幾天就查看一次銀行帳戶，不過，光是這樣就讓我大開眼界。當你看到總金額在**一天內**被通勤、午餐、即興的亞馬遜（Amazon）訂購單，

② 英國起家的平價輕食咖啡店，販售各種冷熱即食的三明治、捲餅、沙拉、湯品、咖啡和甜點等，堅持純手工製作當日食材並避免使用添加劑及防腐劑，以提供新鮮、可口及舒適便利的優質服務著稱。其完整店名為法文 Pret A Manger，意即 Ready to Eat，期讓客戶在忙碌之餘亦能以 grab-n-go 的形式享受美食。

還有回家路上在小型食物商店將順道購買的晚餐給吃了個精光，便足以讓你想要步行上班、自帶餐盒、捨棄網購，並在當下採買好一整週的食物。在密切關注支出兩個月後，我覺得我已經準備好看著它們全部攤在桌上，並為自己做出一份合宜的成人預算。我最先使用（並持續至今）的是 iPhone 內建的 Numbers 試算表程式，而且起初只藉著追蹤、觀察支出了多少給帳單、房租之類的無聊事、省下了多少，還有如何花費所剩的餘額，而讓一切保持簡單。最後，我把這些細分成若干類別，再利用我對先前支出的瞭解而訂定一些每月目標達成的理想數字，並投以些許賞心悅目的顏色記號，然後迄今奉行不悖。我們建立預算需要時間，但我們甚至需要花上更久，才能逐漸充分瞭解預算，並將其內化成一種每月的習慣，而當我做到這點時，那可是我生平第一次完全掌握自己的財務狀況，並且對此滿懷自信。轉眼間我付清了透支額，也備妥了支付帳單和房租的錢，同時，沒錯，我還買得起那支桃裸色的口紅——只要不是一次十支就行。

我得要調整心態如下：預算並不是懲罰，它其實是讓我們弄清楚自己的財務狀況，轉而賜予我們知識和力量，以最有益於個人及其志向的方式進行消費與儲蓄。沒錯，未必人人都適合用試算表，但請大家至少在個人的理財習慣中融入以下三大準則：

• **別入不敷出**

這聽似淺顯易懂，卻可能比你想像的更難避免，而且還是你通往「帳戶餘額的前方得到了一個大減號」的快車道。目前，先固定喝起義大利的普羅賽克氣泡酒（Prosecco）吧，你可以假裝之後才喜歡喝香檳，因為我們都很清楚，前者就是比較好喝一點。

• 每週至少查看銀行帳戶兩次

即便帳戶裡的收支有些令你作嘔，但為了掌握財務狀況，你還是得搞清楚其中的來龍去脈。在手機下載銀行APP，好讓你更容易即時更新帳戶。每週至少兩次是我們所該偷看的最低限度；每天兩次才是最恰當的。

• 存錢，像是現在

即使一個月只存二十英鎊也好。或者十英鎊也行。這會養成一種好習慣，而你也可以隨著時日慢慢增加金額。「未來的你」無疑會為你毫無儲蓄羅織藉口，堅稱「更多未來的你」再開始也不遲，但「現在的你」其實只要捱過這段苦日子，少在週五買酒來喝就行了。

如何建立預算

所以，到目前為止，你清楚得幫自己建立預算，對吧？**＊穿插集體發出的痛苦呻吟＊**。你若不清楚個人所得與支出的數額，也就無法針對生活的各大面向——旅行、住家、工作，還有那件你為了確認你的尺寸還有存貨而天天都上店家查驗的新外套——提前計畫。

你若需要更具說服力的內容，就思考一下這點吧。你知道旁人總會拿著「人生看起來『應要』如何」這種虛有其表、眾人夢寐以求的訊息與意象不斷地向我們推銷嗎？好了，預算能夠讓你瞭解，你在當前的財務狀況下，什麼才切合實際、可能發生，繼而明白什麼才是適合**你**的。你或許可以存錢購買那組藍綠色的天鵝絨沙發，但那間才剛落成、得以眺望城市天際線的北歐風公寓此時卻可能早已超出你的能力範圍。別理會那些行銷的話術！它縱使教你哈欠連連，卻仍神通廣大，讓你甘願掏出腰包盲目消費。

我不可能在一本書裡光用一章就涵蓋了大家所該瞭解有關預算的一切。關於這項主題的參考資料實在很多，我將會在本書末尾的**資料來源**放入一些這些年來我覺得最有用的部分，而你若比較善於運用列印出來的試算表，則可連至我個人部落格 theannaedit.com 上的PDF文檔。以下比較像是「嘗鮮」，然後我強烈建議，你一旦逐步完成我在這裡提出的各個步驟，便可深入研究進一步的文獻，特別是你對哪個步驟很感興趣，樂於卯起勁來仔細鑽研。你一旦找出適合自己的方法，最終將對財務重拾自信，堪稱值回票價、收穫滿滿。

這個部分內容豐富，所以慢慢來吧。你若還沒準備好立即實施，就先把這章從頭到尾瀏覽一遍、做上記號，待日後再來處理。縱使你真的決定要深入探究，執行預算的過程也需要花上好幾個月，所以你可能會發現自己得要重新翻出這幾頁來看。基本上，你對於接下來的內容，將會**嫻熟於心**；而你若早已精通預算，則可直接跳到最後的大絕招，也就是我跟大家分享整年下來如何才能順利存錢同時削減季節支出。但就編列預算而言，你須得貫徹以下五大步驟，才能使其充分發揮功能。所以，咱們這就開始吧。

■ 步驟一：查看帳戶（兩週至一個月）

要是你一想到查看目前的帳戶餘額就會心跳加速，那麼，藉由納入「一天一次」的原則而讓自己慢慢習慣吧。在手機設定鬧鐘，每天適時地重複提醒你該面對這個一旦啟動銀行的APP、評估個人過去二十四小時內交易紀錄就會感到心跳加快的時刻（我保證你的心率〔beat per minute，bpm〕久而久之就會下降）。雖然你可能巴不得卯起來直接編起大筆預算，但起初這段追蹤的時間非常重要，因為這迫使你去熟悉自己有多少資金流量，並且看出你現金的所有去向。我會建議你依據自己對於銀行帳戶已經多有信心的程度，而固定施行這個步驟兩週，或者最長一個月。假以時日，你便會滋生好奇，逐漸需要瞭解更多、節省更多，然後卯起勁來算起數學了（**但願如此**）。

■ 步驟二：存入什麼，又支出什麼？（一至三個月）

所以，你已經每天都像個專家那樣持續查看帳戶至少兩週，然後準備迎接下個步驟了嗎？在建立起一份得要念完博士才做得出來的試算表前，咱們先來建立一份較為簡易，容易追蹤，且又方便輸入、刪除所有相關數字的試算表吧。正如你一向在做的，這項步驟是利用編列預算的架構進行綜合性的追蹤，只不過是以最簡易的形式呈現罷了。

說到建立預算，你得要思考四個數字：**每月或每週淨所得**（繳完所有稅款並扣減相關金額後的所得）、每月都不變的**固定支出**（如房屋租金或房屋貸款、帳單、交通費）、逐月起伏的**變動支出**（如食物採買、外食、娛樂、購物），然後才是你應該**儲存或償還**多少（不論是個人儲蓄帳戶[3]〔Individual Savings Accounts，ISAs〕、一般儲蓄帳戶，還是清償就學貸款或其他債務、未支付的信用卡帳單或透支額）。

一、給自己建立一份試算表（用 Excel 或 Numbers 都行），在最上排填入月份，最左手邊那行則垂直填入類別——**淨所得**、**固定支出**、**變動支出**以及**儲蓄與負債**，然後我建議你先從上個月的支出開始。

	一月	二月	三月
淨所得	1800		
固定支出			
變動支出			
儲蓄與負債			

表一

二、在相關欄位輸入你的淨所得。（見表一）

三、印出上個月的對帳單，針對相關支出畫上對應的顏色，且將每項交易分門別類，看是歸類在**固定支出**、**變動支出**還是**儲蓄與負債**。以下是我個人帳戶的概況。

（見表二）

四、你一旦將上個月的每項交易分類好，便加總單一類別中的所有數字，取得三類支出標題的總額，再把這些數

③ 一般英國居民皆須為利息、股息以及資本增值等繳納稅款，而英國政府為鼓勵居民提高儲蓄和投資，推出ＩＳＡ的計畫，提供居民可用於投資和儲蓄的固定限額，且其中賺取的報酬與利息享有免稅優惠。但唯一限制在於，每會計年度所有的ＩＳＡ帳戶加總以兩萬英鎊（約新台幣七十五萬元）為限。

④ 德國起家的生鮮配送網路公司，主要提供預先分配好的食材，而讓訂購者有機會週週依其特定食譜準備餐點；所有餐點的烹煮過程都只有六個步驟，總長不超過半小時，標榜快速、方便，亦可按顧客需求製作多人份或季節性食譜。

日期	**帳戶**	**金額**	**類別**
一月三十一日	個人儲蓄帳戶	250	儲蓄與負債
一月三十一日	HelloFresh④	34.99	變動支出
二月一日	iTunes	6.99	變動支出
二月一日	共同帳戶（貸款及帳單專用）	750	固定支出

表二

字分別填入試算表中的相關欄位，就能概略看出每月的總所得如何分配：有多少屬於**固定支出**，有多少屬於**變動支出**，然後每月順利**儲蓄**多少，還有／或有多少用於清償債務。（見表三）

五、你一旦填好上個月的數字，可能的話，請按週更新當月欄位中的數字，因為你在電腦版或APP上比較容易快速瀏覽帳戶、填入數字，只要週週填寫、予以加總，即可準備在月底分析，而免去大量列印。執行這步驟二至三個月吧，這樣不但會讓你逐漸適應每週都有理財的時段，也可能讓你留意到任何突然出現的消費型態。

■步驟三：分析（三十分鐘——是啊，很快！）

好了，請先體驗一下。這麼分配和你所想的是否雷同？還是說，你被**變動支出**給嚇到目瞪口呆？你要如何因應發現的結果，將會取決於你的財務目標為何。當你還在測試這項步驟，我

	一月	二月	三月
淨所得	1,800		
固定支出	850		
變動支出	625		
儲蓄與負債	250		

表三

會避免採取太激烈的手段，因為你尚未真正瞭解這裡的細節，比較像是看到簡要的概況而已（所以，給我馬上離開 NET-A-PORTER[5]）。與其評估你對這作何感受，還不如利用這段時間試著真正找出你想透過預算達成什麼。仔細思考一下這些狀況吧。你若覺得固定支出太多，就該研究換一家水電公司、看看能否減少帳單費用，或許也該找找較便宜的房子。你的**變動支出**若占比最高，那麼，可能是該減少外食，或者暫時別在午休逛ＺＡＲＡ了。基本上，對多數人而言，我們毫無**儲蓄**並不是什麼驚人的發現，反倒是我們為了彌補這點，應去看看可否在其他類別中省吃儉用、平衡一下，繼而進展到下個步驟。

■ 步驟四：按五十、三十、二十的比例分配（兩個月）

當你得要查看銀行帳戶，你不再覺得自己可能暈倒在地，因為你已經真正瞭解個人的現金流向，同時也是這十二年來，你第一次這麼熟悉如何使用試算表。我是指，此刻你也許已經成為專家、逕自申請會計執照去了。如今，我們該把追蹤用的預算轉換成實際的預算，並且植入一些目標數字嘍。由於沒有什麼預算格式是既定且一體適用的，所以我們很值得利用這項範例植入你的數字，再看看哪裡需要編輯、予以增減。

---

⑤ 來自英國的時尚電商巨擘，主要販售 Burberry、Givenchy、Gucci、Chloé 等知名歐美品牌。

我們普遍認同**淨所得**須按以下比例分成三部分：**固定支出**占百分之五十、**變動支出**占百分之三十，然後**儲蓄與負債**占百分之二十。

首先，評估你目前的試算表。你稍早的追蹤非常管用，有助於略微調整並整合出理想的預算。**我保證**，你並不是從零開始，拜託，到了這個時候，你可是投入了三個月的準備工作吔，所以，咱們就來看看你先前的支出是否符合五十比三十比二十的理想預算吧。請選取單月份的固定支出、變動支出以及儲蓄與負債，然後選定圖表功能中的圓餅圖，即可看出你的預算目前如何分配。按照這個方式，針對你所追蹤過的每個月份操作一遍——你發現了什麼固定的模式嗎？它們都很類似？還是哪個月份完全和其他月份不同？你的儲蓄是否遠遠低於百分之二十的標準？

圖一：本範例中，固定支出吃掉了大部分的所得。也許是房屋租金特別高，然後你可以透過承租坪數較小的房子，或是搬到鎮上較負擔得起的地區而壓低這個比例？儲

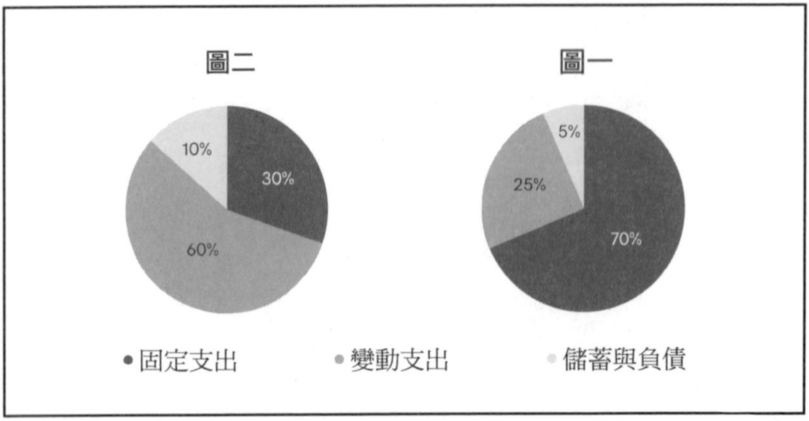

蓄是特別低，不過，嘿，百分之五總比啥都沒有來得好吧。

圖二：在此，變動支出占據了大部分的預算。這個問題其實很有幫助，因其意味著你若可縮減額外的支出，所得便還存有空間，足以大幅拉升儲蓄的比例。

雖然追蹤標題數字有利於我們看出整體的分配，卻無助於我們發掘這些數字究竟為何如此。於是，我會建議進一步擴充試算表，在固定支出的欄位下插入幾列，再於最左側的儲存格填入支出細項。比方說，固定支出可能包含房屋租金／房屋貸款、公用事業費（水、電、瓦斯）、交通費與電話費。（見下表）

當你經由這種方式填入預算的數據、替支出分類，整個過程相當漫長，因為你需要整理更多的類

	四月	五月	六月
淨所得	1,800		
固定支出	850		
房屋租金	650		
公用事業費	100		
交通費	40		
電話費	60		
變動支出	625		
儲蓄與負債	250		

別，從而需要加總更多的數字。不過，這讓我們拿起放大鏡去深入窺探個人的支出和習慣，然後一旦瞭解這點，才能在最後找出理想的預算會是什麼模樣。

亦針對**變動支出**和**儲蓄與負債**重複這項步驟吧。一如之前那樣，印出對帳單，透過畫上不同的顏色而把交易分門別類，然後加總數字，再把總額填入相關的子類別。我所建議使用的子類別如下表。

固定支出	變動支出	儲蓄與負債
・房屋租金／房屋貸款 ・公用事業費（水、電、瓦斯） ・車輛支出 ・大眾運輸 ・家用開支（市政稅、維修費、保險費等） ・電話及網路費 ・育兒托嬰	・採買食物 ・娛樂（外食、看電影、上酒吧等） ・健康（健身房費用、課程支出、牙醫、處方箋） ・禮品及捐款 ・訂閱（雜誌、讀書俱樂部、線上觀賞平台） ・個人照護（盥洗用品、剪髮、蜜蠟等） ・購物	・一般儲蓄（自動轉帳、個人儲蓄帳戶等） ・清償貸款（就學貸款或私人貸款） ・提撥退休金 ・特定事件（旅遊、婚禮、喬遷等）儲蓄金

有一件重要的事請大家記住，那就是所有縝密的計畫都需要有些彈性。隨著目前都市生活的成本驟升，會有相當多人因為居住成本導致固定成本增加而壓根兒無法讓預算達到五十、三十、二十的分配比例。有時是所得變動，有時

是某些月份生日的朋友一堆（那些媽媽在耶誕節懷上，然後九月份出生的朋友，我看到你們了！），有時則是因為天氣太冷以致你根本懶得出門，所以你很清楚自己無法每次都完美達標，但你若固定保持在這些數值上下，也已經普遍瞭解你的錢該往哪裡去、實際上正往哪裡去，這樣就已經很棒了。花兩個月在你那份最新又詳細的試算表中填入支出金額，每週檢查，看看它是否一如先前的圓餅圖按五十、三十、二十的比例分配，留意結果，然後就該進行編輯嘍。

■步驟五：編輯到適用為止（後半輩子！呵呵！）

所以，你的預算現在看起來又更厲害了點，對吧？你可以看出自己外食的成本是否高於在家開伙的成本；還是說，你心情不好就愛亂買一通，購物治療法（retail therapy）用過頭了？叫過Uber的次數比你願意承認的還多？搞清楚電話費才是你支出最多的一部分？當一切都像這樣攤在陽光下——逐條逐項——這些數字便無處可躲、一覽無遺，同時有了擺在那裡供你瞭解、領略的分配明細，你也應能一眼看出自己得在哪些類別節制一些，才能提高其他類別的數字。

此時，你手上握有兩個月的試算表，其中子類別已建置完成，相關數字也已填妥。所以現在，我會建議你把這兩個月的支出再做成一張圓餅圖，然後著重在**固定支出**、**變動支**

出和**儲蓄與負債**這三類的總額。首先，這張圖的比例是否接近五十、三十、二十？再者，它和前幾個月的圖相較之下如何？你在各個類別的花費是否一致？若不一致，原因何在？你之所以失手，是不是因為旅遊？還是因為友人的婚禮、告別單身派對以及事後的贈禮？註記一下，下回預定前往度假或有好友結婚時，便把這納入考量。你要在此時消化過去半年來所吸收的全部資訊，轉而發揮實際效用，好讓自己比起以往，更能充分掌握個人的財務狀況。

替自己新增一欄：你可在這裡實驗，嘗試在單一類別中更換不同數字，再自製圓餅圖看看分配比例、稍加調整，繼而妥善思考你所提議的預算適不適合目前的生活，還有你想要的生活（我知道，**太深奧了**）。你若無論如何都得開始，便用符合五十、三十、二十的數字吧。你覺得你可以努力實現這個架構，還是說，這目前對你就是行不通呢？這是一段很漫長的過程，可能足以用掉你一整個下午，但仍請你針對想在下個月的各個類別中支出多少，試著給定一個實際又明確的數字吧。一份預算終於完成嘍！（見左表）

所以，我們在提議的預算中稍微調升交通費，這樣就能每天搭乘公車——因為適逢夏季，走路太過炎熱——但這其實並未讓**固定支出**超過百分之五十，所以不成問題。我們也透過減少食物支出（只要提前備餐、一次烹煮大量食材再貯存多的部分以供日後食用即

	七月	八月（提議）	八月
淨所得	1,800	1,800	
固定支出	850	900	
房屋租金	650	650	
公用事業費	100	100	
交通費	40	90	
電話費	60	60	
變動支出	625	540	
食物	300	240	
娛樂	125	100	
運動課程	70	70	
訂閱	30	30	
購物	100	100	
儲蓄與負債	250	360	
個人儲蓄帳戶本金	250	250	
度假存款	0	50	
總餘額	75	60	

可輕鬆達成）、略略調降娛樂費而減少**變動支出**，卻提高了**儲蓄**金額，以致你能夠開始存錢，好準備來場週末的城市漫遊。由於剩下一些現金以備不時之需總是好的，我還新增了一列總餘額，可以納入下個月的**儲蓄與負債**。

你若實在不知如何調配、平衡各項支出——特別是**固定支出**——切記，你可是掌握了自己至少百分之九十的開銷呢。要是你的房租太高，那麼也許是該搬家了。要是你太常外食 ***自己舉手***，就多考量在家開伙吧。要是你圓餅圖中的儲蓄低到只有百分之五，那就看看你能從其他兩類奮力撈回什麼，好順利拉升這個部分。還是說，目前的你就是只能做到百分之五，那麼——面對現實吧——無魚蝦也好啊。人人的狀況有別，所以別害怕調整，找出適切、平衡的預算是一種不斷編輯的過程。當你某個月的開支可能穩穩地落在預算內，但到了下個月，情況可能就大逆轉了。要是你預算列中的理想數字對你並不管用，就換掉它們，改成新的吧。你追蹤得越久，將來也就越熟悉理想的數字為何；瞭解自己每個月或許有五十英鎊的預算可用在個人照護，就代表著你清楚知道應可在八週內預約下一次的比基尼式熱蠟除毛，而非四週內。這會讓你依循架構來消費，也同時留意自己的消費行為。在此，我們並不是要追求莫妮卡的那種完美主義，而是要讓你感到充分掌握個人的財務狀況，不是反過來被它們牽著鼻子走。

我目前的預算

以下是我目前的預算，還有我正如何試著讓支出的比例更平衡：

・**固定支出**。我們經由更換電力、瓦斯等能源供應商，手機方面也只簽訂每月支付（SIM-only）的合約以迴避花起錢來沒完沒了的手機型號升級，而順利減少了帳單費用。

・**變動支出**。我得要減少這部分。太多外帶、太多外食、太多Gucci的樂福鞋（說真的，這投資**超划算的**——但請容我稍後再談）。

・**儲蓄**。同理，我得要增加這部分，也需要在此練習我所極力鼓吹的事——現在的安娜，妳可要撐住啊！此後我設定好自動轉帳，每月的錢便直接轉入儲蓄帳戶，以致我無法慢慢地把錢用掉，最後分毫不剩。

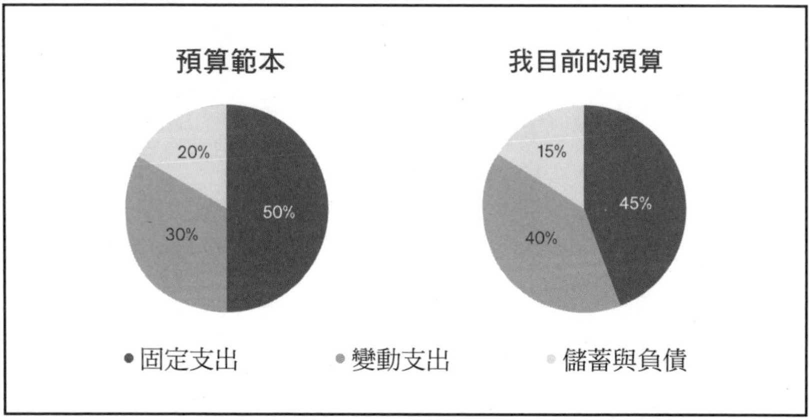

我想，我會很快地向和我同為個體經營戶的全體人員致敬，因為我在自己當老闆的這七年來，除了整天零食吃個不停這項超棒的福利外，還學到了不少東西。第一，要幫自己找位會計師。一位真正優秀、回覆迅速、樂於跟你討論這些晦澀難懂又與錢相關的行話，同時你也信任他會針對所有的財務面向提供你有關建議的人。你若想找人推薦，就先問問朋友，或向同行打聽、尋求建議。你若拿不到評價正面的推薦信，則可認真上網搜尋、查看公正的評論（co.uk 提供合格會計師的搜尋引擎）——由於我認為取得本人的背書較為妥適，所以你一開始就該盡力做到這點。你若才剛剛入行、請不起會計師，便可仔細研究 xero.com 之類的線上會計軟體，雖然這要付費，卻會讓你輕輕鬆鬆地追蹤並瞭解整個簿記的過程。第二，務必按時報稅、繳稅。一旦被罰很不划算，那些錢可以拿來買零食吃，寶貴得很。

無論你是不是個體經營戶，加上我這麼寫好像不建議你踏入這行，都很值得你去思考一下未來。你目前可能還沒考慮購屋，但幾年之後或許就會，所以問問你的會計師，將來若想成為首購族，要如何才能有效創業並建立有關的預算項目吧。而且當你們說到這裡，也順便討論一下退休金，因為你得確保自己老了之後有點存款、逛得了花市啊！哈，開玩笑的啦！**我現在**一個月就會逛一次花市。

我的預算編列大絕招

‧買台計算機。我知道這聽起來像是歐洲在封閉落後的黑暗時期（Dark Ages）才會有的命令，但我在開始編列生平第一份預算約兩分鐘後，就上亞馬遜訂好一台了。我用手機上的銀行APP找出數字、敲入計算機，再填進筆電上的Numbers程式。沒錯，你的筆電是能包辦一切，但我發現，我在眼前同時呈現這三種介面，才能最快完成預算編列。

‧雖然把支出分成五十多種不同的細項，好讓你鉅細靡遺地看出自己把錢花在哪裡是挺吸引人的，但我會建議，在圓餅圖的三大部分中，每一部分都先固定使用五到七類就好，並以七類為限。這比較不會讓整件事變得複雜、容易混淆，而你若是真想看到逐項列出的支出明細，只要查看銀行的對帳單即可。

‧起初追蹤的過程可能真的很費時：一如在行事曆排入正式會議，預定何時追蹤吧，這樣你才會優先處理，而且可以的話，請排定每週追蹤一次。把這事拖到月底很不明智，因為到時大家都忙著趕截止日，還會因為剛領完薪水，更頻繁地從事社交活動。

‧切記要有彈性。預算畢竟只是指導原則罷了。請把它當成有個超節儉的朋友在旁助你一臂之力，他過去十年來買任何東西都不超過十英鎊，然後你深信他到了現在鐵定已經默默成了個億萬富翁。若真要說，預算明確地指出你的生活有沒有哪方面需要大幅調整；還有你需不需要搬家、要求加薪、另外找份通勤支出不用這麼高的新工作，或者需不需要解決「自己到底為何會和 DPD 快遞公司的物流士結為好友」這件事。

- 為了「款待自己」而購物的小提醒。我們都想要好的東西，偶爾也需要些稀奇古怪的物品來振奮精神。雖然性感拉丁天后珍妮佛・羅培茲（Jennifer Lopez，簡稱 J. Lo，台灣俗稱「翹臀珍」）曾說她的「愛情無價[6]」（*love don't cost a thing*），但有時款待自己的好東西還是要付出一點代價。倘若那是你夢寐以久，同時**真的**所費不貲的包包、洋裝或是假期，我會建議為此存錢，並在**儲蓄與負債**下另起一列，好為這項特定的支出設立特別基金。說到購買一般物品，我們常會因為衣服穿壞了**需要**添購新的，或是偶爾**需要**某些居家用品；至於其他時候，則是沒來由地覺得值得「款待自己」一下，而**想**趁著午休去好市多買件上衣。為了在預算中因應這種狀況，我會建議在**變動支出**下新增一列，作為必要的購物支出，像是汰換穿壞的衣物，或是購置一般那些雜七雜八、你又真的不能不用的小物件。接著，另起一列作為非必要的購物支出，也就是**你想要的東西**。哪怕只是固定在那兒放入二十英鎊，也會讓你覺得只要你想，就能在回家的路上買支口紅，然後到了月底，你要是完全沒動到這筆錢，就穩穩地把它存起來吧。

・毋庸置疑，大家可能苦苦掙扎、過度花費的類別就是**變動支出**。我的意思是，線索就在名稱中——它既然叫做「變動」支出，自然就不是一成不變的！在此，我要推薦一款APP來助大家一臂之力，那就是Monzo。Monzo是一種預付的線上虛擬銀行卡，會將所有的變動支出分類成簡單明瞭、容易消化的數據分析，且可經由手機操作，能讓你更快地填入預算中的數字，並即時查看支出情形。我先生馬克一領到薪水就會把**變動支出**的預算金額全都匯入卡片帳戶，再用以進行整個月的採買。真是天才。

即日起輕鬆省錢的方法

你曾有過幾次在瀏覽雜誌、推特或部落格時，發現到有文章的標題是「**即日起**輕鬆省錢的方法！」嗎？我猜，那次數隨隨便便就是兩位數吧。如今，再思考一下你讀了那篇文

⑥實為珍妮佛・羅培茲主唱的暢銷流行歌曲曲名。

章、充分吸收、採納其中的建議且付諸實施過多少次呢？我猜，那數字也不會太讓人印象深刻的。我們幹嘛這樣捉弄自己呢？沒錯，這當中是會有些例外，但對於大多忽視這些建議，不然就是壓根兒懶得去做的人來說，我們其實不用大刀闊斧地做些改變及調整，每年或許就能存上幾百英鎊，然後原本覺得負擔不起去做一整天的SPA、苦苦掙扎才能湊足汽車保險費，連和家人外出享用大餐都要猶豫半天之類的，如今通通都不成問題了。

所以，咱們先求旗開得勝吧。沒錯，對每個人切實合用的建議都不盡相同，但為免預算超支，我們何不馬上試試其中**一種**，看看效果如何呢。從現在起，你只要選定下列其中之一當作個人的理財咒語，便能很快看出數字開始堆疊，但在意識到這點以前，你將會成為那個在週五晚間前往酒吧的路上，不斷告誡好友申辦集點卡有多好多好的討厭鬼。

•少喝咖啡

喝咖啡是很普遍，但在上班途中省去購買咖啡可以讓你單週省下超過十英鎊，相當於一年至少五百二十英鎊。**太誇張了吧**。不論是在家沖泡完成、裝入保溫瓶再帶到座位上慢慢啜飲，或是在辦公室備有一套沖泡咖啡的個人器具，還是說你就是改不掉非得在一早光顧一下咖啡廳的老毛病，都請購置一只可重覆使用的隨行杯吧，這不但為你每杯最多省下五十便士，還意味著你也正為愛護環境盡一己之力。

•甭管什麼會員制

捨棄你從沒使用過的會員。這裡最明顯的例子就數健身房的會員了。我們這種人甚至連髖外展肌訓練器（hip abductor machine）長什麼樣子都不記得，所以，請把「取消會員」列入優先處理的待辦事項吧，然後不管是省下這筆錢，還是用它來參加你實際上喜愛的課程都好（你若喜歡，可一口氣買下一整套課程，因為這麼做常有優惠）。另外，也請仔細思考一下其他的會員或是已經不再使用的訂購服務。你所訂閱的雜誌都已經來了兩個月卻仍不見拆封然後躺在那裡？**取消吧**。你一直無法在生鮮食物箱發霉之前騰出時間烹煮裡頭的食材，所以它如今已在角落生出飛蠅、嗡嗡作響嗎？**也取消吧**。把 iTunes 帳號的後台整個檢視一遍，看看能否取消任何訂購中的APP，同時確認銀行帳戶裡有沒有哪些你原先辦理自動扣款，但若取消訂購也不會有所留戀的服務項目。

- **學著愛上清單**

隨著一路編輯生活下來，我們將在稍後更詳細地探討這點，只不過無論是食物、贈禮還是衣物，我都要提醒大家別在沒有清單之下採買。你若看到某樣很中意，但一開始沒打算要買的東西，至少先沉澱兩天再買。緩一緩。反覆思量並查看自己的預算。待勁頭一過，你就很可能說服自己別買了。

- **捨棄升級**

你一旦分列支出、編好預算，便極可能發現除了住宅和食物，最昂貴的費用之一就數電話費了。所以，與其要在下次升級手機時主動選擇同意，請留下原本的手機，並換成每月支付的合約吧，這通常只會是舊合約的半價。沒人會在意你的手機已經用了五年，然後是iPhone 10還是iPhone 20。我對這沒啥概念，還知道自己像是祖母嘮叨不休，但你若要手機幹嘛它就幹嘛，一切正常、運作良好，也就值得暫時保留手機，不是嗎？此外，這也代表會有更多錢流回預算，得以分配到其他項目。

• 別在黃金時段觀賞節目

你只看網飛嗎？還是說，你比較偏好亞馬遜影音串流平台（Amazon Prime Instant Video）？捨棄第四台的套裝方案吧，你若從來不看電視，亦可賣掉電視機，替自己省下電視執照費[7]（TV Licence Fee）（旁注：我很清楚這樣有點極端，而且我個人不看《英國家庭烘焙大賽[8]》〔*The Great British Bake Off*〕就活不下去，但這對指望能省就省的學生來說，算是很實用的祕訣）。

• 掌握促銷的能力

促銷打折時購物比較棘手一點。一方面，你可以在購買一件自己已經關注好幾個月的高價物品時省下一大筆錢；另一方面，這卻足以成為衝動性購物[9]（impulse shopping）的典範，因為你花了一小筆錢，結果買到一件在更衣室裡穿起來很美，但事後冷靜回想就覺得似乎是不智之舉的亮片上衣，還有一只替你省下了三分之一的價錢，但其實根本放不進客廳的腳凳。不過，重點來了：東西雖然打了對折，你還是得支付原本費用的一半；即便那可能低於建議的零售價（Recommended Retail Price，RRP），但你仍在花費。我會建議你幫自己備好一份嚴謹的清單，再踏上折扣促銷的戰場。好好思考一下衣櫥裡少了什麼、家裡需要補充什麼，並參照編列好的預算金額，然後**切實遵守**。採購時務必像馬兒那樣戴好護目鏡、保持目標明確，買完後也妥善收好收據，這樣你若到家後驚覺鑄下大錯，便不致擔心會遭客服白眼而推遲此事：**盡快**收拾東西趕往退費吧。

• 當個忠實顧客

在你定期光顧的店家登記集點卡。有些集點卡是不怎麼樣，但有些則可讓你在食物、燃油、旅遊和盥洗用品方面省下不少。我會推薦你在選定的超市、加油站，還有航空公司所推出的飛行常客哩程累積方案進行登記，並為自己取得Boots連鎖藥妝店的會員積分卡（Boots Advantage Card）。這也許要花上你七年，但你若在Boots購買你所需要的每一件盥洗用品，你鍾情的那罐香水可能就會**免費**變成你的。

---

⑦ 即英國居民為觀看電視或透過網路觀賞直播節目等所需支付的費用。
⑧ 英國廣播公司（BBC）所播出的烘焙競賽節目，評審為飲食作家瑪麗・貝利（Mary Berry）和烘焙大師保羅・荷里活（Paul Hollywood），為英國家喻戶曉、全民觀看的電視節目，迄今已播出十一季。
⑨ 又稱即興購物，即未經考慮、僅憑一時衝動而興起的購物行為。

按季儲蓄

一年到頭都儲蓄是項好建議，但其中會有某些月份比其他月份來得吃緊，所以你若感到手頭拮据，便值得採取不同的建議方式，按季縮減支出、留有餘裕，以求在開銷最大的那些月份，也能達到收支平衡。

■春季

- 整理過節時收到的禮券，並在日記上標註每張的到期日，這樣你就不致放到過期、錯過任何可能的購買，發送禮券的人最終也不會因為禮券沾滿了灰塵而感到冒犯。
- 對於多數英國人輕易就能抵達的國內度假勝地來說，春季往往算是淡季；一般來說，你不會剛好要在這時**儲蓄**，但若真想花點小錢遊憩一番，便搶先一步在春天排休吧。
- 在大掃除的同時，藉著上網拍賣沒用的衣物和飾品掙點收入吧。你適合把價格適中的商品放在Depop或Facebook Marketplace，再把真正喜歡的東西留到Vestiaire Collective，亦即一處專門拍賣名牌商品，並為買家認證物件的真偽而針對售價扣除一點費用的二手網站。

■ 夏季

・你若堅持在夏季度假，便利用 topcashback.co.uk 之類的網站，仔細研究如何針對購買度假相關的行程而取得現金回饋吧。在該網站中，每筆交易額（設想一下如住宿、機票、旅平險等）都會按一定比例直接以現金回饋至你的銀行帳戶。

・度假所需的一切都預定好了嗎？行李也打包好準備出發了？你也要確保已經為這趟旅程編好預算，於是請在最後抵達機場然後未經思索就隨便說出一個數目前，研究好你想要兌換多少外幣吧。

・充分利用一年中溫暖到足以從事戶外活動的那五天，然後在自家的後花園享用一些烤香腸、上公園野餐，或者自備午餐前往鄉間漫步，而剋扣自己在娛樂上的預算吧。

■ 秋季

・倘若你住的地方較冷，便在冷鋒現身前利用這個季節做好防寒。在預算中編入屋頂修繕工的費用，好為頂樓做好絕緣隔熱；家裡的窗戶若也過了黃金時期，便去取得裝修的報價；另外，購買附有保暖層的遮光窗簾，再把擋風條給塞進門下的縫隙吧。

• 與健康有關的倡議多會在十月展開，而這些倡議不但有助於你戒除飲食上的惡習，還會減少你在**變動支出**上的許多開銷。「十月戒菸月」（Stoptober）是英國國民保健署（National Health Service，NHS）年年舉辦以鼓勵群眾戒菸的全國性活動，而「十月戒酒月」（Go Sober For October）則是一如其名，希望民眾在十月滴酒不沾，保持清醒一整月。你若指望開始減菸或減酒（還是兩者並行！），秋季正是加入的好時機喔。

• 歡度耶誕是項傳統沒錯，但先在這時把耶誕節的支出全都編入預算，並在接下來的四個月分攤花費，以免通通擠在同一個月。我在這裡所說的不只禮物，大家也要把耶誕派對、食物、酒類、可能想要購入的整套服裝、裝飾用品、冬季婚禮，以及在除夕許下的新年新計畫納入考量。

■ 冬季

• 在「提前計畫」和「用起大批二級郵票[10]（secondclass stamp）才能省錢」的誘因下，早點搭上耶誕卡的列車吧。這或許看似是一筆小錢，但一級郵票（first class stamp）確實較貴；你要郵寄的名單若有一整隻手臂那麼長……**便趕快進行吧**。

• 你若正設法刪減購禮的預算，便可致贈手工烘焙的賀禮，像是超大罐的百果甜餡料[11]

（mincemeat）、形狀應景的薑餅，或是一盒手工的薄荷巧克力，效果都很不錯喔。我向來都會多做一些，一旦意外收到贈禮，便可以此回贈。

• 你要是族繁不及備載，還是說你就是正在試著減少耶誕節的花費，那就玩起神祕聖誕老人的遊戲吧：大家各別從帽子裡抽出一個名字、講好預算金額，然後只買禮物送給那人。我們家雖然只有五人，但這麼做有助於紓解採買的壓力，而且隨著我們試圖猜測誰的禮物是誰送的，最後常會讓每一個人笑到淚流不止。

有些季節就是比其他季節來得燒錢，但藉由讓自己準備好迎接一整年下來的現金流動，無論即將到來的是什麼季節、什麼賀卡日，你應該都能如實記帳、有效理財。

⑩ 英國皇家郵政（Royal Mail）所發行的郵票分為一級郵票（first class stamp）與二級郵票（second class stamp），前者單枚九十五便士，貼上此類郵票的郵件可於次日到達，後者則價格較低，單枚六十八便士，且郵件費時較長，約花二至三天方可送達；英國人多購買個別金額的郵冊置於家中，以備需要時方便取用。

⑪ 英國傳統聖誕甜點百果餡餅（Mince Pie，又稱 Christmas Pie）的內餡，由切碎的水果、大量果乾、杏仁碎、烈酒、糖、羊脂及肉桂或肉豆蔻等辛香料混合熬煮而成，再像果醬那樣置於玻璃密封罐中，使餡料在酒中充分浸泡、吸收香氣，最終融合、熟成。

在編輯生活這個偌大的計畫下，編列預算是一項內容豐富的主題，所以我不想就此跳過、略去不談，而且我希望我已經達成目標，給予大家在金錢方面的基本知識，以致你下次在查看銀行帳戶時不會伴隨心悸，而是清楚自己要如何應對。你若已經決定抱著預算火力全開，敬請保持耐心（且在這兒插入拉炮的表情符號）。本書中的其他概念都能立竿見影、馬上見效，唯獨編列預算就是需要隨著時間推移，才會變得越來越成功，一如燉鍋，你燉得越久，將來你對管理現金流動的技巧所抱持的自信，才越有可能達到那種美味的甜度。

編列預算基本上是一種取得平衡的行為，它很難次次命中、處處完美。你若疏忽了，也**沒關係**。你或許可以追求手機上的升級，還是購買一件外形可笑、無法送洗，甚至讓你該月的服裝費超支的外套（我**完全**不是在說我有過這樣的慘痛經驗），但有件事要請大家記住，那就是正因你可能藉著假裝自己是音樂錄影帶裡的瑪麗亞・凱莉（Mariah Carey）到處亂撒紙張而在某天把手上的錢財揮霍一空，所以隔天的你不需要重蹈覆轍。把自己整備好重新出發，查看從前損失了多少，找出如何才能再次達到類似的均衡點，然後持續下去。但願你知道如何利用我在本章中概述的方法進行追蹤、編列預算——但為了你自己好，請親自編輯。說到這個，如今是該把重點放在你身上了……

寵愛自己

本章章名即是線索所在：為了讓自己生活起來最有效率、最是滿足，我們都必須照顧自己、寵愛自己，所以，請利用本章關注你和自己的心理健康，並著重在讓你幸福快樂的習慣與常規。

雖然「寵愛自己」可能像是公司行號為了促銷高檔浴鹽及喀什米爾羊毛襪所創造且發起的概念，但我要在此說服大家相信這個經過大肆炒作的說法（還有那雙喀什米爾羊毛襪絕對會是你買過最想翻白眼，卻又最物超所值的商品之一）。在編輯生活的過程中，我們把「寵愛自己」定義為任何能夠讓你在「幸福快樂」這方面面臨升級的常規、行為和習慣，甚至可能包括掌握預算及日記，因為這些都在在能讓你減少焦慮、增加睡眠，然而，往往卻是專屬自己的那一時半刻，才能讓你針對進行中的其他事物按下「暫停」鍵、與世隔絕，並給自己順利充電。就個人的健康、快樂及整體的福祉來說，寵愛自己不僅是人人都得精通的重要技能，還是排除內心雜務的基礎，同時更會助你變得更有效率、更積極，且更有產值。所以，是該搭上這班大肆炒作的列車了。

明白以下這點很重要：人人都會有刻板印象，認為寵愛自己是種極其奢華的事，除了雙臀杵進吸糞管，同時身穿絨毛浴袍、無所事事並享用著骨瓷杯中令人作嘔卻怎麼也喝不完的花草茶之政商名流，其他人則是無福消受。但對兩個孩子的媽來說，寵愛自己的定義或許是把自己鎖在廁所兩分鐘，草草翻閱最新發行的八卦小報，以獲取那短短一百二十秒的寧靜。也或許你清晨就開工，無法這時前往健身房，於是轉而在值完班於電視前做起一段居家瑜伽。對有些人來說，寵愛自己的定義也許是獨處，但對有些人來說，獨處就像人間煉獄，唯有在傍晚偕同友人外出才能重新充電。最根本的要素在於寵愛自己讓你有機會擁有一段時間——無論長短——用你覺得最有效的方式為自己做些什麼、重拾活力。這才是目標所在。

■ 寵愛自己的四大支柱

儘管我們為了工作上的瑣事勞心費神，但為了真正地寵愛、照顧自己，我們不能只是每週泡一次超久的澡、啥都不想，而得要更進一步採取行動。其實，我深信我們可著重在以下四大支柱：

心理健康

睡眠

飲食健康
體能活動

心理健康是寵愛自己中最重要的，所以我把它放在首位。**手放下**。咱們要多聆聽自己的聲音、多善待自己、讓自己休息，並評估我們怎麼會，又為何會有這種感覺。我們在一夜好眠之後都會感覺好轉，**沒錯**，所以這點毋庸置疑。當你們全愛買麥當勞的培根蛋滿福堡大快朵頤，吃得健康可能會令你們坐立不安，只不過，在體內添加新鮮、有益健康的食物作為燃料，將會搭配其餘的三大支柱，一齊讓你感到狀態一流、蓄勢待發。思考一下碧昂絲動感十足的莎夏[①]（Sasha Fierce）模式吧。最後，我會展開體能活動，因為這教人神清目明、促進睡眠，還有助於提升食慾。看到了嗎？這些全都屬於一只名為「寵愛自己」的老舊大輪胎，居間的零件環環相扣，而你只要著手運作中的某個零件，其他部分都會連帶引發正面的連鎖效應。

一說到寵愛自己並將其融入生活，養成習慣可說是黃金法則。其實，這正是我們在此的目標。我們一旦能夠逐漸養成習慣、清楚這有助於靜下心來，就會比較容易遏止壓力失

① 碧昂絲在二〇〇八年所發行的《雙面碧昂絲》（*I Am...Sasha Fierce*）雙CD專輯中追求突破，分飾抒情本尊的碧昂絲及性感律動的莎夏，演繹出多首膾炙人口的作品。

控。我們一旦建立好幾點上床的習慣、時間一到眼皮就重到不行，美好的夢境便會朝你敲起門來。當我們搞懂了如何規劃每週的食物採買及備餐的例行流程，吃得健康也就不費吹灰之力。因此，我們一旦養成健身的習慣，它便會逐漸深植生活之中、變得根深蒂固，這也不教人意外了。

實際上，生活正是一種不斷編輯的過程，所以很多人都理解，我們不可能一直善於執行以上的四大支柱、樣樣精通——這完全OK。其實，即便我們只是在睡前花上一時半刻快速思考當天的跌宕起伏、只比往常提前二十分鐘上床睡覺、預先備好早餐以簡化早上的既定流程，並在搭公車上班時提前一站下車以記下自己當天多走了幾步路，這樣就遠遠足夠了，那不是很棒嗎？我敢打賭，只要納入這些寵愛自己且甚至花不了多久的小改變，你就會覺得自己變得更有條理一些。

你既不用從行程中空出好幾個整天（你若已經過勞，也許就得這麼做，醫療專家亦可對此提供協助），也不用撥出預算才能寵愛自己，但確實要對自己進行一些投資，這麼一來，你才可能在毫不知情之下，完成了一堆寵愛自己的項目，並且從中獲得樂趣。你一邊遛狗，一邊聽著podcast？**讚喔**。你確定晚餐搭配了點綠葉蔬菜？**太棒了**。你趁著午休溜進休息室讀書。**有你的——你都讀些什麼？**寵愛自己不需用到什麼大陣仗，而只要稍微修正，最終聚沙成塔，讓你在日復一日的生活中感到身心愉悅，那就夠了。

心理健康

咱們來聊一聊心理健康吧。英國國民保健署電腦部門（NHS Digital）於二〇一六年發布《全民心理健康及福祉調查研究》（*The Survey of Mental Health and Wellbeing*），內容指出英格蘭約有六分之一的人口普遍患有精神疾病。往好處想，就是人們對心理健康的態度不斷轉變，終使精神疾病洗脫惡名、人人都能接納誠實且開放的對話，同時凡有需要，即可獲得協助。

有時，我們一整週都過得很鳥，似乎怎樣都無法專注，而只想好好泡個澡，再蜷起身子窩在床上讀書就好；緊接著到了週五，這下有機會往身上抹些泡泡、匆匆翻閱手上的新書，結果一切又都恢復正常。但有些時候，很鳥的一週會變成很鳥的一個月，繼而變成很鳥的一年，於是你滿心困惑、惘然若失，以致不論泡再多的澡，或是花上再多的夜晚早早上床閱讀，全都解決不了。遇到這些情況，我所能提出的建議就是聊天；跟朋友、家人、同事、專家、你的家醫聊天，不論是誰，只要讓你感覺舒服、感覺對了就好。你要明白，偶爾點起蠟燭、迅速套上柔軟的絲質睡衣就是不夠，這很重要。這些寵愛自己、編輯生活的簡單舉動也許會相互結合，以致你心情好轉、不那麼陰鬱，但為了讓自己完全抽身，經常諮詢專家的建議並取得後續的協助才是最佳的行動方案。請散播許許多多的愛，並用你的方式好好擁抱大家吧。

當我們論及這些很瞎、並不格外有趣卻又相當重要而且不得不談的主題，咱們也來聊一聊壓力吧——是啊，老掉牙的話題了，但很不幸地，無論是我們正親身經歷，還是我們的**死黨**（Best Friends Forever，常縮寫為ＢＦＦ）在電話那頭說起他們壓力太大以致諸事停擺，人們就是會時時遭逢壓力，防不勝防。這也許像是老生常談，但我們須得嚴肅看待壓力，同時，唯恐它危及我們的日常生活或對我們造成生理傷害，學習如何因應壓力也很有幫助。咱們試著讓自己保持心理健康，嗯？我們經常覺得自己承受了過多的情緒暨心理壓力，況且人人在面對壓力時，都有一套自己獨特的應對方式；有人可能會在電話那頭哭到泣不成聲，有人可能是把整個公園走完一遍。你若能藉由這些方法寵愛自己，當你的周遭變得嘈雜、喧鬧，你就能找到個人的開關和臨界點，著手調整音量、直至大小適中，並且妥善編輯日常瑣事，以遏止壓力無盡漫延。

鑑於紓解壓力沒有什麼「一體適用」的方法，我在此一字字地拼打出成千上萬你可用來嘗試處理壓力的各種建議儼然就是白費唇舌（況且這本身聽起來就超有壓力的！），因此，下回你若感到「壓×」爆棚，便可試試我所建議的幾大步驟：

一、暫停片刻，找出你當下想要逃避現實的理由（無論你的理由是有兩個，還是兩百個）。

二、從頭到尾讀過一遍。你是不是無從掌握這些憂心的事，只得任由它去呢？倘若如此，劃掉它們吧；它們教你心煩意亂，你得要對其下起逐客令。還是說，你有力量改變它們？太棒了，那就做個記號，以示強調。

三、根據以往對你適用的「舊技巧」，還是你盼能一舉擊潰壓力，或至少能夠緩解情緒、直到自己覺得應付得來的「新技巧」，針對每一點擬定行動方案。

四、覺得好多了？棒極了。目前你若感到壓力已經消融，也已不在腦海中盤旋不去，就請趕快繼續你的計畫，在行程中加入待辦事項、在日記上註明日期並且展開工作，不然就是靜靜坐著，好好放鬆一下吧。

我是個典型的「壓力製造者」，常常忙到不可開交，所以每當我攤開日記，看見密密麻麻的預約行程、截止日期和會議，整個人就**嚇壞了**。我知道對於排好一堆預約行程、截止日期和會議的人來說，以上這些很有幫助，而且我在碰到類似情況時，也會先施行上述步驟，再試圖透過以下方法讓自己冷靜下來，從而變得——套句現在小屁孩老愛說的——**超級淡定**。請注意，我最適合這些傳統又老掉牙的方法，所以即便它們了無新意，卻仍十分奏效。

■我鍾愛的五大紓壓法

・好書

直到去年我才真正致力於挖掘出個人的藏書，而且一如千禧年前夕正值前青春期而沉迷於《甜蜜谷[2]》（*Sweet Valley High*）的自己那樣，重新養成了閱讀的習慣。沒錯，身為一名老師跟前招人厭的大紅人，我藉著「在二〇一八年挑戰讀完十二本書，以作為該年度新年新希望」（旁注：用 Goodreads 的 APP 進行追蹤很好用喔）一事鞏固了我在老師心中的地位，況且，最終我實在陷得太深、無法自拔，以致完成了近乎兩倍的數字。閱讀好書不僅營造出一種入夜的常規、助我打起瞌睡，更讓我毋須理會外界事物、與世隔絕；與其只能漫無目的地滑看手機，直到發現某件東西值得傳送到我和友人共有的「可愛動貼」WhatsApp 群組，這麼做得以讓我渾然忘我、陶醉其中，也讓我的大腦專注於格式複雜且篇幅較長的事物，因為在兩百八十字元的推特貼文和五分鐘短文閱讀的世界中，大腦都涉入不深。「望著電視呆滯無神」及「合理地走筆行文」所產生的效果不盡相同，而我一天中常常只有在睡前閱讀時，才會像寫作那樣聚精會神好一段時間。

・晚間的居家SPA（水療）

噢噢，這是一定要的啦！說真的，誰不愛假裝自己的浴室就是 SPA 按摩間呢（從筆電播映《酷男的異想世界[3]》〔*Queer Eye*〕，而非大聲放出鯨魚音樂的人除外）？但對我而言，這可不是這麼回事。我限制自己一週只有一次的「SPA時光」，因為你知道，我們得要省水啊拯救地球啊有的沒的，不過我在做SPA時，可說是**全力以赴**。我拿起足挫磨去硬皮、刮除腿毛、抹上髮蠟再洗掉，於是感覺自己正甩著一頭亮麗的秀髮拍攝抗頭皮屑的廣告、全身保濕、塗上指緣油、敷上面膜，最後再以最重要的項目作結——穿上乾淨的睡衣。我明白這過程聽起來相當冗長，但那或多或少就是重點所在。一如酷男五人組所竭力勸說的，撥出時間縱容自己進行個人維護不但有助於舒緩焦慮，還能激發你的自信。我知道當我的頭髮油到看似可以煎荷包蛋，指甲油也剝落到只剩甲面的三分之一時，我感覺起來真的很糟。替自己預約一次SPA，能待多久就待多久，然後泡去一整身的壓力吧。

• 大餐

我知道對有些人而言，下廚完全只是一件日常瑣事，所以並不是全世界的人都認同我納入這一點，我懂；我偶爾也會沒

居家 SPA 必備用品

- 浴鹽／沐浴油
- 足挫／全身去角質霜
- 身體護膚油
- 髮蠟
- 面膜
- 臉部精華油／保養品

---

② 美國肥皂劇小說，講述居住在南加州一座虛構的小鎮甜蜜谷（Sweet Valley）中同卵雙胞胎伊麗莎白・韋克菲爾德（Elizabeth Wakefield）、傑西卡・韋克菲爾德（Jessica Wakefield）及其友人們的生活與愛情故事。

③ 全名 *Queer Eye For the Straight Guy*，又稱《搶救直男大作戰》，為美國媒體串流平台網飛所打造的實境改造秀，由各有專精的同志酷男五人組（Fab Five）在每集尋找一個疏於照顧自己、生活習慣特殊的直男，並替其進行各方位的改造，包括料理、穿搭、保養、優化居家環境等等。

心情下廚，於是訂購達美樂披薩似乎就成了個好選擇。啊，義式臘腸風味的中型披薩搭配蒜香蘸醬——**來來來**。但若時間對了，外加我也想引導出體內奈潔拉④（Nigella）的大師魂，把一大塊生肉和一把鮮蔬轉變成一道美味的燉菜、足以教嘗到的人讚不絕口，這就變得很迷人了。當然，這樣的過程並不總是那麼順利，人們經常發現我會在燒焦了鮭魚排而不禁懷念起自己老爸那不怎麼樣的烤肉技術時（爸，不好意思啊！），一如電影《愛是您・愛是我》（*Love Actually*）的女主角瑪蒂娜・麥卡晴（Martine McCutcheon）那樣罵起「他×的、臭婊×、狗×」，不然就是發現我米飯煮得不夠久，以致整餐都像在嚼碎石子。**不過**，一旦確切掌握好時間點，烹飪技巧也剛好「啟動」，我就會天天準備晚餐，助我忘卻工作、徹底放鬆。

・放鬆自我的健身運動

「流汗流到快要融化」的高強度健身是要講究時間及場合的，但當我感到自己的腦袋可能因為一堆待辦工作連碰都沒碰而快要炸開，固定做一些步調較慢的事正好可為此時過度飽和的大腦提供完美的解藥。皮拉提斯（Pilates）、瑜伽、游泳乃至戶外健走之類的活動都會讓你有段時間遠離手機，電郵、日記這些；此外，著重某種需要留意的動作且專注在自己的呼吸上，也真會迫使你進入一種「無從思考太多其他事物」的境界。你若已經習慣積極地做起每一回合多達兩位數的波比跳（Burpee），那麼，我可以理解「慢慢來」聽上去可能會教你**哈欠連連**，不過，晚間八點的器械皮拉提斯課程以一小段冥想收尾，讓你因為**那麼**放鬆而滴下了些口水，這是真的很棒。

• 排定行程的時段

你知道你有時就像在違反物理定律，並肩負起越來越沉重的工作清單嗎？是吧？好姊妹，我懂得。碰到這種時候，再多的浴鹽和蒜蓉調味鹽都無濟於事，於是我轉而採用一種我為自己所發明的行動計畫。我會攤開子彈筆記本、拿起日記，並著手排起下週的計畫。這算不上是什麼有趣的紓壓法，但我真的發現，藉由明確地寫下行動計畫，我早已在腦中反覆確認過待辦事項，並排列成實際上有用的格式了。我會建議各位別試圖浪費好幾個小時拼湊出一張超級詳盡的待辦清單，反之，著重在兩三項你每天都得優先完成的工作，你才比較可能一一完成。

凡是論及紓壓之道，我說過我是那種很傳統的女生。或許你認為自己並不適合上述的五大紓壓法，而喜歡拿起整套爵士鼓東敲西打，直到鄰居開始在屋前的草坪釘起「出

---

④ 全名奈潔拉・羅森（Nigella Lawson），英國記者、美食作家暨節目主持人，著有《奈潔拉的廚房：最棒的食物，出自家的中心。匆忙日常也能安撫脾胃的190道！》（*Nigella Kitchen: Recipes from the Heart of the Home*）、《廚房女神奈潔拉：114道輕鬆無壓力的義式美味快速上桌！》（*Nigellissima: Instant Italian Inspiration*）等多本美食書籍。

售」的告示牌？還是說，在拳擊課朝著某個人形沙包或拳友大展身手比較符合你的風格？都好，**只不過**，這裡是真有一項人人且處處皆得定期實施的紓壓良策，也就是數位排毒（digital detox）——別@我啊。

■就克制不了想要上網，怎麼辦？

哈囉，我叫安娜，使用手機成癮，和其形影不離，而且一天至少會在公寓把它弄丟兩次，於是開始心跳加速，心律還飆到我在健身房從來不曾達到的數字。我猜，那是心血管之類的問題吧，同時我也知道，不只有我會這樣。過去，伴隨我們一路成長的手機裡只有「貪食蛇」的遊戲跟自選鈴聲的功能，這意味著以往手機並不像現在這樣占據了我們的生活空間。如今，手機讓我們透過語音、影片、圖像及可愛小狗的濾鏡功能連接起整個世界；它告訴我們今午天氣如何、昨天走了多少步（我剛剛確認，才四百二十八步，太混了），飲水量是否達標、銀行帳戶目前還有多少餘額、如何在剛抵達某一城市後從甲地前往乙地（Citymapper可是**生活的一部分**）、股票及證券市場的走向如何（你幾乎沒用過這項功能——確定嗎？），還有食物外送員究竟到了哪裡。

所以，說真的，雖然手機成了一種神奇的溝通工具，但人們因此感到壓力更大、更不知所措，從而導致延誤、耽擱，這一點也不教人意外。

我想大家都會同意，我們也許有點**太過**依賴手機了。

- 只充電一次根本不夠你用一整天嗎？
- 就算沒收到提醒通知，你也會不時拿起手機嗎？
- 你會不會拿著手機上廁所？（太噁了，但我想約有百分之九十五的人都會這樣。）
- 你會不會邊吃東西邊看手機？（你要是考量到上廁所的那一點，這就特別讓人害怕。）
- 你看電視也拿著手機？
- 手機在你手上的時間有沒有超過放在背包或口袋裡的時間？

假如以上問題你答「是」超過兩題以上，那麼，歡迎加入我們的行列吧。

我最近下載了名為「Moment」的APP，追蹤我每天拿起手機的總次數，還有總共花了多久使用手機，結果糟到不行。（iPhone現在會自動追蹤這點：從主螢幕向右滑即可看到你在「螢幕使用時間」上的數字）。光是這週，我一天就花上六個小時滑看螢幕，同時蜷起身子、盯著手機——即便適逢週末或是出遊時，這個數字確實是會降到人們比較容易接受的一、兩個小時。看著這些黑白相間的數字，這真的幫我瞭解我有多麼需要展開數位排毒，而且是該和現代科技保持一點距離了。最近，我試著做到一天只用手機兩小時，於是多出了很多時間與朋友聯繫、完成手機上所有相關的工作，而不覺得手機用過頭了。前往下載 Moment，並在追蹤一週之後檢視你的數字為何。**這下子**，你相信自己現在就得進行數位排毒了吧？

數位排毒係指在一段固定時間內戒除 3C 科技的概念，沒錯，也就是完全關閉手機、電視、電腦、收音機等基本上連結我們與外部世界的一切事物，然後帶領你重回九點上床、嚴禁看《尼克兒童頻道》（*Nickelodeon*）的歲月。我一個女孩子家還能幹嘛呢？不過，完成數位排毒——即便僅限排毒兩個小時——使人獲益匪淺，這顯而易見。只要空出時間遠離那面擾亂睡眠的淡藍色螢幕，就意味著空出時間隔絕自己反覆受到電郵、簡訊以及囊括了三十四名成員的 WhatsApp 群組所騷擾 ***打了個寒顫***，還意味著你有時間去享受個人的嗜好和喜愛的活動，或者僅僅不受干擾地好好小睡一番。這可是「斷線」的最佳方式，當你日後準備重啟開關、返回網路世界，你滑起手機將會更帶勁，靈魂深處也將更有活力。

兩年前，我展開了從沒有過的數位排毒，我關上手機、放入床頭櫃，花上一整個週日完全阻絕自己接觸 3C 科技。起初，我賴床賴到十點，因為迫切地想振奮精神而感到心煩意亂，但之後都和家人一同玩起各式桌遊，泡上一次超久的澡——久到或許都能寫入世界紀錄了——還匆匆翻閱了一直都在床頭櫃上積攢灰塵且至今已經過期約莫半年的雜誌。在像個寶寶一夜好眠之後，我隔天更是浮現了一種奇怪、專注卻又無法確切指出哪裡不對勁的感覺——但卻真他媽的棒極了。自那時起，只要工作和計畫上允許，我就會不時嘗試數位排毒。去吧，我們全都該試試看，我可不會再找藉口推辭了。

■如何完成數位排毒且真正樂在其中

一、排入行程。每月從一週內挑出最合適的一天（對我來說通常是週日）——或是依據你規劃要多常從掌心卸下手機——排入數位排毒的行程，這樣你才比較可能藉著行事曆「叮」的一聲跳出提醒然後同你大眼瞪小眼，而成功地完成此事。你一旦進行得相當順利，甚至會想一不做二不休，限定自己週末整整四十八小時都把手機給扔到一邊。

二、安全至上。讓你的至親至愛瞭解你的計畫，且若真有必要，提供他們聯絡得上你的室內電話。只是現在還有人安裝室內電話嗎？我不確定我們家有沒有欸，我還得確認一下。總之，你要知會那些最可能和你聯繫的人，他們才不致因為找不到你而驚慌失措。我並不擔心和人人分享你的實驗結果，因為你可能會發現你就像我一樣，等到哪天真啟動手機，裡面居然一通訊息也沒有。事實也證明這宛如一記警鐘，提醒你該去發掘內心深處的自我了。

三、擬定計畫。在你展開數位排毒之前，我會建議先訂定計畫，而花上一整天與人社交算是比較安全的做法。不論你決定跟誰在一起，這都是種雙贏的局面。你要是就連看到有人拿著手機都會感到心癢難耐，那麼，找來可能只用 iPad 看看新聞動態和即時天氣的父母及祖父母一同消磨時間會是很棒的選擇；不過，和好友一起才會讓你大開眼界，向你展現出我們花了多少時間在談話間暗中敲打訊息，還在對話中引用照片、迷因、動態貼圖與谷歌上的搜尋結果。倘若這是你首次進行數位排毒，請先從前者開始，再把耐受力提升到「伴隨著室內盡是運行中的３Ｃ產品卻不覺得需要啟動自己那一部分」的程度也許是個好主意喔。

四、找出不用手機的活動。哪天你真的不用手機，備有一些老派的活動以防雙手直想敲打鍵盤是個好點子。我個人認為，大家不該小看桌遊：拼字塗鴉、ＵＮＯ、序列迷陣花式桌遊（Sequence）等都是闔家同樂的好選擇。泡澡也是一大亮點；點個蠟燭、用泡泡抹出白鬍子，度過專屬你的夜晚。此外，總會有些很棒的戶外活動值得你去探索；替那本你可能是在耶誕節拿到卻還沒用過的本子塗色；為了你一直都想寫的那部小說匆匆記下靈感，或是畫那張你一直想要素描的照片。我更發現，我很適合騰出這段時間做些延宕已久的事，比方說打掃閣樓、手寫謝卡，還有蒐整照片放入相簿，因為那堆照片看上去已然像是義大利的比薩斜塔（Leaning Tower of

Pisa）了。

五、撐住！等到這天快結束時，你或許會發現自己絲毫都不想念自己的手機。**要上Instagram追蹤誰啊?!**倘若如此，何不多延長一天數位排毒呢？但你若認為自己很可能搞砸，那就走進臥室，盡量做些助眠的事吧。你可以善用那罐枕頭噴霧啊！做點伸展！立起雙腿靠著牆壁以促進血液流動，或者擺出任何瑜伽大師所曾說過有助於血液循環的姿勢！你只要迷上一本好書十分鐘，也就不會費心去想美國名模克莉絲汀・泰根（Chrissy Teigen）都在推特上忙些什麼了。接著，當你迎接隔天的早晨，你將會感到神清氣爽、心曠神怡，隨著你啟動手機，你先前發掘到的自我也將逐漸散去，而手機本身呢，則是挾著較少的通知，默默地躺在你的掌心。

請「啪」的一聲暫時放下本書，抓起你的行事曆並加上數位排毒吧。繼續吧，我等你。好，你完成了？你居然還做到了這種程度！太棒了！即便長時間不用手機起初就像在折磨自己，但你越是練習、越是順利完成，就越是瞭解這段不插電的時間對我們的心理健康和整體福祉都大有裨益。這會在我們的腦中騰出空間，好讓我們編輯、處理思緒，並充分運用實質上的分分秒秒進行一切事務。這樣的定義才符合「寶貴的時光」（quality time）。

在編輯後的生活中，不但有許多好處是出於我們利用「寶貴的時光」做開心的事，也有許多好處是出於我們利用「寶貴的時光」睡了好覺。其實，睡眠和心理健康之間的關係再密切也不過了。澳洲艾法洛（Alvaro）博士等人曾於二〇一七年發表研究指出，在一群高中生中，若有人出現失眠，這也就預告那人會接著出現憂鬱的症狀，反之亦然。沒錯，透過你以往待在朋友家歡度人生首次的留宿派對而到清晨五點才睡的不成文證據顯示，你很清楚睡眠不足將會讓你感覺糟透了，所以，我接下來就要告訴大家如何才能一夜好眠。

睡眠

你聽過「你和碧昂絲一樣一天都有二十四小時嗎？」這句經典名言吧。呃，但我猜碧昂絲並不會睡到「日上三竿、太陽曬屁股了」才起床；同為處女座，我也是一早就會嘰哩呱啦、吵個不停。你認識那種最先抵達飯店裡的自助早餐吧，同時用在早上六點半對百分之九十五的人來說都顯得太過輕鬆愉快的口吻問你「昨晚睡得好不好」的人嗎？**沒錯**，那就是我。但你可別因為我喜歡早起就認定我不愛睡覺。其實，你若問我全世界獨獨最愛哪裡，我可能會回答「我的床」。**它超棒的**。我愛睡覺，而且只要調鬧鐘，我都喜歡確保自己睡眠充足。相信我，我只要睡不到六小時，就會完全化身綠毛怪鬼靈精[5]（Grinch），到處掃興、不樂見他人享福。

早晨就像馬麥醬[6]（Marmite），其中不是有些半夜靈感爆棚、產值遽增的夜貓子，就是有些苦苦掙扎、不讓自己打瞌睡的人。完畢。既然如此，別理我，你就坦然接受最是符合你的個人行程及生理時鐘的就寢時段和起床時間吧。查看日記。你若行程滿檔、早上較忙，甚至在關門準備出發時才奮力地梳起頭髮，那麼，提前半小時就寢也連帶提早半小時起床對你可能會很管用。又或者，你在早上產值不高，然後會議啊聚會啊都很容易零零星星地落在較有靈感的晚上，那就等到半夜再火速上床吧。這關乎調整個人的精力、順應其整天下來如何變化，並且在錯綜複雜的工作、生活及社交行程之間取得平衡。

也許，這純粹是因為我超愛睡覺，但我真心覺得，這項寵愛自己的支柱可能和我們在其餘三大支柱的進展如何最有關係。你若正在努力掌控壓力，會睡得比較好；你若吃得健康、不在睡前豪飲咖啡，會睡得比較好；你若已在每週固定健身，**鐵定**會睡得比較好。只不過，你若覺得即使已在其餘三大支柱上略微調整，但提早起床之後仍得奮力打起精神，

---

⑤ 美國兒童文學家蘇斯博士（Dr. Seuss）於一九五七年所創作出的童話角色，其毛髮叢生、大腹便便、通體綠色，極為厭惡人們歡慶耶誕佳節。

⑥ 傳統英式食品，由啤酒釀造過程中最後沉積的副產品製成，成分類似啤酒糟，色呈濃棕，質地黏稠，含有豐富的維生素B，因風味獨特而讓人喜厭分明。

我便要接著和各位分享我是如何進行早晚的例行事務，以準備好迎接隔天的到來。

■如何在不成為殭屍之下當起晨型人

•是該化身老奶奶了

你要是能在一點上床、六點醒來，那我可要幫你拍拍手，因為你若不是睡眠極少仍可存活的那種人，就是為人父母，但無論如何，我都要向你致上最高的敬意。由於我以上皆非，所以為了要在中午前起床，我前一晚必須十點前就寢、十點半前入睡，否則隔天就會直接忽略鬧鐘，然後一路睡到天昏地暗。我發現「每晚睡八小時」的法則一點也沒錯，不論多睡或是少睡，我醒來時都會覺得自己像隻樹懶那樣提不起勁，所以我試著要達到這個數字。我建議各位針對不同的上床時間和起床時間做實驗，直到找出何時才能真正讓你清醒地下床，又能符合你的生活方式、工作以及日常作息。你要是經常凌晨一點睡覺、九點起床，那麼，請分別提前半小時，以十二點半前入睡、八點半起床為目標。持續且慢慢地推進這兩個時間，直到找出配合得上你的行程，又讓你感到最有活力的歇息／起床時間。

•盡量做些助眠的事

你要是每晚都熬夜看網飛看到凌晨兩點，或許就會主張自己根本不可能十點上床睡覺，但我都會善用一些伎倆糊弄自己的大腦跟身體，讓我誤以為睡覺的時間到了。在換上睡衣之前，先泡個熱水澡／沖個熱水澡再搭配些許的保濕按摩吧，這不僅會讓你的四肢看上去完全就像珍妮佛・羅培茲，應該也有助於舒緩任何的痠痛。你以為小嬰兒怎麼會那麼喜愛按摩啊？塗上薰衣草風味的嬰兒油，你將能馬上入睡。另外，盡可能地確保室內夠暗（如有困難，添購遮光的窗簾或百葉窗吧），室溫也要設得比白天低些；最省時的步驟會是購入一瓶優質的「舒眠噴霧」，噴灑在寢具周圍（尋找內含優質精油的那種，亦可自行調製——詳下圖），並拿著自己最近讀的實體書、聽的有聲書或podcast——你若偏好「聆聽」文學——靠上枕頭，再把室內燈光調暗至少三十分鐘，才計畫沉沉地睡去。用手機定好早上的鬧鐘、轉成靜音模式，再把它放到你固定要做這件事才拿得到的地方，也不失為一種好主意。逐日納入這些訣竅真的很棒，當你得在旅途中抵擋時差所帶來的腦霧，它們也很實用。

・不瞌睡法則

你若會在早上打瞌睡，要改掉這個習慣會是最難的。我得說，我對打瞌睡真的一向不感興趣，因為「再睡九分鐘」這念頭一點也不吸

自製舒眠噴霧的配方

你需要：

・小型噴霧玻璃瓶一只
・薰衣草精油十至十五滴
・伏特加三十毫升
・蒸餾水三十毫升

步驟：

一、於瓶中加入精油及伏特加，晃動瓶身，以充分混合。
二、倒入蒸餾水，搖勻後即可噴灑。

引我，我要的是再睡一小時啊，可惡！為了抵抗瞌睡蟲襲來，你得要想盡辦法保持清醒，而對我來說，滑手機是方法之一，這雖然不是你通常會在這類書籍中所看到的建議，但我堅信戒掉壞習慣、養成好習慣準沒錯。我曾聽信他人的蠢話做冥想，結果只是再睡著一次而已。沒錯，冥想對我是不管用，但對你或許管用（Headspace 和 Rituals 是我真心推薦的兩大 APP）。我還發現，在冬天那幾個月特別把浴袍和舒適的拖鞋放在床邊，有助於我們更易邁向那天寒地凍、缺少羽絨保暖的世界。

・養成習慣

養成一系列的習慣，固定每早執行更有助於讓「痛恨早晨的人」轉變成「依舊痛恨看到天亮、卻能瞭解每天早點起床有所幫助的人」。我的習慣包括醒來後先做點舒適自在的事，才整理好床鋪（消除再鑽回被窩裡的衝動）並走進廚房湊合地做好一頓早餐。吃完早餐後，我則會盤點當天的待辦清單以及排入行程裡的所有活動或會議，才接著沖澡、讓自己看上去像樣點，同時仔細思考之後的計畫。我多會在週間依循這樣的習慣，並發現我用這種方式妥善打點自己之後所能達到的產值最高。在此，我要強調一點：別再回到床上，所以這對我來說，意味著馬上享用早餐——因為我從昨晚七點就開始想到現在了；而你若習慣在晚上泡澡，最好一起床就整裝完畢，還是說你若習慣在早上沖澡，那麼，沒有任何事要比先洗淨自己更神清氣爽了。我盡了力，但並不**總是**那麼順利。有時我可以一醒來就拿出筆電一路在被窩工作到郵差來按門鈴，才意識到已近中午，然後只嗑些我先前外出閒晃所剩下的 M&S 特濃巧克力迷你麥脆果腹。

既然我都已經在本書全盤托出助眠的所有妙招，如今一說到 M&S 特濃巧克力迷你麥脆這樣我碰巧想吃的東西，的確是該談一談食物了。《質感生活編輯術》中寵愛自己的四大支柱是都有益身心，但食物的攝取會讓**身心**的關係變得更具體、更明確。**那些可是要吃進肚子裡的呀！**吃得健康費時勞心，偶爾還會花上不少費用，但我們若能提供自己生理上確切需要的養分，併同長期衍生的效益，心理上也終能快速達到心曠神怡的境界。通體舒暢，心也就跟著舒暢，我們睡得酣甜，做起事來更有勁，同時提升專注力、帶動生產力，最後取而代之的，會是一種你從未感受過的自信。行了，現在把迷你麥脆遞給我吧……

飲食健康

我真心希望在嗑下一整個披薩之後，就能進入最佳狀態、感到活力十足，但很遺憾地，這往往事與願違。你早就清楚這些老掉牙的論調了吧：營養豐富的多元飲食及新鮮的原型食物會令你感到滿足、活力四射。我既不是營養師，也不是營養學家，所以，姑且不論食物的實際效用，而只在這裡提到我追求中庸之道、一切適中就好。與其試著搞懂我的身體需要什麼、配合增減冰箱和廚房餐櫥裡的食物來反映這點，我並不會特別限制自己該怎麼吃。當我感到可以完全掌握自己的飲食，那是因為我大多在家開伙、試做新的食譜，實際上也很享受這整個過程。藉由大口大口地吃蔬菜、脂肪、蛋白質、纖維質和碳水化合物之類的，我覺得自己更追得上流行，也更準備好因應壓力；如今，我也加入了健身的行列，不致在入睡時感到消化不良、大腹便便了。

我每在本地的披薩店家（已經存入我的最愛，因為你知道的，考量預算）下單，都是因為我們疏於規劃，從而毫無準備，然後家裡既沒吃的，自己也完全不想外出。我猜，多數人都很熟悉這幅情景吧。沒錯，我們這時顯然應該採取行動，開始養成「備餐」及「採買下週食物」的習慣。一想到放在特百惠（Tupperware）微波保鮮盒裡的蔬菜變得濕軟，自己還得吃那些一點兒都不想吃的料理，簡直就讓人不敢恭維。然而，吃得健康不僅能讓我們維持正常生活，也能輕易地編入預算——意指我們毋須再次抵押貸款，就能攝取到健康多元的飲食——更能簡化備餐和烹飪的過程，讓我們不必在一天當中為此忙個沒完。

身為一名在家工作者讓「備餐」成了最佳選擇，因為我若得提前幾小時準備食材，就能在午餐時溜進廚房；要是到了每週該採買食物的時候，我也能避開其他人每週也會固定朝聖的時段前往賣場。然而，這主要關乎彈性，你要是從沒試過這麼做，七天前就得開始構思食材可能會令你有些卻步。**不過**，想像一下有種情況是：你不必在每晚下班回家途中順道經過超市、花起二十英鎊，也不必耗上整個下午思考當天究竟要煮什麼晚餐嗎？情況真的可以有所不同！藉著翻到下一頁，找出如何抓到竅門吧。

■如何有效備餐

一、事前準備。廚房要是一團亂，我常會悄悄溜進去，幫自己倒碗早餐麥片，再馬上離開那裡。事實上，你會想要有一處乾淨、整齊的地點來替紅蘿蔔切片，且在食物調理器中「咻咻咻」快速地攪打一些鷹嘴豆泥作為甜點。

所以，讓自己在哪裡都能攪打，同時若有需要，也添購一些重要的廚用器具吧。

廚用器具清單：

- 不沾鍋及耐熱烘焙器皿
- 優質刀具
- 量杯及量匙
- 食物調理器及／或果汁機（由於我出奇地頻繁使用果汁機，所以曾多次表達我很樂於與它成親）
- 食物料理磅秤
- 大型不沾湯鍋
- 砧板
- 矽膠或木製廚具
- 濾盆、篩子及研磨器
- 附蓋玻璃容器（ＩＫＥＡ的很讚）
- 煲鍋（非必需，但有的話很棒！）
- 攪拌盆（金屬材質便於清洗又不占空間）

二、該是規劃的時候。取來紙張，在紙的單側寫下週一至週日，再於週幾的旁邊註記你每晚要煮多少人的分量。倘若哪天的人數少於平常人數，你也許能把前一天多出來的剩菜當作那天的晚餐吃掉。之後，再於紙的頂端加上早餐、中餐及晚餐的欄位。為了方便起見，我傾向每天的早餐和午餐都吃相同或類似的料理，之後再綜合這些當成晚餐。你若在備餐方面還是新手，就先別管早餐和午餐，而試著從晚餐開始規劃，循序漸進。你將會在資料來源找到連結至我部落格上備餐範本的 PDF 列印格式，或可查看 KIkkIK 及亞馬遜的網站，找出一些現成方便好用，又能像磁鐵吸附在冰箱上的可撕式便條紙。**太厲害了**。

三、看看手邊有什麼。在你想到料理之前，請先環顧廚房四周吧——翻找冷凍庫、探進壁櫥的最裡層、看看什麼潛伏在冰箱裡、置物架上又有哪些調味料？我猜，你已經不經意地發現一罐滿是灰塵的焗豆，還有一整袋散落出來的白米，而且將得花費接下來的二十年在廚房遍地找尋那些殘留的米粒吧？但願你還會發現一些得要盡速用完的食品，而這正是你體內的迪莉婭⑦（Delia）現身之時。

四、烹飪食譜。我們有時在家雖會即興開伙，卻比較常用食譜，這可能是因為我在成長的過程中，老媽都會固定翻閱那本 M&S 在一九八〇年代出版同時備受人們推崇的食譜吧。沒錯，食譜是有的（我最常用的是英國知名部落客瑪德琳・

蕭〔Madeleine Shaw〕的《吃得更亮麗》〔*Get the Glow*〕、《預備備～發光吧》〔*Ready, Steady, Glow*〕和《美好膳食一整年》〔*A Year of Beautiful Eating*〕），但也確保你儲存了自己在Instagram或Pinterest上看到想要嘗試烹飪的食譜，或是收藏網站上的相關貼文。此外，我仍愛從超市拿些老派的食譜單，併同手寫或影印的食譜一起放入塑膠錢包，這麼一來才容易翻閱。真是有其母必有其女。你若沒空這麼做，那麼握有一份約莫十至十五道你向來愛吃又能迅速上菜的食譜清單或許是個好主意，因為你若趕時間就能立即取得，十分方便；此外，請設定一套「必點」的公式，以因應自己哪天懶得變出新菜色。對我們來說，那會是鋪上檸檬片或味噌醬的魚排、撒上大量紅椒粉及蒜香調味料的地中海式烤時蔬、地瓜薯條佐某種葉菜。簡單、飽足，而且不需食譜在手。

五、購物清單。備餐一旦搞定，便該寫起購物清單了。你若有時間，按照「把採買的品項放入推車」的順序撰寫清單會很管用，雖然這聽起來很無聊，但我在習慣這麼做之前，最後真的老會忘記買蛋。**該死的蛋！**與其順著超市一貫的格局，你大

---

⑦ 全名迪莉婭・安・史密斯（Delia Ann Smith），英國名廚暨電視廚藝節目主持人，以傳統嚴肅的風格教授基本烹飪技巧而聞名，並於二〇〇七年經英國皇室授予大英帝國司令勳章（Commander of the Order of the British Empire，CBE），表揚其在英國廚藝教育上的貢獻。

可從店家的後方開始，先購買居家清潔用品，繼而轉往乾貨，再返回最前方的蔬果，接著往乳製品及肉品區，最後再走完一排排的冷凍櫃。以這樣的動線逛起店家是很怪，但這意味著你所購買的班傑利（Ben & Jerry's）冰淇淋不會在到家後變成奶昔那樣黏稠——即便它美味依舊。一旦寫好清單，請確實遵守，像是主動戴上護目鏡、保持目標明確，在替清單上的品項逐一打勾時完全不去思索加購別的，而且千萬別餓著肚子採買。你若有點餓，就在出發前吃點東西，否則你和帳戶餘額的下場都會很慘。尤其當你到了走道盡頭，請確保自己遮蔽了周遭的視線，因為店家往往都會在這裡放上特價和促銷，以便引你上鉤。

如何逛超市：

一、居家清潔用品
二、罐頭及壁櫥內的必需品
三、麵包糕點
四、新鮮蔬果
五、乳製品、肉類及魚類
六、冷凍食品

六、準備工序。到家後，你收拾好一切，然後「趴」的一聲迅速癱倒，因為把這些袋子全都搬進家門儼然像是經過一場健身；之後，你若有半小時的空檔，做些準備向來是個好主意。鑑於我先前說過的「濕軟蔬菜」，我往往只會提前準備當天的食材，但我的確還會試著製作甜點，因為每到下午三點我就會超想來根巧克力棒，避無可避，於是常會捏製某種混和果乾及蛋白質的丸子，然後隨意放入冰箱，等到有點餓時再吃。有了這些隨時可以外帶的零嘴以及為了下週而買好的食材，我不會再是披薩店最忠實的顧客了。

以下並不屬於六大步驟之一，但值得注意的是，我們家往往只會從週一備餐到週五。我向各位撒了謊，說每週都上超市如何「較有利預算」，但其實我和大家一樣都會發懶。所以，我是會試著以**超乎常人的水準**從週一備餐到週五，但一到週末，就只想沿路散步找早午餐、溜去吃個酒吧午餐⑧（pub lunch），或者唬弄自己是應爸媽之邀，逕自去嘗嘗老媽親手做的手藝。我們若得在週末衝到超市買一些生活必需品，這也無妨，只是我一般不會在週六或週日操心備餐的事，此外，不論是剩菜還是老媽的千層麵，也都有助於舒緩些許的壓力。

⑧ 英式酒吧除了供酒，白天亦提供午餐，午餐菜色雖各有不同，但主要多有麵包、火腿、乳酪、醃漬涼菜等，再搭配啤酒作為飲料，以「耕夫午餐」（Ploughman's Lunch）最廣為人知。

■ 備餐範本

	早餐	中餐	晚餐
週一（兩人都在）	蘋果及肉桂燕麥粥	自製湯品（凍在冷凍庫，所以可放很久）	辣味肉豆（chilli）（一次煮好一大鍋醬料，可作剩菜）拌飯、酪梨醬（guacamole）及酸奶油（sour cream）
週二（兩人都在，但晚點要上皮拉提斯，所以晚餐要快）	蘋果及肉桂燕麥粥	酪梨吐司（昨天沒用完的酪梨）	自製湯品（便於我們健身後快速加熱）
週三（兩人都在）	蘋果及肉桂燕麥粥	（剩下來凍在冷凍庫的）辣味肉豆拌飯	鮭魚佐地中海時蔬
週四（兩人都在）	蘋果及肉桂燕麥粥	自製湯品（凍在冷凍庫，所以可放很久）	素漢堡佐自製地瓜洋芋片
週五（只有我）	蘋果及優格（把馬克吃剩的用掉）	酪梨蛋吐司（酪梨快要壞了！）	（剩下來凍在冷凍庫的）辣味肉豆拌飯

■省錢的備餐訣竅

既然「吃得健康」並不總是「吃得最省」，我要在此向各位提供製作美食的十大絕招，不但符合預算，而且容易持續，這樣你的冰箱就不會老在最後塞滿了發霉且看上去宛若可用作某種現代裝置藝術的食物。

・若要在飲食中攝取一些綠色植物，冷凍蔬果可說是最便宜的方式。冷凍蔬菜加熱起來既方便又快速，冷凍水果則可輕易地加入早晨的燕麥粥解凍食用，亦可用於製作冰沙，成品要比外面現打的划算許多。

・收納齊備的壁櫥具有改變遊戲規則的本事，能夠僅僅透過一些研磨的調味料及香料粉，而把籍籍無名的馬鈴薯變成了煙燻紅椒風味脆烤薯角。這起初是要花費一筆，但請確保你有鹽、胡椒、橄欖油、紅酒醋、醬油、細蒜粒、紅椒粉、孜然、辣椒粉、肉桂、奧勒岡香草和芥末醬（我喜歡帶籽的）當作基本配料，再依個人喜好適度添購。

・發霉的麵包向來都是廚房餐櫥裡的固定配件，直到我發現以下的訣竅：從一整條麵包中取出兩片（或一天內會食用的分量）放入三明治保鮮袋，置入冷藏，再把剩下的塞進冷凍庫。當你用掉了冷藏的那幾片，便拿出冷凍庫的遞補。這下子再也不發霉嘍！**太神了**。

・若碰上鮮魚或肉品促銷，你知道該怎麼做吧（我們本地的超市會舉辦「週五鮮魚日」的特賣，令人驚豔）。把一袋袋當天買好的魚肉放入冷凍，直到計畫要吃的前一晚再拿至冷藏解凍。別反覆進行這個過程，並在一個月內吃完冷凍的食物。

・起司也能冷凍喔！誰知道還有這招呢？你若打算把起司拼盤弄得多樣絢麗，或把起司夾入三明治一起食用，冷凍會改變起司的質地，談不上最是美味，但用於烹飪還是很棒的。預切起司，再把一塊塊切好的放入三明治保鮮袋冷凍，並在前一天拿出需要的部分解凍。

・一包包的沙拉和葉菜在幾小時內就會變得黏稠可是出了名的。但先把葉菜或吃了半包的沙拉洗好，再連同有助於拭去水分的擦手紙一併放入三明治保鮮袋，這樣應可維持兩天。

・我在這裡提過幾次三明治保鮮袋了？對家裡大大小小的東西來說，它們超方便的，而且在廚房特別管用。我會在袋裡放入切好的洋蔥碎及香草末、個人份的剩菜、準備冷凍的魚肉；它們也便於我存放稍後才要使用的半份蔬果。

・我通常會對蛋類施以「大批購入」的咒語，不過，蛋在購買兩週內食用最是美味，因此你若發現在吃光這些蛋之前，它們已經躺在冰箱超過兩週，就購入較少的分量，然後增加購買次數吧。

- 冰箱中鮮蔬抽屜的東西若已擺放很久，就全部拿出來切一切，放點油、鹽、胡椒及香料後置入烤箱烘烤，再倒入果汁機，舀進幾大匙蔬菜高湯一併攪打，以稀釋成湯，明天的午餐就準備好嘍。倒進個別的附蓋杯桶或三明治保鮮袋後放入冷凍，以備你下次想在冷冷的冬天吃點暖身的。
- 週週叫起類似 HelloFresh 和 Gusto 的生鮮直送未必划算，但對於我倆這種既沒時間也沒動力去備餐的人來說，卻不失為一個好主意。比起自行採買食材，這樣的服務每人平均多會貴個幾鎊，但這的確會減少可能的廚餘浪費，十分便利，還會一直出現需要上網搶購的現金折扣券。

你一旦規劃並準備好攝取哪些食物，便不必在下班回家途中為此耗上時間和金錢了，因此，現在是該納入寵愛自己的最後一大支柱，也就是體能活動嘍。你都已經規劃好在上完飛輪課後來一頓快速簡便的晚餐，所以是該付諸實施、上起飛輪課啦。隨著你循序漸進地改善心理健康、睡眠和飲食，你的身體應該已經蓄勢待發，心中也不認為「弄出一身汗」有先前聽到的那麼可怕了。其實，在生活中頻繁固定地健身，其中帶來的好處**不勝枚舉**。你在高度活動期間既能增加肌力、肌肉量，又能促進血液循環，這些都可誘發體內分泌讓人快樂的腦內啡（endorphin），而替寵愛自己達到畫龍點睛之效。你若需要更多理由來說服自己，咱們就來深入瞭解吧。

體能活動

我們都記得在早上看過「激勵先生[9]」（Mr. Motivator）的電視節目，所以對於「體能活動應列在待辦清單的前幾項」想必不怎麼震驚吧——即便我有時最不想做的就是健身，還寧願去吃鋪滿香菜的酪梨吐司（旁注：香菜堪稱是惡魔的香草）。然而，健身顯然有益於生理健康，更重要的是，它也常常有益於心理健康，因此在寵愛自己的這部分，**那才是我們真正應該自我鞭策的**。

沒錯，汗臭是在所難免。一片片的汗漬讓你的上衣看似完全變了種顏色，於是你每次穿上灰色衣服就後悔了；還有波比跳把你操到覺得要是沒呼哧呼哧地大口喘氣，之後就再也沒法呼吸的程度。即便如此，一項健身——無論是不是整場都在波比跳——可以讓你感受到賀爾蒙前所未有地飆升。一如小規模的數位排毒，它迫使我們離開手機一小時，內心完全抽離家裡、工作中或生活上進行的一切。你心裡會把當天的壓力擱在一邊，轉而專注在肘撐（plank）只能持續三秒究竟正不正常。我告訴你，一旦固定排入適合自己的健身運動以後，其實是會連家都不回的——**要是你的肌腱還有感覺……**

■ 如何養成運動的習慣

有些人可能會把習慣視作一種無聊、教人哈欠連連，同時把我們侷限在某些時段及活動而難以掙脫的概念。沒錯，對有些人來說真是如此，於是，這或許該是我和我老公要在週六晚上真正地走出家門，而非待在家裡大眼瞪小眼，直到其中一人走去抓起筆電、訂起外賣的時候了。但這裡的習慣將會在你感到雙腳應該要「多活動活動」不久，就讓你負起責任、助你慢慢適應，並為你提供理由和動機繼續下去。

即便各種運動我先前都已經嘗試過一些，但我目前習慣的運動是器械皮拉提斯，選來選去也都還是器械皮拉提斯。不過，我像個慣性動物嗎？**別傻了**。我曾在為期一年半還有個人教練特訓的課程中練就了一對翹臀；我曾天天在客廳做完 YouTube 上找來的瑜伽課程，並從下犬式（downward dog）拾獲平靜；我曾加入老爸的飛輪課，並瞭解到只花上四十五分鐘就把全身上下的汗都給流乾是有可能的；我曾上過芭蕾提斯（barre）的課，意識到我所能做出的優雅動作只有達到初生小羊踉蹌欲倒的水平；我曾愛上跑步，卻引發脛痛症候群（shin splint）、讓我跑到一半痛到流淚，結果老爸不得不開車來載我，之後再把我送回我家（我得承認，那真是最糟的時候）。這些運動都曾讓我汗流浹背、氣喘吁吁，但整體來說都令我感覺**很棒**，而我堅持最久的，也正是我最享受的。

⑨ 係指出生於牙買加的英國健身教練德瑞克・艾文斯（Derrick Evans），其曾於一九九三年參與錄製英國早餐電視節目 GMTV（Good Morning Television），並因在現場進行各項健身，同時提供觀眾各種健身建議而廣為所知。

這才是我要在此闡述的重點。唯有在你很享受固定運動時，它才能持久。你若一想到得要掀開棉被下床、頂著天寒地凍千辛萬苦地前往健身房就畏縮不前（你若不會這樣，我深感佩服），你將來就可能從本書中找出各種藉口，好讓自己左閃右躲、順利逃避此事。沒錯，你一定會碰上不想健身的時候，但若有八成的時間可以堅持在自己選定的運動上，那就很棒了。

因此，你要如何找出自己適合在哪段時間流流汗呢？呃，先埋頭苦思一下吧。有沒有哪件事是你以前做過，後來停下很久沒做，而現在又想重新開始的？當跑者在人行道上從你身邊呼嘯而過，有沒有發現自己也想跟著跑起來？好友們是不是正在極力吹捧一種他們認為你會喜愛的新課程（我的朋友就曾試著說服我參加某種真的很火紅的課程）？你在每天上班途中有沒有經過哪個練習室看上去可能很合你的胃口？基本上，你會想要蒐集所有的資訊、查一查谷歌，再看看自己對什麼感興趣。我在以下提供一些過去這些年來我所嘗試過的健身運動，供大家參考：

- **空中瑜伽（AERIAL YOGA）**：在懸垂的絹布（略似吊床）上所進行的瑜伽。好了，這其實非常非常有趣，可使肢體充分伸展，亦可使人們深信絹布不會掉落，但對於患有動暈症（motion sickness）的人來說，也許算不上是最佳選擇。

・**芭蕾提斯**（BARRE）：結合了皮拉提斯、舞蹈和瑜伽的動作，且主要在傳統的芭蕾扶把上所進行的健身運動；它讓我意識到「優雅」是我所欠缺的，而且隔天我還要掙扎著不弄痛自己才能順利坐下。

・**軍訓健身**（BOOTCAMP）：常運用室外器材且在外進行徒手訓練的功能性訓練課程；對於喜愛一邊健身一邊被吼來吼去（奇怪的是，我很愛）同時不介意在過程中沾上些爛泥的人來說是個好選擇。你一定會愛上這些精采的戶外運動。

・**拳擊**（BOXING）：透過拳擊手用以訓練的技巧和練習來達到全身燃脂，但要有心理準備，這不僅止於揮拳而已，堪稱是**史上最操的健身**，讓你感覺像個狠角色。

・**動滋舞棒**（CLUBBERCISE）：全程手揮螢光棒，並跟隨舞曲的律動而進行的有氧健身。我曾偕同老媽及其友人一起參加，結果沒料到自己居然會笑得這麼開懷。光是螢光棒就讓報名費值回票價嘍。

・**遠足**（HIKING）：你之所以去登山健走，是因為你是真的想去，而不是因應你爸媽的要求。其實我以前真的很喜歡好好來趟遠足，而且你若住在鄉間或是適合散步的地區，這樣運動起來不但免費，也不費力。

・**泰拳**（MUAY THAI）：一種納入近身搏擊的泰國國民運動，其中有些招式要和對手一起練習。管他的呢。這可是史上最操的健身。我在打泰拳時，其實都是揮汗如雨、相當吃力。

・**器械皮拉提斯**（REFORMER PILATES）：這種運動混和了多種促進伸展、拉筋及彈性的動作，而且全都在德國人約瑟夫・皮拉提斯（Joseph Pilates）所發明的塑身器械上進行。這可是我當前的最愛，因為其中躺下的姿勢這麼多，而且這是我自幼蹣跚學步以來，第一次能像當時那樣肢體柔軟而搆到自己的腳趾。

・**阻力訓練**（RESISTANCE TRAINING）：一種重量訓練，專門利用阻力建構起肌力、肌肉和無氧下的耐久力。雖然這執行起來正如你所想的那麼困難，但我可是親眼目睹定期實施後的驚人成效。我練就了一對翹臀，它或許維持不久，但那段期間我感到非常美妙。

・**跑步**（RUNNING）：就像某人對你喊著「跑啊，阿甘！快跑！[10]」（RUN FORREST! RUN!），把一隻腳放在另一隻腳前面動起來。這不但免費，還很容易找到跑友，並且予以調整、排入行程。

・**騎飛輪**（SPINNING）：一種在室內騎行健身車的運動，著重在耐久力。你目前可能已經抓到要領、知道我很能流汗，但騎飛輪可說是讓我創下流汗的紀錄。

・**游泳**（SWIMMING）：即便你買下了全世界最好的泳帽，每次都還是會弄濕頭髮的運動。適合不介意天天洗頭的人——我可不是。

・**瑜伽（YOGA）**：源自印度的身心靈修行。健身的方式很令人放鬆，但卻出奇的難。我先前固定去上課時，都會覺得自己柔軟度佳，心情也超平靜的。

你一旦有了些具體的概念，便請翻開自己的行事曆，看看未來能否如實排入這些運動。即使我沒生小孩，又不受雇於他人，但我用「沒時間」當作藉口很久了——**得了吧！**——我想，在場有百分之九十九・九五的人都有時間，即便只是一週抽出一小時也好。這關乎找出我們目前是不是都把零碎的時段給浪費在沒啥營養的活動上，像是滑了一小時的手機才下床啦、用上好幾個晚上接連觀賞大概已經看過七十六遍的《六人行》影集啦、發現自己在午休快速瀏覽推特結果什麼書也沒讀等等。請從小處著手，並隨著你越來越樂在其中、開始看到成效，而致力於增加這些時段。試著至少恪守這樣的習慣一個月，並以此為目標，之後，當你堅持到了最後，再回頭審視自己過去有沒有哪幾天開會遲到、因為健身導致全身過於痠痛，又或者一早六點上課對你會不會太過折磨——為下個月評估、調整並流起汗來吧。噢，哈囉？那是怎樣？你已經在毫無意識之下悄悄地養成習慣嘍。

⑩ 美國電影《阿甘正傳》（*Forrest Gump*）中純真傻氣的主人翁阿甘因為心儀的女孩珍妮（Jenny）對他說了這句話，而花了三年跑遍全美。

你知道那個令人厭煩，大家卻又在網路上議論紛紛的說詞嗎？「你絕不會後悔健身」這話是很惱人，卻是千真萬確。我是指，我曾和好友一起打過泰拳，結果她扭傷膝蓋住了院，我反而一整個做起更多的健身運動，跟在急診室等到快要睡著的狀態相比，我縱使後來肢體上疲累不堪，精神上卻是出奇地好。倘若阻礙你開始健身的除了時間，還有金錢，何不找來某個熱中跑步的朋友，請他帶你去戶外常跑的路線之一跑動一下？或者邀請好友週末來訪，要她一併攜帶瑜伽墊，這樣你們倆就能一邊閒聊，一邊在客廳跟著影片做伸展（在鋪有地毯的地面上，厚毛巾特別適合用來替代瑜伽墊）；也或許你的另一半是個狂熱的健身迷，可以和你在當地的公園做循環訓練[11]（circuit training）呢？這不必花上你一大筆錢，也不必在一週內占用你好幾個小時，更不至於會糟得一塌糊塗。**我保證**。

■如何堅持下去

所以，你已經想出了行動方案，實際執行，而且（有時）樂在其中。你是怎麼堅持下去的呢？我所謂的堅持，是要持續得比「嶄新的一年、嶄新的我」那種曇花一現、短短一個月的健身熱潮還久。好啦，我是有些想法……

•找到朋友

我一向認為只有我才會這樣大量出汗。我只有過獨自出汗，不然就是和我的個人教練一起流汗的經驗（他曾說過，我是他第二會流汗的客戶——僅次於某個魁梧結實、能夠舉起自己兩倍體重的傢伙）。我認為「協調性不足」併同「僅僅跑動一分鐘就能因為掙扎著呼吸而讓自己聽上去像個吱吱叫的玩具」最終只會讓我被教練叫到教室後面，胡亂地揮動四肢了事。但我也意識到，即使這兩件事情我都說對了，也**沒關係**。沒人會真正在乎你在皮拉提斯的核心床（reformer Pilates machine）上熱身完後，是否得為了上面滴有汗水而把整張床給擦得一乾二淨——因為人人都太專注自己的運動了，而且你若動得很吃力，他們還會在必要時圍著你說些鼓勵的話，為你搖旗吶喊。此外，這也是個打破你既有的社交圈並結識一些新夥伴的好機會。身為一個除了每早的郵差就和其他人沒啥互動的個體經營戶，與其等到我的肌腱在日後獲得彈性上的提升，我發現穿上合適的衣服（呃嗯，像是有彈性的**萊卡〔lycra〕布料**），走出家門和別人小聊一番可能更有幫助。

• 優先安排時段

所以，你還記得那本表面光滑且剛規劃使用的行事曆吧？你一旦抓到了排入會議、截止日期和預約行程的竅門，也試著排進健身行程吧。我是會在個人日記中排入器械皮拉提斯的

---

⑪ 類似高強度的間隔訓練，藉由進行一連串性質不同的動作強化肌力、耐力與心肺能力，從而全面提升個人體能。

時段，但一如其他會議，我也會在前一天設定時間發出提醒通知，這樣非但不會忘記，萬一我在某夜十一點過後為了用盡各種姿勢順利出門而不幸閃到了腰，也比較容易做些調整；此外，這也賦予這些健身運動**優先排序**，因為以往我們提到「優先」，往往都不會聯想到健身。我們預約好健身時段、用光手上的餘額，緊接著當我們花上一整天試著捱過日記裡滿檔的行程（稍後再解決這點）而即將迎來某個健身時段，我們所要避免的第一件事，就是在努力規劃一堆之後裹足不前，抑或淺嘗輒止。有時，我們在體能上無法勝任健身，沒關係；有時，我們的時間也許用在其他地方較好，這也無妨，只不過「拖著身子去健身房**健身**」這事十次裡有九次是有益的，因此，在日記中賦予健身這等優先排序應有助於達成上述的成功率。

• 全新配備

這聽起來雖然很物質主義（的確是！），但有時唯有全新的服裝配備，才能鼓舞我們重回建立好的習慣。這並不全然符合我膠囊衣櫥的精神，但煥然一新的內搭褲，或者多少替我把平胸順利擠出乳溝**外加**提供撐托的運動胸罩會帶給我一股想要穿回去的衝動——即便這只是出於我想穿上新衣去兜風。這讓我感覺很棒、自信滿滿，搞得我就是無法鼓起勇氣穿上尺寸不合、鬆垮下垂的內搭褲和其中一件滿是洞眼、充當睡衣的舊T恤前往練習室。況且，我們是真的需要正確的配備。讓我來告訴大家，沒有什麼要比「內搭褲上的線縫都磨損了還在穿」來得更糟。我們透過拉扯、搓揉和洗衣機上強力去汙及高溫洗滌的程序，充分地考驗這種衣料是否合穿，所以，大家也都知道我們偶爾可能會需要另起爐灶。我在找的有這些：

運動胸罩

對於天生很有料的人來說，請尋找前開、撐托性高且附有可調式肩帶的運動胸罩。整體來說，我們都該尋求縫線最少或者隱藏縫線的款式；透過在更衣室裡假裝跑步，擺動雙臂以確認有沒有潛在的扎人之處。

T恤

輕薄、吸汗的布料將會讓你在健身中更加涼爽，並防止上衣緊貼在身體表面，讓你在做重訓時感覺卡卡的。衣物舒適是很重要，但你若穿著略微緊身的上衣做任何彎腰之類的動作，它也不會再縮上去嘍。**下犬式，我來啦！**

內搭褲

你絕對很值得去添購一件優質的內搭褲。找那種吸汗、透氣的布料，同時整體合身、高腰且束帶柔軟的，才能托起整個核心肌群。請務必藉著深蹲、踩弓箭步，並確認布料表面是否平整以及穿著時有無任何不適，好好測試一番。

運動鞋

你選擇要穿什麼鞋將取決於你決定採取什麼運動，還有你在走路、跑步或訓練時如何移動雙腳。我的個人建議嗎？你若要跑步，就請穿上經專家建議合腳的鞋。你的脛骨（shin）、犁脛（calf，即小腿肌）、臀肌、肌腱還有全身上下基本上都會感謝你這麼做。

•提前預約

說到我的健身習慣，一如先前所言，我瞭解到著手預約課程有助於我對自己負責。這一部分是出於我是個開心果、不喜歡讓人失望，一部分則是出於我若爽約蹺課，便常常有如桌上一疊鈔票被直接沖進馬桶、白白浪費了。倘若偕同好友在下班後跑步回家或在週末參加免費的軍訓健身才適用，就去出出汗、減減肥吧。只是我發現付費上課（尤其是嚴格規定二十四小時內才能取消的課）意味著我一旦預約，之後就得**乖乖地去**，因為我不想浪費錢哪。我那張直接扣款的帳單可不是什麼夢幻的床前閱讀，而是用來當作一份完整的「自我投資」座右銘，容我日後一一完成，而你只要記得在編列預算時納入健身課程，也就不必擔心。

•彈性調整

我喜歡培養習慣（生活規劃書的作者都喜歡恪守僵化的行程嗎？**太嚇人了**）。我認為可能的話，讓自己慢慢習慣健身的節拍很重要，但我們偏偏三不五時就會走拍，於是彈性便得在此發揮作用了。也許你很值得幫自己排定許多想在兩週內就上完一輪的課，如每兩週上健身房鍛鍊五次之類的，那就在日記上做好一份確認清單，註明每堂課程，然後每有機會上完就把它劃掉，便不會囿於每週一三五都要固定做和你也許不怎麼合拍的無聊事，而且當你有行程懸而未決，也不會連帶敲不定固定健身的時間，以致假以時日，便把這事給拋到了九霄雲外。我偶爾還會發現自己預約了新教練的課程，結果到了現場愛到不行，不但在過程中學習全新的動作、學會塑身的訣竅，還達到了我從前認為不可能達到的極限。下次你若在時程安排上遇到阻礙、摔了一跤，請快快起身、撣去灰塵，因為你可能會剛好發現身邊特別的事物，而獲得意外的收穫喔。

• 投以變化

倘若以上全都失敗，便混合進行吧；你對習慣的熱情倘若也已燃燒殆盡，那也可以準備邁出下一步了。我自己就是這樣。我在每週固定向個人教練報到三次並致力於深蹲和舉啞鈴的技巧整整一年半後，就對這些失去了興趣，轉而開始固定做起皮拉提斯，六個月後，便不再出入健身房了。我很愛我常去的那家皮拉提斯練習室，以致我從頭到腳都用他們家的產品打扮自己。先退一步，再奮力跳往嶄新的事物吧，這或許只是簡單地讓日子有些變化、嘗試新的教練，也或許是你已經上過健身房五百六十八回，然後需要增加重訓而上網找一些新動作；又或是你完全捨棄目前的習慣，而著手從沒嘗試過的新事物。攀岩啊！馬戲團的雜技啊！在懸垂自天花板的大型吊床中學習翻轉瑜伽（upside-down yoga）也行！你要試過才有資格批評喔。

看吧，寵愛自己遠遠不只奢華的浴鹽及喀什米爾的毛襪這麼簡單，其實還囊括了超多「關於編輯生活，什麼才重要」的相關議題。我們何以一直對自己這麼嚴苛？無從擺脫壓力、睡不好、盡吃些垃圾食物、每日步數達到史上最低都是。最扯的是，我們不但這樣，還指望自己要在生活上達到一種「你正在空轉而不可能做到」的程度。我們要是只在每週抽出幾小時或每天抽出幾分鐘審視自己，把我列出的四大支柱——心理健康、睡眠、飲食健康及體能活動——想過一遍，並著重在個別用以因應四大支柱而正在進行／已經完成／規劃展開的一、兩項舉動，我們應該就能在寵愛自己上常保幸福快樂。

沒錯，一如雜耍中的轉盤，這四只盤子絕不會一直等速轉動，也不會一直轉得同樣順利；沒準兒哪個瓷盤哪天出了差錯摔破了，也別對自己太過嚴苛：深呼吸，然後慢慢拼起那些碎片吧。這也許是跟好友聊聊工作上的問題、自行調製睡前的舒眠噴霧、把快要發霉的蔬菜全都煮成明午的湯，或是在午休到處亂走以致後來還有些迷路；不論是綜合還是個別實施這些活動，都可作為修補的黏劑，並在生活中找回一些你對自我的寵愛。

雖然本書的其他章節都著重在將過程效率化、自動化，但我會説，盡量去做些寵愛自己的事吧。請樂於接納你所適合的方式，優先排序，且絕不因為你把時間花在自己身上而感到內疚。在你的人生中，最重要且最優先的就是你個人的幸福和健康，所以你可能會發現自己需要針對其他做些調整。家人就在那裡，你也正忙於工作，但是社交生活呢？**＊一陣死寂，穿插蟋蟀的鳴叫聲＊**你是不是也覺得這很難兼顧？呃，你不必做雜耍、讓一堆球在自己的頭上四處亂飛，我這就來教教你吧。

如何擁有適合你的社交生活

與親友相聚的時光應該令人愉悅，
而不是讓你一想到就倍感壓力、棘手萬分。
謹就以下建議大家該如何善用並安排工作以外的時段。

年少時，我們一天大概會花上整整七個小時與朋友共處。我們一起學習、玩耍，用個人在圖書館電腦裡的帳戶餘額列印歌詞，好貼在練習本的封面。接著我們回到家，又拿起電話再跟一、兩個好友閒聊一段時間、白痴地討論男生的話題還有明天在校打算如何嘗試把遮瑕膏當口紅搽，一直到晚餐開飯。當然，晚餐後，又到了上MSN的時間，於是你花了幾個小時（或者你能用多久就用多久，直到你的爸媽要打電話）試著湊巧地和一見鍾情的那個人同時上線，再把圖像狀態改為「忙碌」，假裝自己漠不關心。這裡的重點，在於我們不論是在孩提時或青少年時，都和好友們形影不離，不然就是持續和其保持聯繫。我們的世界全都圍繞著社交生活打轉，因為我們大部分都在學習與他人互動的技巧，直到完成考試、打包好在校書本以致其從此不見天日且將論文歸檔後，才把重心從社交生活移轉到職場生活。

畢業後一出了社會，我們也不會再頻繁地和朋友泡夜店，雖然社交生活大幅縮減——從一百降到，比方說，五吧——你的肝也變回彩色、銀行帳戶更不再透支，但事情面臨一些調整。並非人人都會如此，但我認為，隨著你揮灑過二十幾歲的青春年華，之後晚間的外出邀約會逐漸減少，你和朋友對於計畫好的事也開始變得健忘，因為你們「都被雪花般的電郵所淹沒／上個星期**忙瘋了**／得把工作帶回家／**＊接續穿插新的藉口吧＊**」。工作壓力越來越大（雖然你在讀完上一章後，鐵定從來不曾這麼放鬆淡定吧？）、成年後的責任也日益加重，於是，我們自動進入關機模式，除了下班去健身以外，刪減了所有其他的業餘活動，就連女孩們的晚餐聚會也沒了。

好了，我是很支持你去流一流汗，但我也要以身犯險，奉勸大家維持穩健的人際關係要比保持緊實的雙臂更重要、更可取。隨著年歲漸長，由於我們全都集中精力應付起每天單調的事物，我們的社交圈可能因而變得更小，結構也更緊密。另一方面，我們也會在這時開始認真地看待兩性關係，所以可能常常忽略同性之間的友誼。上述兩個問題都很常見，只要加以重視、勇敢面對，便都能夠輕易解決。正因越來越沒機會拓展社交圈、不斷地認識新面孔，我們才真需要好好經營目前所擁有的。

你上次是在何時規劃或主辦晚宴的？你看！過了超久的吧。你可以立即著手這麼做：

- 放下本書休息一會兒，上網連到 doodle.com 並建立 Doodle 投票（你和好友能在這網站填入自己有空的日期，同時看到其他每個人也有空的日期）。
- 你可替活動命名，加入地點和任何想要的註記，並在挑選大家都有空的日期、時間後填入朋友的電郵，好讓他們接獲通知，以挑選自己方便的日子與時段。
- 擇定最受歡迎的那個選項就行了，女孩們外出同樂的夜晚又**重現**江湖嘍。

在我心目中，和友人共度的時光堪稱是最有效的時間利用。截至目前，大家都明白我極愛拿著一本好書、獨自坐在沙發閱讀，但我也同樣需要與好友相處，以增添一些新鮮的生活體驗。他們既讓我哭泣，也讓我歡笑；他們讓我變得懷舊，回憶起往日時光；他們講的笑話實在太過好笑，以致我笑到都快漏尿了。基本上，這就是寵愛自己的第五支柱，鼓勵你正面迎接日後人生試圖要帶給你的任何挑戰。在編輯生活的過程中，與好友及家人相處既能大幅紓壓、解決近乎所有的問題，也能讓你放心地去討論個人的想法、感受和計畫，因為這些人不但最瞭解你，或許還能針對某事提出一些有用的建議供你參考。你更有機會做真正的自己——這也許不太能常常如你所願——而這也正是我們不該放棄與好友及家人相處的原因。

我們都清楚擁有好朋友是很棒——我們的感情已經好到就連 Topshop 的西裝外套和所有的一切都能買上同一款——但問題是，當我們的日記看上去已然像是俄羅斯方塊（Tetris）那樣密密麻麻，我們到底應該如何確定要參加哪些社交聚會呢？

死黨：如何走到最後

接著，你將會看到人們在短期的社交生活中所遭逢的若干窘境，其實為了維持、保護這些人際關係，長期經營是很重要的。就我個人的經驗，只要你固定和他人聯繫，而他們也知道只要需要你的時候，你就會挺身而出，一如他們對你那樣，那麼，這段關係便不必過度經營。不過，我是真的很喜歡寄送一些小紀念品、紙條或禮物，就只為了簡單說聲「哈囉！」／「你好棒」／「我想你」，而不是出於我做錯了什麼、想要藉著送禮賠罪。有時，這會是一束花、一張明信片或是一本我聽朋友說過很想拜讀而我架上剛好就有的書籍；有時，這會是幾塊手工蛋糕，或是一副我在店家一眼看到，就清楚知道朋友會很**中意**的耳環。只要預算許可，從各地買些稀奇古怪的禮物，甚至只是寄張卡片確實都是很棒的聯繫方式；一如求學時給在校的閨密帶上一條購自伊莉莎白・杜克（Elizabeth Duke）飾品品牌且刻有英文「BFF」（死黨）的友情手鐲，這會讓你沉浸在送禮的幸福感中，只不過如今你是以成人的方式表達罷了。

健康的社交生活應該包括瞭解彼此的近況，並和朋友一同進行最終會讓你感到愉快的事。這不該讓你覺得很有壓力或遭人脅迫，更不該讓你覺得悶悶不樂。你若有那種感覺，也許就該「編輯」一下交友圈嘍。時間如此寶貴，而我們人人都該善用時間、盡情享受且做起真正的自己。分手從來就不容易，但放下那些阻止你有所發展且令你身心俱疲的人，將能讓你有機會斬斷羈絆、重獲自由。**我是隻自由的小小鳥！**此後有機會自由自在地去認識新的人、做新的事，並利用真正擁有的一時半刻，去做讓你感到無限美好的事。

即刻活絡社交生活的五大訣竅

一、和朋友一起用餐非常典型，我們的交友圈也常常是從這裡展開的。我們經常認為，排入一些運動課程、通勤回家碰上塞車的噩夢或是加班等等都可能輕易地占據我們原本約好他人聊聊近況的那些夜晚，但可用來排入社交活動的用餐時段其實還有很多。不管怎樣，你都是要吃早餐、中餐**和**晚餐的吧，所以，何不在用餐時間邀請好友來家裡作客或是一同外食呢？規模不必太大，你若能在上班前塞進一次早餐的約會，就找出哪裡恰好落在大家通勤路線的中心點吧。你若身為自由工作者，或者上班地點就在友人附近，午休則會是另一個見面的好時機，這還會強制占去你整整一個小時，讓你**真正**關掉手機。我跟好友四人都會輪流當起主人、操持晚餐、彼此分攤，然後個別帶上點心、主餐、小菜和甜點等，意味著主辦的那個人不至於得要烹飪全部料理並負擔採買食物的高額成本，為此所累。點入大家在 WhatsApp 上的群組，然後排入**與我用餐**的行程吧。

二、你一旦順利集結軍隊，便趁著人人手上都有日記預約好下次的聚會吧。去看場電影！打起瘋狂的高爾夫！再一起吃頓晚餐也行！無論哪種情況，你都要試著敲定時程，因為知道你們何時可再碰面聊聊近況不但很棒，還能避免在規劃時發生「我下週一三五可以」「呃，我只有週五晚上五點到七點可以」這樣一整個恐怖的對話（說真的，請好友們改用 Doodle 吧，你日後會感謝我的）。

三、倘若大家的行程都很固定，便可嘗試定期聚在一起做些什麼。也許你們都會在每月的第一個週一一齊晚餐？又或者週三晚上有場你們一直都很想參加的酒吧機智問答競賽（pub quiz）。你還能發起讀書會，剛好用你正在讀的那本書作為第一次的主題 **＊（推推肘眨眨眼）大家懂我的意思吧＊**。和朋友一起做些傳統的事也很有趣。每年我們都會夥同幾個大學同窗過起「偽耶誕」（Faux-Mas），也就是趁著大家還沒為了過節而被家務搞得暈頭轉向前，先假裝過耶誕。我們年年都輪流主辦，人人也都會帶上一道菜。或是每逢八月的國定假日就嘗試到陌生的地方旅遊，還是說來趟公路之旅？也或許你的交友圈太過單調，永遠都是固定班底？倘若如此，我謹在此提供一個好友的點子供大家參考：她每幾個月會舉辦一次晚宴，但只從她各個不同的社交圈（比方說，她最要好的兒時玩伴、大學同學及同事）中邀請一位朋友，再要求那位朋友帶上一位自己的朋友。與會的每一個人都已經有認識的人，所以這麼做不**全然**那麼可怕，但你有機會藉此結交新的朋友，而這些朋友不但和你擁有共同的好友，之後還可能成為你的新死黨。

四、每個人的人生進程不盡相同，這很常見。你的朋友可能都已經孵出好幾個小孩，你卻還在享受高人氣的 Tinder 交友遊戲？還是說，你才是那個已經當媽的人，然後需要多多認識其他已經當媽的友人？和看似跟你情況相當的老朋友重拾聯繫吧。當今的社群媒體讓保持聯絡變得這麼容易，所以你肯定有個一向會在他／她的 Instagram 上點擊「喜歡」，他／她也總會在你的 Instagram 上回以評論的同窗好友。因此，利用哪個週末邀請他們共進早午餐吧。誰抗拒得了早午餐的邀約呢？

五、你若發現好友不太容易和自己碰面——不論是礙於生活上還是距離上——便重新騎上那匹友情的馬兒，逕往新的交友圈疾馳而去吧。（眼下）社群媒體可是你的新死黨，而你也可試試名為「Bumble BFF」的交友APP、連結當地和你嗜好相同的女性朋友，並在線上搜尋自己不但能夠前往參加，成員也全都和你理念一致的團體及課程。自我介紹，交換電話，在告別時好好擁抱一番！**完美變身交際花吧！**

倘若所有的社交活動開始讓你覺得累贅，那麼，問題或許不是出在你的朋友，而是出在你那週有太多的事情要忙，已然超載。

你的日記若塞滿了工作以外的活動，而你也掙扎著要在行事曆找出之後哪天晚上才有空，你便該重新評估了。當日記裡的一切——甚至是你一般會引頸期盼的那些場合（對我而言，抱起新生兒、即使雷恩．葛斯林所主演的那部片只不過是另一個版本的《銀翼殺手》〔*Blade Runner*〕我卻仍跑去戲院觀賞，以及和食物有關的一切都是）——都只讓你感到憂心，你也要真的保持警惕、小心戒備。

碰到這種情況，你就該開始說「不」。

說「不」的重要性

這一類的磚頭書常會默默提倡「好」是個神奇的字，不僅為我們開啟門扉，更能讓我們著手新的經驗及冒險。好了，這是很棒沒錯，但咱們還記得電影《麥胖報告》（*Super Size Me*）裡那個傢伙得要一直說「好」而把已是巨無霸的漢堡給升級成足以餵飽全家一整週的大小，結果發生了什麼事嗎？一直說「好」不**總是**對的。我並不是要干涉大家、在這裡扮演起掃興的警察，只是有些場合若能禮貌性地婉拒，不但一整個超酷，其實還對你有益無害。實際上，我篤信說出「我才不要」所帶來的效果。**有時候……**

- 「你能不能去參加我妹的表親的最好朋友的十八歲生日趴？」
- 「噢，她正打算舉辦一場很精采的產前派對！我知道你只在十年前某晚外出時見過她一次，但她會很希望你來的。從這裡可以連到她在哈洛德百貨①（Harrods）的禮品清單。」
- 「這場告別單身派對會**很瘋**喔，來賓有三十人，還要花上你四百鎊，而且不提供住宿。但準新娘說在經過這些年後，她會很高興和你聊聊近況、知道你過得好不好！」
- 「我知道已經過了超久，但我媽同事的女兒想在週日『向你請教』創業的事。你能帶她外出吃頓午餐嗎？」

抓到重點了嗎？沒有什麼規則可以輕易地判定你該如何針對上述的選項給予回應，但破解的方法卻很簡單，其中沒什麼學問，就只是綜合一下自己的直覺（gut feeling）罷了——所幸我的腸躁症（irritable bowel syndrome，IBS）會定期發作，我覺得還滿習慣的[2]。查閱你目前已經運作無虞的日記和預算，看看實際上可不可行。這是種編輯的過程，你越常聆聽內心的直覺、習慣拿它和自己的時間暨理財計畫相互比較，結果就越容易朝那個態勢發展。就你的社交生活來說，這主要在於判定某次的互動或活動究竟適不適合你。所以，需要我暫時充當你的神奇八號球[3]（Magic 8-Ball）嗎？在你聽從自己的直覺前，以下是我所使用的快速決策指南：

---

① 由英人查爾斯・亨利・哈洛德（Charles Henry Harrod）於一八三四年創立，原為販售雜貨及茶葉的小店鋪，後蓬勃發展成為今日首屈一指的奢華精品百貨。

② gut 除表「直覺」，複數形 guts 則有「腸子」（bowels）之意，此處作者借用雙關語，揶揄自己以直覺行事，搭配起腸躁症一點兒也不違和。

③ 占卜用的小玩具，尺寸較撞球的八號球略大，其中一面為仿八號球的黑色圖案，另一面則為透明窗格。人們通常會在提問後搖晃該球，再反轉球體使窗格朝上，待答案浮現。

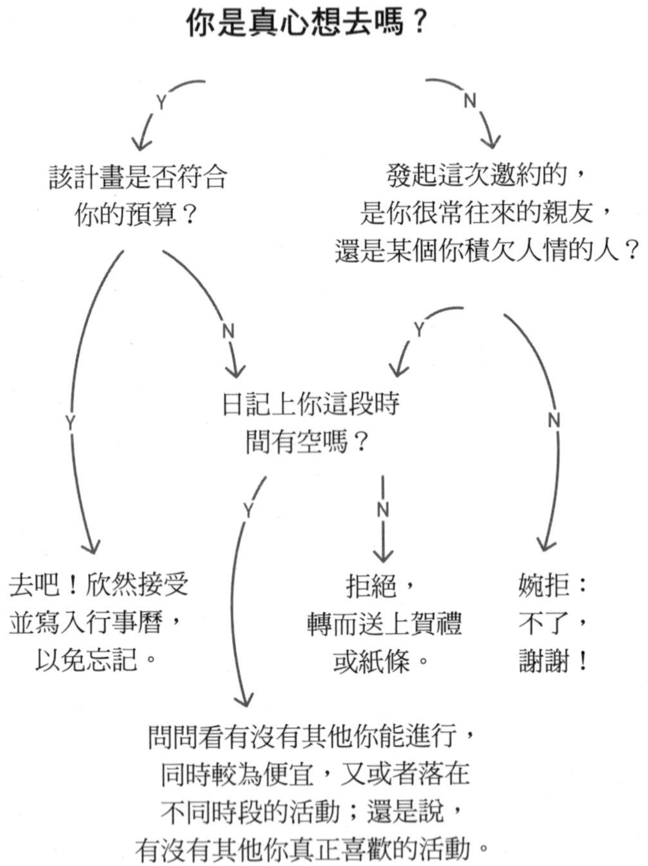
你是真心想去嗎？
Y
N
該計畫是否符合你的預算？
發起這次邀約的，是你很常往來的親友，還是某個你積欠人情的人？
Y
N
Y
N
日記上你這段時間有空嗎？
Y
N
去吧！欣然接受並寫入行事曆，以免忘記。
拒絕，轉而送上賀禮或紙條。
婉拒：不了，謝謝！
問問看有沒有其他你能進行，同時較為便宜，又或者落在不同時段的活動；還是說，有沒有其他你真正喜歡的活動。

在第一二二頁的範例中，你所投入的時間（有時是金錢）與報酬並不對等。也許這次的邀約令你恐慌，因為你實在想不到任何比「拖著身子去參加某個壓根兒就不認識的人的十八歲生日趴」還糟糕的事了；還是說，其實你只是需要外出一天、做些寵愛自己的事，於是，你轉而送了張卡片和禮券給產前派對的發起人；鑑於參加那場告別單身派對幾乎會花光你的預算，你予以回絕，轉而計畫去和快要結婚的友人喝點小酒、聊聊近況；至於你媽同事的女兒麼，反正你週六下午都會上街，就要求她在那時碰面、一起喝杯咖啡吧。

在此，大家要記得，**你**才是那個掌控社交生活的人。雖然我很清楚你就是推不掉某些親友的邀約，但日記中還有很多其他部分是你可以自由選擇的。

我不是要你當個每次有邀約就逐一回絕的壞蛋，而是要你力圖改變那些邀約，轉而讓雙方都對結果相當滿意，或是努力達到「以自己為優先」這種不太容易達到的目標。噢，我說了什麼，我剛剛是建議大家**自私點**嗎?!沒錯，我是。

好了，其實我剛剛都在瞎說，因為你可以嘗試以下兩大方法。

第一，當你下次接獲邀約，先問自己**此時此刻**是不是非參加不可，然後願不願意去？沒錯，這問題是有瑕疵，因為你敢打包票，說我要是正打算幸福地上床小睡一番，卻又在這時接獲最好朋友的婚禮邀約，我鐵定還是會掙扎著把自己從床上挖起來赴宴。是沒錯，但這招太過老套，一下就被識破了啦。

另一個方法，則是每週固定配給自己幾個「自由之夜」（free night）；對你來說，這可能是一週兩晚，然後你要告訴自己，這兩晚都是你的，而不預設任何計畫或給出任何承諾。先按這個頻率進行，直到你找出另一個頻率，不致讓你覺得自己像個隱士，卻仍賦予你足夠的時間為自己煮頓好料，並在沙發上看起網飛的紀錄片。有時，訂定一些數值來衡量事物很有幫助，而且我不得不說，這兩個概念都曾幫我有效地規劃出某種型態的社交生活，令所有的參與者倍感充實，不致演變到後來教人無所適從。

人生有很多面向超乎掌控，像是每週一上班都要參加小組週會；某家連鎖咖啡廳販售的熱巧克力味道超淡而這對討厭咖啡的我們來說真不是個好消息等等。但你的社交生活卻是完全掌握在自己手裡，由你決定。請把時間用在你既享受他們的陪伴，他們也和你有來有往的朋友上；若非如此，就少在他們身上花費時間，或完全別搭理他們了吧。**這道理很簡單——你就是編輯本人。**

其實一說到要把什麼納入社交生活，我想，「說『不』」會是你最新交到的好友。藉著拒絕你真心不想參加的活動，你便騰出心力，去把時間用在你超級想做的事情上。你將會開放週間的午休和夜晚與他人約會（我知道，我們又重回學生時代了嗎?!），週末也不必千里迢迢地開車去參加四個半小時後才開始的告別單身派對，況且你都已經整整五年沒和準新娘好好地說過話了。你的社交生活將會變得非常成功，你也可能因為正在善用工作和睡眠以外的時間，從而感到更快樂、更放鬆喔。

如何真正說「不」

是這樣的。我們當中有不少人被視為「開心果」，他們不喜歡打亂計畫，看到別人開心也就跟著開心，很棒，而我完全就是這樣的人。要是有人因為我的某些行為而把我跟「混帳」畫上等號，我都會覺得十分尷尬，像「在超級盃（Super Bowl）露點[4]」的那種尷尬。對其他人來說，這或許沒啥大不了的，我也真該學學那種「懶得鳥你」的態度，只不過我們這種人啊，就喜歡討人歡心，所以「不」這個字一旦說出口，就會感到撕心裂肺、痛苦萬分。

但你知道什麼會比拒絕他人的邀約還要糟糕嗎？那就是拒絕你已經答應的邀約。啊，**真不靠譜**。沒人喜歡不靠譜的人，也沒人想讓自己變得不靠譜。你若一開始就坦承不想參加，這對大家來說都會愉快許多——對你也是一樣。你若無法直接說「不」，我謹提供以

---

④ 美國樂壇天后珍娜・傑克森（Janet Jackson）於第三十八屆美式足球超級盃的中場秀與美國流行樂手賈斯汀・提姆布萊克（Justin Timberlake）同台演出，卻因賈斯汀不慎扯掉珍娜胸罩，意外造成其右胸露點走光。

下建議，協助各位處理一些可能比較棘手的狀況。

• 當你當下愣住、很是尷尬

當大家討論得正火熱，最簡單的方式就是點點頭、贊同這場你並不怎麼喜歡的社交活動。好吧，這樣逃避是有點遜，但請避免在當下確認任何事，並善用「我還沒更新日記欸，等我回去再看一下」這番老掉牙的說詞，待過些日子再回覆，好讓自己脫身。

• 當你覺得讓誰失望了

這種感覺是**最糟的**。我們都很害怕聽到「我很失望」這句話。但你若真的不想，便坦誠相告吧。你只有向友人解釋自己為何拒絕，才可能讓他更瞭解個中原由，你甚至還能設法改變現況，好讓兩人之後都配合得上。

• 當你感到欠誰人情

啊，說起要還誰人情——這可是經典哪。你若對朋友要請你幫太多的忙感到不安，就勇敢說出來吧，或許他們下次還你人情的時候，就不用做到這種程度；還是說，你也可以調整一下，不請朋友幫這麼多忙，免得欠下太多人情？下次朋友回頭請你幫忙時，你若無法把這排入行程，便據實以告、坦承你知道自己欠他人情，再詢問日期上是否有彈性調整的空間吧。

• 當你想要做點好事

有時你可能想要履行先前答應過的活動，因為這畢竟是件好事，你也真的是在幫助他人，只不過你清楚知道這就是無法排入行程。興許你可以從旁支援呢？先是拒絕，但表示鼓勵，並尋求其他可以參與的方式。

你真想不到，經歷完以上這些情景，你將能精確地調整自己「好／不」的開關，使其成為一種充分改良後的工具，幫助你在規劃生活、工作及住家之間取得平衡，並擁有更多時間去做些開懷大笑的事——再也沒有不靠譜的人嘍。

在我極力強調擁有愉快至極又值得使用 Instagram 的社交生活之後——其中不乏一年和好友去外地度假數次、週週外出共進晚餐，並玩起比你想要購買的鞋子還貴的瓶裝煙火——若要提高我們對自由時間的要求，也難怪大家會倍感壓力了。倘若這樣的社交生活讓你開心，你對煙火表演和法國的灰雁伏特加（Grey Goose）也情有獨鍾，那麼請便；倘若不是，你也不必覺得糟透了。社交生活是要讓你在偶爾無趣、痛苦的生活中重新找回快樂，再者，有了那些重點方法的輔助，隨著你自信地說「不」，願你也會更樂觀地看待詳細劃分出工作以外的時段才是對你最好的。至於如何能為下次與好友的聚會增添一點趣味呢？你更會有些新的點子。有人說過「來辦場迪斯可舞會，變裝穿起夜光服、吃起純素，一併練起空中瑜伽」嗎？

我們的社交生活都圍繞著短期計畫——生日啦午休啦每週的皮拉提斯／閒聊時段啦——但我們若想開始思考得長遠一點呢？我們要如何把目前討論過的一切納入編輯後的生活計畫，從而一躍成為自己想在五年後變成的模樣呢？別擔心，我手上正好有大家需要的東西。

打造目標和未來計畫

學習如何在日常生活中建構長期目標，以納入目的及方向，如此一來才能堅持到底、順利完成，而當事情進行得不怎麼順利，你也才知道如何因應。

我曾在中學時擔任英式女籃隊①（netball）的射球手（goal shooter），所以對於目標略知一二。當你得分時，除了感覺超棒，這其實是要搭配策略和練習才有可能達成，而你若喜歡在運動時聊天、跑動越少越好，我則推薦你來擔任英式女籃的射球手吧——這可是我理想中的位置啊。雖然我在小學參加過選拔，進入了不怎麼樣的三流球隊，但我上高中後又試圖加入一流的球隊，而且好在我手長腳長、以致比其他隊友都高出一英尺左右

① 又稱籃網球，發源於一八九〇年代的英格蘭，係以女性為主的運動項目。比賽中一方七人上場，各司其職，不能運球，必須透過與持球者保持安全距離並靠團隊靈活跑位，而將球傳至負責投籃的球員，以達進球得分的目的。

（對，我真的很像阿姆斯壯彈力超人②〔Stretch Armstrong〕），最後終於雀屏中選、順利入隊。我很訝異自己也沒那麼糟嘛，於是常和別隊的射球手當起朋友——特別是他們的隊友曾把我們打得落花流水——得分也相當可觀。沒錯，這不是巧合。無論晴雨，我們週週練習，夢想著贏得年度的縣立比賽。我們有個目標，然後竭盡所能地達成，包括在球場上凍成人體冰棒、出於美觀身著裙裝裡頭卻不穿上運動棉褲等等。很遺憾地，最後我們沒機會舉起那座獎盃，但有一年確實拿到了殿軍——**萬歲！**——而這也替我上了寶貴的一課，內容是有關專注、毅力、目標設定的重要性，還有——我穿上百褶裙不怎麼好看。

「目標」可以意味著「唰——」一聲投籃進框，或是飛踢射門得分，但在編輯生活中，「目標」是一個我們要努力邁向的終點。它是你在立定抱負之後的直接結果，也是由你打造，而你期盼落實，以求在個人、身心或財務上帶來收穫的使命宣言。這或許是小幅的改善，像是每天立誓喝足兩公升的水——我知道，我太崇尚自然了。這看似是調整一下，但你最終旨在攝取更充足的水分，並坐享這麼做所帶來的種種好處——**亮澤滑嫩的肌膚**，**快來吧**。又或者，你可能立定遠大的志向，並想繼續深造，以確保能在最後取得那份夢寐以求的工作。**女孩，這樣準沒錯！**你的目標不必很遠大，也不必很渺小，但你只要打造出個人專屬的目標，就會賦予你一種架構，一旦付諸實施，便會引導你的人生往想要的方向去。

你若**真**追根究柢，沒了目標，我們基本上就等同沒了方向，這聽起來是挺誇張的，但我們內心無論對**哪件事**抱持熱情，都帶給了我們目的和想要追求的結果。你若詳細劃分，就會發現目標其實扮演著一種逐層疊加、終以形成整體輪廓的砌塊，為我們日日提供待辦事項，直至最後達到想要的成果——無論是花上一週、一年，還是五年。

你的目標可能已經在那兒，默默地善盡職責，卻力圖在你尚未實際挖掘出其真正實力下，影響著你的態度和決定；還是說，你可能幹勁十足、喜歡設定目標，也已把目標給釘在冰箱上，這樣你每早一骨碌從床上爬起時，便能瞧見。無論你屬於上述的哪種狀況——抑或你介於兩者之間——本章都將向你呈現如何先打造自己的目標，再予以編輯，繼而融入到你的日常生活中——該是射門的時候嘍。

你已經進入本書中**生活**的最後一章，所以，你對於稍早我們談論過如何編輯生活已經多有基礎。你整理好行事曆、瞭解並著手處理個人預算，然後目前希望透過均衡的飲食、健身和自己理所應得的睡眠來滋養身心，也試著從行程中擠出更多時間，好讓自己想幹嘛就幹嘛。你正在一一完成呢。所以接下來呢？呃，若要更進一步、往手上那顆魔法梅格③（Mystic Meg）預知未來的水晶球裡探去，你是該深入摸索，並找出自己除了抱著兩隻毛

② 一種四肢可用力拉扯，放手後隨即回復原狀的紓壓玩具。
③ 原名瑪格麗特・安妮・萊克（Margaret Anne Lake），係一英國占星家，常身穿紫色斗篷、捧著水晶球預言，亦曾擔任英國小報《世界新聞報》（*News of the World*，現已停刊）的專欄作家。

茸茸的小貓來到你家門前的雷恩・葛斯林，到底還想要什麼了。

我在本書一開始就說過，我真的不愛給大家出作業，但這無疑是抓來紙筆，好好跟自己來場心的對話即可獲益的方法之一。於是，我藉著以下區塊說明我是怎麼逐步設定目標，然後，咱們就從這裡開始吧：

一、想像一下雷恩・葛斯林對你大吼「你要什麼？」——你知道的，一如他在電影《手札情緣》（*The Notebook*）裡對瑞秋・麥亞當斯（Rachel McAdams）所做的那樣。他說的其實是：「別管我要什麼、他要什麼、你爸媽要什麼，而是你要什麼？」這才是重點所在。雷恩，多謝提點。

二、把紙張頁面分成四等分，且分別置入以下標題：**財務**、**福祉**、**個人**及**職涯**。當然，若有其他標題更符合你潛在的目標，便請自行更換吧。我發現建立好這些部分能夠讓你迅速拿出放大鏡，詳加審視你在生活中的特定領域所遭逢的困難，從而一一克服、逐項解決。

三、有沒有什麼是你最想克服的？你覺得自己已經克服了什麼？有沒有什麼是你想要更進一步，或是加以改善的？你可能會發現，你在有些部分卡住了，卻又忍不住樹立其他的目標。別亂來，請遵守這裡的遊戲規則！快快寫下目標，然後你一旦完成，就會找出該怎麼回答雷恩了。

大家若需要參考一些點子，可以看看我當前的目標如下：

- **財務**

每月至少保留兩百五十鎊，作為我倆下次搬家的支出及費用。

接下來十二個月都避免購買名牌包，而樂於使用現有的。

- **福祉**

每天（至少！）攝取兩公升的水。

在接下來十二個月內嘗試四種全新的健身課程。

- **個人**

把每天的手機螢幕使用時間降到兩小時以下。

更主動回覆訊息，當個更稱職的朋友吧。

每月一書。

- **職涯**

學習修圖軟體的技能，如 Lightroom 或 Photoshop。

於雜誌發表一篇個人文章。

所以你已經寫下一些個人目標了嗎？**太棒了**。雷恩這下可印象深刻了！或許你覺得有些目標需要你嚴肅看待（也就是說，**到年底前都不能購買漂亮的包包——哈！**），還是說，你覺得有些目標自己是得要使出渾身解數，但仍可在短期之內達成。無論目標為何、時間多長，你都已經為自己的動機打下深厚的基礎，好作為將來規劃、安排及判定如何發揮產值時所依循的方針——即便當時的你沒意識到這點。但在你進入下個階段前，查看個別的目標，並找出其夠不夠具體十分重要。比方說，咱們先以「每天攝取兩公升的水」為例，這既簡單又明確，你也能追蹤自己何時達標，但「當個更稱職的朋友」這類就模稜兩可多了。你怎麼衡量？又要怎麼實施？在你更進一步之前，請先著重在那些可能需要多費點功夫，才能轉化為具體行動的目標，看著那些具體行動隱隱發光，接著才是你好好擦亮它們的時候。

如何設定可實際達成的目標

在進入重點之前，可以針對各個目標分別採取以下四大步驟，藉此將其化為具體行動，最後必能逐一完成、如願成功。別磨磨蹭蹭，腳踏實地好好做吧。

- **讓目標變得S.M.A.R.T.**

調整目標、使其變得 S.M.A.R.T. 可以確保消除所有疑慮，並斬除一路上可能出現的阻礙。你正期待目標變得：

明確（Specific）

可量化（Measurable）

可達成（Achievable）

符合現實（Realistic）

時程合理（Time-managed）

所以，我們以「我想變瘦」的最終目標為例吧。這個想法是很棒，但你過去三年可能已經承諾自己要抽出時間執行，結果卻只用谷歌查閱一下當地有哪些健身房，就分心看起一旁跳出來的內搭褲廣告了——說句公道話，穿著那些內搭褲觀賞電視肯定也是很棒的——所以，為了能讓自己真正全神貫注，你是該注入S.M.A.R.T.的解藥了。

反之，要是你說「接下來的三個月，我每週都會去健身房上兩堂訓練課程」呢？首先，這很**明確**——毋庸置疑，亦**可量化**，因為你只要去上課，就能在每週的兩堂課上打勾，而且鐵定不用什麼調整，即可把一週兩次的課程順利排入行程，同時，以你目前的健康程度，這也是**可達成**的。十二週感覺不像一輩子那麼長，卻也長到足以嘗試建立新的習慣，然後看出一些變化，所以劃定這樣的時段似乎**符合現實**，**時程上也很合理**。**看吧？**這行得通欸，而且你所有的目標若能符合以上條件，就會瞭解何時才是行動的好時機——就像現在。

・眼見為憑

我知道，這聽上去有點像是我先前允諾絕不會呈現在本書中的那種畫面——一邊啜飲著濃縮小麥草汁，一邊穿著亞麻居家服欣賞從廚房望出去的海景——但能讓自己時不時就在經常走動的地方看到目標是有它的效果，至少對我來說，這會讓我一直把目標放在心上，因而更有可能落實。我以往都習慣在每年年初設定目標——**對，很老套吧**——然後約莫到了二月十日，你問起我目標為何，我搞不好還沒辦法確切地答覆你呢，而這不但破壞了一開始立定目標的原意，也證實了我之前只不過是在拼湊枯燥乏味、壓根兒就沒想力求實現的目標。但有一年，我為了在接下來的整整十二個月持續提醒自己，於是把目標打成文字、列印下來，還把它給釘在辦公桌上和電腦旁，結果呢，清單上的八項我大概完成了六項吧。這是巧合嗎？我想不是吧。

・避免設限

當我們設下限制、告訴自己不能怎樣怎樣，我們就會更想那樣，這是人性。重點案例：每當我在前一週點了過多的達美樂披薩而打算展開健康飲食，我大概會在過了四十八小時，就開始突襲冷凍庫、找起我**很清楚**就在其中某處的班傑利釣魚樂隊口味桶裝冰淇淋（Ben & Jerry's Phish Food）。這也正是我對「節食」和「飲食限制」避之唯恐不及、一直不給自己訂定任何食物攝取的規定，反而旨在追求「凡事適度就好」的主因。**冰淇淋和披薩不就是給**

大家吃的嘛（蔬果也是）。因此，與其把目標放在「不行怎樣怎樣」——像是「我之後不再吃任何含糖零食」——還不如試著把目標鎖定在「可以怎樣怎樣」：「我之後的目標是每天至少攝取五份蔬果。」這麼一來，你就會騙過自己的大腦、只想到營養的食物，同時意志力也會一直保持堅定、不受干擾（然後，班傑利的冰淇淋也會一直留在冷凍庫裡）。

•就我，形單影隻

設定目標只能夠獨立完成，它專屬你個人，即便聽聽別人的目標可能會有些幫助，但請記得回到先前雷恩所給你的建議，僅先考量你個人的期望和抱負就好。讓我告訴大家，我認為我爸媽向來都不可能希望我成為一名個體經營的部落客，但如今我不僅樂在其中，老爸還成了最支持我的人之一，在我工作的財務方面給予協助——**老爸，感謝您**——而老媽呢，則是樂得享受她拿到的那些護手霜贈品呢。基於他人的期待、我的優秀成績以及師長帶給我的鼓勵等，我原先攻讀心理學，後來卻偏離了這條路，迎來了一次難得的機遇，從而轉型成功，教周遭的人詫異不已；當時，我並沒意識到這會是我所做出最冒險的舉動之一，所幸之後有了回報。因此，抹去你腦海中那些他人的聲音，而專注在自己也許正在角落喃喃細語的聲音吧；再者，為了成功，請致力於設定「單就與你相關」的目標，別把他人牽扯進來。

好了，你的目標既已成熟，也已就緒，更已「啪」的一聲給貼在某個天天都能看到的地方了？**好極了**。現在，是該毫不費力地把目標納入生活，這樣你才能加以追蹤，也能時時留意相關進度了。為了做到這點，我們得先針對每個目標想出一項行動方案，它不必像我在下一段那樣完全表格化（對，我知道，我就是很懂得怎樣討老師歡心），而只是單純要你思考一下，為了達成目標，你每天、每週和每月得要做到哪些進度。每天的待辦事項很可能假以時日就成了習慣（多虧你還有那些不論被你貼在哪裡，卻天天提醒著你的目標），至於每週和每月的指標麼，或許可以寫入日記，賦予它們重要性，從而真正落實、順利完成。我把自己當前的目標分成以下三類。（見下表）

我最終都會慢慢習慣每天有哪些待辦事項；而為了要實際執行先前

	每天	每週	每月
每月至少存兩百五十英鎊	外出趴趴走時，避免盲目地購買食物和衣服，並且堅守預算。	每週更新預算，確保尚未超支。	設定自動轉帳，這樣錢就會自動轉為存款；可能的話，多多益善。
每天的手機螢幕使用時間降到兩小時以下	下載名為「Moment」的APP，追蹤花在螢幕上的時間。隔天一早查看結果。	分析過去一週以來的數據，留意有無固定模式，對應調整個人習慣。	完成一次數位排毒，進一步切斷手機／手掌之間的連結。
明年嘗試上四種新的健身課程	留意想要嘗試的健身課程，還有來自親友的推薦。	保持健身習慣，摸清楚自己之後打算嘗試哪種不同的健身方式，然後好好研究一番。	篩選課程，每三至四個月就預約參加新的健身課程。

設定好的工作，我則會在iCal加入每週、每月的提醒通知，讓自己突然之間有了時時刻刻都能積極追求的目標，這麼一來，我既不會感到無所適從，其實也大有機會堅持到底、如期完成工作。我建議你也可以針對行事曆這麼做——在紙本的日記上強調何時具體採取行動，或以數位方式設定重覆性的提醒通知——還是說，你若慣於使用子彈筆記術，則可攤開兩個頁面，在其中一面寫上目標和每天、每週及每月的行動方案，而在另一面寫上附有日期、之後要逐項完成的確認清單。

有些目標也許一週就完成，有些則需要一個月，但我們最常容許自己把時間給拉長到十二個月，於是咱們就來聊聊下定決心時的那股狂熱吧，看看我們到底值不值得在這種情況下訂定目標。

新年新希望二三事

你可能已經注意到我在本章接二連三、反常地提到**十二個月**這個恰好一整年的時段，然後好巧不巧帶領大家進入到新年新希望的話題。新年新希望有點類似馬麥醬，不是嗎？有人愛得要命，每到那年的一月一日就大肆迎接，有人則是光想到就無法忍受，逕在Twitter的貼文寫下自己有多厭惡「嶄新的一年、嶄新的我」這種概念。就我來說，我屬於前者。我超愛訂定目標，每年第一個月的第一天都會讓我覺得又擁有了嶄新的一頁。不論是什麼事情，我的第一天向來很慘：上學的第一天、到任的第一天皆然，於是給了我購買鉛筆盒、整理個人物品的藉口，還能讓我感到煥然一新，我**就是這樣**。除了九月初，一年中就只有這時才會洋溢起「新學年」的氛圍，而且相當迷人——我可以體會。

你若喜歡這個概念、時間點也對了，就去設定一些目標，善用我先前分享的訣竅，然後堅持到底吧。但你的狀況若非如此，便姑且聽我娓娓道來。有關「新年新希望」，我認為我們經常弄錯，老是覺得若不在一月一日那天立定目標就會錯失良機，然後得要等上近乎一年才能再次思考設定目標一事。**大錯特錯**。對，它們可能未必是「『新年』新希望」，但若發現你迫切地想在八月立定一些目標、十二月底完成，甚至跨到隔年夏天才完成，誰又擋得住你呢？凡是你覺得時間對了，就別去鳥什麼傳統的架構，著手設定自己的目標準沒錯。

這些年來，我如願達成新年新希望的程度各有不同。有幾年，我依照排定的時間完成了一些目標，而其中最成功的，莫過於我從二〇一五至二〇一七年，花了近兩年的時間堅持去健身房重訓；但有幾年，我卻只在設定目標後堅持了兩週、毫無進展，於是一把撕下了筆記本的那一頁，把新年新希望給拋到九霄雲外，一直到隔年年底悄悄到來。重點案例：我向來無法堅持到底的新年新希望，就是去上語言課程，好好複習我的法語及義大利語（這可能是出於我超怕大聲說出外語，所以我應該先試試家教，再和大家一起上課才對），不然就是假裝自己準備外出上班、日日穿著得體且在一早整裝完畢，好覺得「更蓄勢待發」（你若根本沒必要穿上束腰，幹嘛還要這樣折磨自己？）。我發現怎樣最管用呢，就是不論是像之前把目標釘在辦公桌，還是偏重視覺而打造出一張情緒板④（mood board），你都時時把目標放在心上，而且一開始就投入時間、精心策劃。與其立定和朋友一模一樣的目標，或者盲目跟風、因為時下流行就喝起冰沙當早餐，請真正考慮一下你自己吧——你受什麼所激勵、你喜歡什麼，還有你每天都想讓自己在哪方面更進步等等。

我們常犯的另一個錯誤，就是誤以為新年新希望一旦決定就無法更動，但我們要是在一年已經過了四分之一、設定好「要學習一種新樂器」的目標，結果一整個**厭惡到不行**呢？一想到要練習烏克麗麗，你就很想請老媽遞個假單藉口說你病了不去上課？你若已對新年新希望盡了全力，但它就是不適合你，便請重新思考、調整，並致力於某件你真正樂在其中的事吧。也許你只是需要換個老師、換種樂器，還是說，你可以在YouTube的個別

④ 針對要設計的產品以及主題方向蒐集相關的色彩、圖片、影像、元素或其他材料等，從而透過拼貼的方式引起某些情緒反應，以此作為設計方向或是概念工具之參考依據。

指導下自學；又或者，你可能不是學樂器的那塊料，無從成為下一個傑克・強森⑤（Jack Johnson），僅僅透過簡單的吉他和溫厚的嗓音，即可唱出慵懶舒服、輕快活潑的歌曲。務必定時查看你的新年新希望——我建議至少每三個月一次——把目標調整到合適為止。彈性調整並非顯示出你既失敗又健忘，反而彰顯出你能夠適時反思、靈活應變。

難以捉摸的「五年計畫」

大家都很熟悉新年新希望，而且年年都會這麼做的人很多，就算不多，大部分的人以往也都嘗試過這樣的概念、看看自己適合與否。有關目標設定，新年新希望挾著一年的時間限制，規模往往較小，只占我們長遠目標的一小部分而已。所以，你若想要看看五年計畫適不適合自己呢？懂嗎？我們現在談的是**長期**。你一旦抹去了層層的水光潤澤粉底液、美黑產品以及外在的一切，我們可能只會發現自己內心正在「熬製」一鍋才剛冒泡，或許連嘗都還沒嘗過味道的五年計畫。它是我們少數能為自己設定的長期目標，而且無論是否意識到，這都充分構成了我們一切行為的基礎。

別人經常向我詢及有關五年計畫的主題，這可能是因為當你上網搜尋相關資訊，映入眼簾的全都是些長如電影的 YouTube 影片和約要花上四個小時才讀得完的貼文。人人都以為這個過程一定要夠長、夠發人省思，以致從表面看來，你可能真得花上五年，才能構思出自己的五年計畫。但我要是夠誠實，會說我自己並不適用這樣的概念。五年之內，我從住在爸媽家的小單人房、來回通勤四小時的全職上班族，進展到擁有自己的房子，成了不敢相信能把個人興趣給變成全職工作的部落客。這段時間裡，我的目標一直都在變動、調整，我還發現即使到了現在，自己依舊處於這種狀態，也就是上個月才剛設好怎樣的目標，這個月就又前後更動了一些，作不得準。沒錯，那些可能花上五年，甚至更久才能完成的目標就在我的內心深處，但我覺得，目前實在是分身乏術、無法一一達成，同時得要不斷操心是否重新調整目標，也教我力不從心。所以，我反而樂於給自己設定一年左右的目標就好，這不至於讓人喘不過氣，似乎也很適合現在的我。截至目前為止，我已經固定上起器械皮拉提斯的課程整整兩年了，而且有關這點，我會一直叨念不休的。**新年新希望萬歲！**

但我也有朋友**發現**自己適合五年計畫法，於是我向他們請益，問起這如何、為何會比短期的計畫更好，他們則一致公認這賦予了他們更明確的方向感，加上有時狀況若不太

⑤ 美國夏威夷歌手。其原為衝浪好手，曾在一次衝浪時發生意外，而於之後三個月的休養期間內抱著吉他自彈自唱、開始創作音樂，方獲知名唱片公司發掘，踏上創作歌手之路。

你以往訂定的目標是否成功？

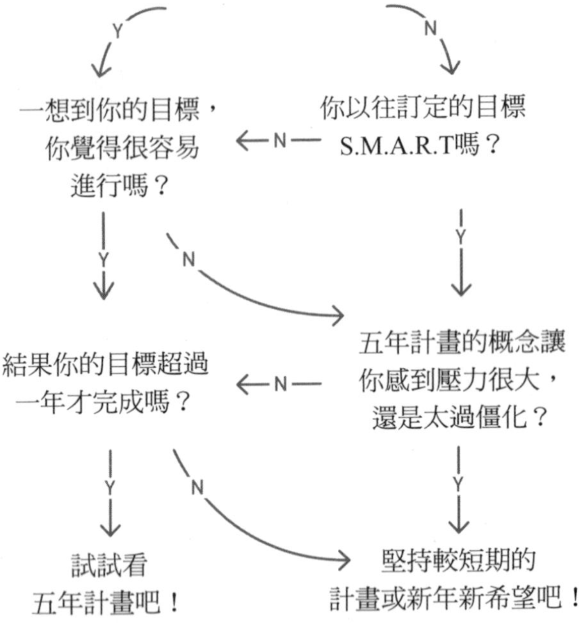
Y
N
一想到你的目標，你覺得很容易進行嗎？
N
你以往訂定的目標S.M.A.R.T嗎？
Y
N
Y
結果你的目標超過一年才完成嗎？
N
五年計畫的概念讓你感到壓力很大，還是太過僵化？
Y
N
Y
試試看五年計畫吧！
堅持較短期的計畫或新年新希望吧！

對，握有完備的長期計畫會讓他們感到人生都在掌握之中、毋須操心。有些人會藉由五年計畫充實原先的工作目標，有些人則會著重在這五年之間想要做些什麼、積極經營各個面向，好讓人生可以變成五年後所期待的那樣。再者，我的友人也都同意這麼一來，就能替每一年冠上不同的標題，如第一年也許是儲蓄年，隔年是旅遊年，第三年則是升遷年。這意味著他們可以讓每年的目標依循當年的標題前進，因而更有機會一一達成。所以，你的五年計畫滴漏（trickle down）出年度目標，而年度目標又能細分成小小的新年新希望，**諸如此類**。這聽起來很吸引人吧？想不想看看這適不適合你？

至於他們是如何拼湊出個人的長期目標，其中的過程聽起來不會太過複雜，以致讓我想要按下某種「從椅子直接彈射到月球」的神奇按鍵，以求立竿見影；其實，這些目標**（幾乎）**就跟規劃新年新希望一樣簡單，關鍵在於想一想最終目標，再回頭從那做起就行了——噗，這不是廢話嘛。工作和生活方式的目標多半都很繁重，照顧身心健康之類的又常常都很籠統，但每個五年目標都能細分成幾個較小而且剛好符合S.M.A.R.T法則的目標。我已經根據朋友的方法記下筆記，並研發出一種「易於遵守且完全不會讓你犯睏」的四步計畫，好幫你打造出專屬的五年計畫。**我知道，這計畫念起來是有點拗口**。

一、思考一下三個W。闔上雙眼，放鬆地坐著，並想像一下你想要人生在五年內變成什麼模樣。

你是**誰**（Who）**？**沒錯，除非現代醫學即將在某個時候帶來飛快的進展，否則你還是那個你，只不過隨著時間流逝，我們都會經過改變、改造，因此，請思考一下你的生活方式、日常習慣及個人發展吧——你知道有些東西我們是會翻白眼、完全不當一回事，但又非常重要嗎？對，就是你想的那些。

你在**哪**（Where）？也許你想像著自己同樣住在這四面牆裡，還是說，你想要搬家呢？或許未來的新家就在巷尾，又或許是在國外？

你在做**什麼**（What）？基本上，在理想狀況下，除了擔任冰淇淋試吃員——這是我打從三歲以來就夢寐以求的工作——你還想把一週內的四十幾個小時用在哪裡呢？

二、**將其轉為目標**。在你心裡一旦有了這三個W，無論是在職涯、財務、個人或其他方面，最終目標應該都變得很明顯了。你應該不用過於深究即可發現，但你若宛如手拿泥鏟、挖個不停還深陷其中，那麼，你或許該問問它們到底是為何給埋得這麼深了。有關「你在哪」的那一題，你的答案也許是你想像著五年內會在美國紐約市天天通勤，所以你的目標之一，就是想在紐約生活、謀職。**搭啦！**釐清問題的答案，抹去灰塵，目標便如同未經雕琢的璞玉呈現在你的眼前嘍。我的朋友都不約而同地指出我們能夠專心致力於某件事上最長五年，因此，為了在你的大腦硬碟保留一些貯存空間，請好好堅持五年或是更短的時間吧。

三、年度標題。在紐約市生活的目標看似遙不可及，但你若把這項計畫細分成五個年度，似乎就能辦到，而這也正是五年計畫的巧妙之處。它幾乎讓每件事都變得可行，十分值得我們瞭解如何妥善運用。謹提供以下範例供參考：

第一年：調整預算，增加儲蓄，並多方承接額外的收入來源。

第二年：持續增加存款：上網販售舊衣、收拾閣樓的物品辦起後車廂露天二手市集[⑥]（car boot sale）、最後一旦離境便設法變賣家具等。旨在提高儲蓄，至少達到上一年的兩倍。

第三年：研究如何謀職，檢視有哪些負責搬家的物流公司、文書作業及工作簽證。

第四年：就定位：找到住宿地點，並參加工作或實習的面試。訂購機票，且備好搬家所需的預算，這樣你一旦抵達，便不致搞得負債累累。

第五年：動起來！揹著行囊前往紐約，搬入新家，展開新工作並生活在夢想中

⑥ 英國獨有的特殊市集文化，車主可以藉由開著自己的車，在後車廂販售家中的二手物品或個人收藏品。市集的舉辦時間多為週末清晨，販售的物品包羅萬象，包括過季的二手衣物、古董首飾、銀器餐具、居家飾品及大型家具等應有盡有。

的《慾望城市》（*Sex and the City*，SATC）吧。這整件事可能用不到五年，也可能比五年更久，但這個架構不僅富有彈性，還給了我們時間去完成一些阿里不達的事，所以不用擔心，一旦計畫完成，找個曼哈頓人慶祝一下吧（兩個也行！）。

四、專注在眼前這年。好，想像一下我們在這裡的設定。比方說你要在五年內達成三個大目標，並進一步細分出五個每年都要達成的小目標，突然間，眼前便出現了十五個目標。**現在，別緊張，先深呼吸。**我的朋友曾經向我強調某件事的重要性，那就是不論何時，都請專注於你當年度的目標就好。別試圖跳過，而要致力於完成你已經設定自己此時所該專注的事，這麼一來，無論你正努力朝什麼邁進，都會覺得行得通、辦得到，而不會心灰意冷、感到氣餒。短期目標或新年新希望也是一樣，請檢視如何將其細分成每天、每週及每月固定會做的習慣，並在行事曆中加入重點標題或進度查詢，可能的話亦可排入行程。**五年「咻——」一下就過去了。**

沒錯，生活很喜歡四處拋出奇形怪狀、可能讓我們丟失目標的阻礙，有時是惱人卻微不足道的小坑洞，有時則可能是完全扭轉目標方向、從而改變我們一生的路障。英文中的俗諺總愛以「馬」借喻人們滿腔的熱血和理想，因此，當我們從那個馬背重重摔下，要怎麼撣清灰塵、整裝上馬，然後重新出發呢？

人生並不總是那麼美好，所以設法因應其中的挫折吧……

你有過遭人生摑了個巴掌，導致一整個眼冒金星，差點兒給絆倒在路邊嗎？**呃，那真的很慘**。我這就向你獻上滿滿的關懷和一些實用的建議吧。

- 哭吧，再多哭點。當著大庭廣眾哭。上班時在洗手間哭。通勤回家時戴著墨鏡哭。邊看電視邊哭。因為錯過了一開始的《英國家庭烘焙大賽》而哭。我可是「哭」的忠實擁護者，尤其是哭到像美國女星金・卡戴珊（Kim Kardashian）那樣「醜到不行[7]」。哭具備療效、有益健康，而且忍住不哭以致咽喉深處有如灼燒那樣，感覺起來是真的很糟。釋放・你的・眼淚吧。
- 你若覺得有所幫助，便大聲說出你的挫折吧。請求協助，別感到不好意思。打電話給你最好的朋友，對著話筒朝她嘰哩咕嚕說個不停。邀朋友一同外帶食物，並向他

⑦ 名媛家庭真人秀節目《與卡戴珊一家同行》（*Keeping Up with the Kardashians*）的成員之一，有「豐臀金」之稱，曾以一張「崩潰哭臉」轟動網路，成為推特火紅的哏圖之一。

們透露你的近況。向你的爸媽、手足還有甚是睿智的祖父母徵詢建議。別怕給他人帶來困擾，換作是他人徵詢你的意見，你也會知無不言、言無不盡。

- 此時你覺得怎樣合適，就朝那方向進行吧。你剛剛被甩，想要立馬登記加入 Tinder 嗎？我很樂於針對你選好放在個人檔案上的照片給點意見。工作上碰到鳥事，然後一想到今晚還要固定上健身房，就覺得難以忍受嗎？下週再去也沒關係嘛。被迫處理生活的偶發事件，然後只想獨自靜一靜嗎？完全別擔心，取消你日記中所有的社交活動，然後不要覺得這麼做很自私。傾聽自我，想幹嘛就幹嘛吧。
- 你覺得花點時間遠離日常事務可能會讓你好轉，且幫助你更清楚目前的狀況嗎？在週末偕同朋友來場都市漫遊吧，或請幾天假拜訪好友，再一起窩在沙發上聊聊天。我**超愛**有人來訪、待在我的沙發，然後彷彿自己正經營一家五星級的 B&B 那樣，殷勤地款待對方——但願你的夥伴也有同感。晚上則可去爸媽家坐一坐。變換一下周遭的景致吧，即便時間很短，也能帶來奇效。
- 還哭得不夠？去吧。在冷藏的三明治保鮮袋裡放些沾濕的化妝棉，然後晚點再謝謝我帶來消腫的奇蹟。
- 你會注意到這些狀況都是立即的、馬上的，因為你真正要做的，就只是捱過那一天。別擔心明天或下週，只要專注在眼前的二十四小時就行了。喜歡一邊哭一邊開車旅行嗎？**很讚**。想要幹勁十足地著手大型專案，好讓自己轉換一下心境嗎？**這也很棒**。不想離開你舒服的床，只想依舊穿著睡衣看九〇年代經典的愛情電影嗎？**我要一起啦**。

你一旦哭完，覺得舒坦一點，同時正要觀看第二十四遍的《對面惡女看過來》（*10 Things I Hate About You*），你可能就準備好重新處理自己的目標了。也許那個挫折促使你更動了一些目標，或是很多的目標；還是說，你想要徹底從頭來過，這也真的很酷。你若一想到最後成果，內心卻已不再燃起熊熊的烈火，那麼，請捨棄它；承認自己已經不再熱中某事算不上是什麼重大的挫敗，咱們就別對自己這麼苛刻了吧。有時，我們須得收手、跳脫某些思維；有時，我們須得默默走開；有時，我們改變，球柱也會跟著挪動。未來總會有新的目標，為你增添柴火，令你重拾動力，而你可能只要換個角度看待，或是調整方法就行了，遭逢挫折未必就會妨礙你得分喔。

我很清楚這部分可以只用十六個字就說完——**寫下一些目標，而且這次真正恪守目標**。但我們實在太拙於這點，所以我想，我得要深入剖析、詳細說明才行。其實我們之所以表現得很糟，是因為立定了不切實際、教人提不起勁，同時覺得那是「應該」去做才設定好的目標，以致最終釀成悲劇，讓我們感覺很鳥、消極不振，因為我們覺得自己老在失敗，幾乎從來不曾堅持到底、直到最後。

但這一切都將戛然而止，對吧？現在，你知道要運用哪些原則，好讓這些目標變得可行。對此，你將會更 S.M.A.R.T. 一點。**你喜歡我之前那樣做吧？**你清楚如何安排未來的計畫，還有自己所能嘗試的各種時間架構。或許到了十二月，你仍會許下新年新希望，又或者，你會想要嘗試較長期的五年計畫呢。你也可能只是暫時迷上鍛鍊「設定目標」的肌肉，而想讓接下來這個月有個目標就好。正因換上某項比較合適的目標，感覺起來會不會就和在耶誕節後穿上牛仔褲一樣痛苦，就數你最清楚了，所以別害怕更改最終目標，或是你為了達成目標而計畫踏上的旅程。

但願一談到目標的重要性，我們大家都是有志一同。你可能覺得目標已經規劃妥當，但只要抽出一丁點的時間去研讀本章，真有助於你暫時把亂七八糟的鳥事都攤在眼前，繼而找出自己想要如何釐清頭緒。瞭解這點不僅有助於總結我迄今已和大家討論過的一切，同時，我們若要進入下個部分，這也會變得非常重要。沒錯，你正在學習編輯自己的生活，如今「工作」也該比照辦理……

編輯後的生活確認清單

- ☐ 整理行事曆，並找出哪種方式最適合你和你的生活。加入所有重要的日期、會議及截止期限。
- ☐ 開始規劃預算。為了擁有半年內穩健的預算結構，請先從追蹤所有的收入及開支著手。
- ☐ 開始善待自己！你知道的，一如你若有好友剛剛被甩，你會怎麼對他那樣。需要休息就休息，充分滋養自己，而且天天運動。規劃這週的晚餐，並儘早上床睡覺。
- ☐ 進行數位排毒。待排毒過後，可別試著把手機扔進海裡啊（你會想這麼做的機率很大）。定期執行數位排毒吧。
- ☐ 下次若出現你真的、真的很想說「不」的場合，就勇敢說「不」吧。這不僅讓你感到解脫，更是你從行程中找到快樂和平靜的關鍵。
- ☐ 杜絕噪音十五分鐘，然後好好思考你想替自己設定什麼目標。把目標釘起來，日日觀看，並藉此激勵自己身體力行。

PART2

工作

Work

透過實施本章的技巧，你將會瞭解一項縝密、務實的計畫如何能讓我們把必須完成的事項從大腦中移至書面或 APP，好為我們創造出更多空間專注在完成工作。

如今，是該解決多數人一週會花上四十幾個小時去處理的部分了——**工作**。事業經常頂著莫須有的罪名。當今社會中，人們描述我們這個世代不但沉溺於工作，更基於個人的角色壓力在工作上奉獻太多，而常被逼到近乎過勞的地步。我並不是要提倡工作應該毫無壓力——壓力多少都有——而是我真心覺得，我們可以在工作中輕鬆地結合許多方法，好帶給自己一些喘息的空間。

給辦公桌來場大掃除吧，因為一如我的個人口號「穿著牛仔褲成不了大事」，「當你連桌面都看不到」，你也是「成不了大事」的。

咱們再來看看可以如何有效地安排時間，好舒緩一些壓力，並藉著設定好一些基本規則、在收件匣裡加入自動化的功能，而學習如何成為一名電郵高手。

「拖延」是能被輕易擊敗的惡魔，所以，讓我們徹底將其殲滅，使自己變得積極進取，前所未見。

是該著手面對亂七八糟的鳥事嘍，這過程不會老是讓你累到真他媽的快要升天，而會讓你對自己的工作產出感到滿意、滿足。

規劃工作場所

透過精簡桌邊的雜物，營造出不受干擾的空間，「時間規劃」還有「在工作地點順利完成任務」都會變得容易得多。我保證。

你聽過「房子收乾淨，心靈就乾淨」（tidy house, tidy mind）這句話吧。辦公桌也是同理。一個乾淨整齊的工作場所等同於映入眼簾的凌亂和干擾也跟著較少，因而能讓大腦騰出更多的空間專注在工作上。這個概念是沒啥了不起的，但隨著書面文件逐漸堆積如山、覆滿桌面甚至延伸到了世界的另一頭，它偶爾就會遭人遺忘。有些工作需要實體卻又難以即時更新的書面文檔，有些則可能較著重數位化，雖不至於生成紙堆，卻也讓檔案夾塞滿了密密麻麻的文件，有如 Pret A Manger 現賣的濃稠燕麥粥。有些人的職位可能沒有指定的辦公桌，有些人則可能坐擁獨立的辦公室（我來去給你檢查一下！）；你呢，可能擁有個人的小隔間，或是用起共享辦公桌①（hot desk），還是說，你也許組成了「在家工作，然後工作日只會見到郵差」的代表團（正是在下我！）。

無論你的職務內容為何，你的工作場所都很可能固定呈現某種類型；而為了讓你在進行日常工作和週間瑣事時養成一些良好的基本習慣，「著手整理工作場所」會是個好主意，因為這麼一來，辦公桌所呈現的格局不但對你和你的角色來說最是實用，亦把干擾降到最低，你也就能避免在午後三點掉進 YouTube 那個奇妙複雜的兔子洞，一發不可收拾。若想要擁有編輯之後井然有序的工作生活，這可說是關鍵所在。

我做過的工作五花八門，上班地點更是遍及各處。起初，我任職於零售業（沒有辦公桌，只有一個置物櫃讓我藏起早上十點左右要吃的餅乾），後來轉去酒吧上班（除了可把包包扔在洗碗機旁，沒有所謂的「個人」空間），最後則陸續當起上班族、擔任公關工作，這時才終於擁有專屬的辦公桌，感覺像是訓練有素的成人。上班族該做的我都做過：擺放盆栽啦小相框啦書籍啦，還有在椅背上放件外套啦都是——我其實已經搬進了辦公室，只差沒有美式情境喜劇裡那種離職時拿來裝個人物品的紙箱。到後來我真的辭掉了最後那份公關工作、當起全職部落客，並從坐擁一張大到足以辦四人晚餐派對的辦公桌，落魄到擠在一張搖來晃去、**就只**擺得下筆電且放在廚房垃圾桶旁的ＩＫＥＡ筆電桌。這確實是種調整，所幸我還搭配了相當舒適的座椅、週週更換鮮花的花瓶，更把桌邊的用品精簡到只剩必需品，結果我居然在那廚房一隅完成了一些我最是滿意的工作。

最近我則升級成居家辦公室了。**整間都是**！我還不太能適應。我有一張供成人使用的辦公桌和印表機！一張若想要一邊躺著一邊寫貼文即可派用上場的沙發！一個可以藏匿我對便利貼默默成癮的抽屜！如今，我在工作場所上的格局遠更寬敞、實用，但不瞞你說，我的工作產出居然和之前相差無幾，而這正是本段的寓意所在。你的工作地點多大、多小並不重要，和你所坐的椅子多貴、多時髦，或你哪天打算結合晚餐派對／耶誕聚會而辦起風格奇特的社交活動時，辦公桌旁可容納多少人也毫無關係，重點是，你的工作地點要乾淨、整潔、易於掌握、功能齊備卻又舒適宜人（尤其是你得長時間坐在那裡），更要營造得出你感到最有產值的那種環境。當你生活中的辦公桌不但擺不下筆電，普遍還讓你心生不快（特別是前晚的菜單有魚），請先確保它井然有序，然後替自己物色一個真正賞心悅目、好讓整體變得更舒適一點的盆栽，再開始使用吧。無論是在小隔間還是咖啡廳，你所需要的是個舒適、安靜且不受干擾的場所。你的工作地點比你想要的更狹窄、更混亂嗎？那麼，可透過以下方法為辦公桌排毒：

---

① 未分配給特定員工，而任何級別、部門皆可自由使用的共用辦公桌（站），多可節省辦公空間，並促進員工走動交流、激發創意。

■如何固定花一小時為辦公桌大掃除

一、**清理辦公桌**。當我們進入本書的下個階段中「丟掉所有鳥東西」的那章，你便會注意到我很愛一動手整理就把東西堆成超大一疊。先取出東西，扔成一堆，再著手整理吧。一看到桌上的物品全都集中在同個地方，你的反應可能先是感到沮喪、失望，接著便是動手把桌面清理得一乾二淨，而這正代表你只要在辦公桌前，其實就能大掃除了。你若沒辦公桌，可能只有個置物櫃或把工作相關的宣傳單都給塞在裡面的筆電包，以上方法也同樣適用喔。

二、**積聚成堆**。藉著分類成堆，整理好辦公雜物。

文書資料。將文書資料分置三堆：第一堆是準備回收的垃圾；第二堆是基於某種原因得要保留卻又無法數位存檔的文書資料（也許是需要親簽的合約，或是必須手動儲存的客戶檔案）；第三堆則是最適合掃描、以PDF格式存入筆電的相關文書（基本上就是所剩的一切）。

（你看了也不怎麼喜歡的）**裝飾物品**！有會讓角落看上去很亂，而你就算看到也開心不起來的小擺設嗎？馬上扔掉，解決這一堆吧。

實際用品。把這堆保留給你覺得經常使用、至少一週用到一次的物品，以致你合理地將其放在手邊，隨手可得。

非實際用品。蒐集可以捐贈或讓同事接手的物品（像是不再需要的讀物或是從沒用過的辦公用品）。你桌上的東西越少，你的目光就越不可能偏離手上的任務，游移至其他分心的事物上。

三、重整格局。準備迎來規則了？以下正好有條**小小的規則**，不但容易遵守、不致讓我聽起來像個十足的暴君，也有助於才剛整理乾淨的辦公桌保持井井有條。倘若那是一件你每天進行某項工作都會用上的物事，便可把它放在附近——不論是收起來，還是整齊地排在桌上都行；倘若那件東西你不是每天、週一至週五都會用到，便找個地方放好吧。約莫花個一週測試一下。之後你應該不用挪動屁股、離開座位就能找出大部分你所需要的東西位在何處。你若得站起身子、疲憊地走到房間的另一邊才能拿回某樣東西，便請重新調整、規劃你的辦公桌，直到你之所以站起身來，只是為了要在十點左右拿起可頌來吃，而不是因為你需要一支原子筆。

四、儲存收納。我一般並不喜歡在搞清楚收納櫃放進了哪些東西之前，就去裡面東翻西找，因為人們往往都會為了儲存，而往裡頭塞滿一堆廢物，不過，你目前已經完成基本工作了。你可能會經由最後那堆常用的物事，發現你其實需要一些額外的收納用品。也許對於保存那些你需要維持整齊且容易找到的檔案來說，在桌旁擺上一組抽屜會很實用；還是說，你或許可以拿個小筆筒收納原子筆和迴紋針？鉛筆盒！風琴夾！紙匣！你掌握到這裡的重點嘍。這些辦公用品或許是很老套，但為了讓辦公桌保持整潔，它們的確非常方便，此外，備有這些小幫手並給予所有物品一處妥適的收納空間，也會降低「紙張斜塔」重現的機率。從文具櫃裡能拿什麼就拿什麼，再針對不足的用品擬定購物清單，好在午休逛起 Paperchase 時派上用場。

我的辦公桌必需品

・子彈筆記本

我將會在下一章闡述所有的細節，你也會從而得知這其實不是**傳統的**子彈筆記本，我只不過是利用一些其中的技巧來幫助我規劃、排定行程而已。實際上，我的確買了本精裝的子彈筆記本（說真的，點陣方眼的筆記本將會改變你的人生），而且隨身攜帶，因為其中記載了我完整的編輯計畫和日常的待辦清單。

■ 文具

即便我是個實實在在的文具控，但我手上的文具不多，因為我知道封面可愛的筆記本正是我的弱點，我經常越囤越多，所以我打從一開始就不曾費勁去找。我只在桌上擺放一支藍色原子筆、一支剪刀、一把尺（便於規劃子彈筆記本）、一沓便利貼，以及黃色和粉紅色的螢光筆各一支，好用以辨識筆記本裡的不同內容，僅此而已。懂了嗎？精簡文具？**確認一下吧**。

・讀物

我目前閱讀的內容大多來自網路，所以不會在桌上擺放太多的實體讀物，只不過，桌面還是經常會有「去吧，女孩，你辦得到」那種我正打算努力看完，以致喜歡一直把它擺在外頭的自助書籍。我每讀起這些書，都喜歡在我認為將來某個時候會派上用場的頁面貼上便利貼。也許它們並不符合「得要天天用到」的規則，但我的確每週至少翻閱一次，以參考某項要點，或是針對我手頭上的事擷取一些建議。我曾試著把這件事情合理化，但我得承認，這麼做多少幫我把辦公桌裝點一新，而這才是真正的原因。嘿，一小堆書無傷大雅吧。

・書面資料

為了有效工作，我把一切都存在網路，或是那裡***指向天空，但絲毫不知那裡到底怎麼運作***。我得親簽的合約或填寫的表格也許不多，所以我都把它們擺在桌面的正中央，才比較可能促使自己盡快完成。只不過，我桌上的書面資料往往都是一大疊「抱歉，您不在家」的郵件親領通知單，令人困擾。

‧美妝用品

我知道，身為一名美妝起家的部落客，大家可能會認為我有一整個抽屜塞滿了潤色相關的化妝品。但咱們面對現實吧，我在家工作，只和郵差互動，同時為了和既非郵差也非老公的人碰面，一週大概僅僅化妝三次吧。所以，我唯一擺在桌上的美妝用品只有護唇膏，因為那才是我一整天下來真正需要取得的東西。我若實際在辦公室上班，我想，我會用遮瑕膏、眉刷、面部保濕噴霧（因為空調實在是**真他×的煩**）和唇膏加強一下，好讓自己順利工作一整天。

‧家具

我知道我們此時談論的是辦公桌必需品，但除了辦公桌，我的居家辦公地點還包含一些其他的基本配備。我有一台盡可能藏在桌子底下的印表機（試圖讓印表機時髦一點——別白費心思了！）、一套附有襯墊的旋轉辦公椅（旋轉椅之所以必備，主要是因為好玩），外加一盞檯燈。冬天那幾個月下午三點一到天就黑了，手上備有檯燈極是方便，此外，辦公室若被拿來充當客房，這亦可作為舒適的情緒照明。

在家工作？

鑑於不用通勤上班的人數正在增加，工作安排也愈趨彈性，我覺得，我會給予全職或是偶爾在家工作的人多些認同與肯定。我曾任職於新創公司兩年多，過去我實在無法相信可以在工作時穿著浴袍跳起狐步舞，況且，又有誰會在乎我在早上七點打開筆電，然後過了十二個小時才關機呢。**我沒穿條像樣的褲子就能上工欸！**在家工作並當起個體經營戶真的很妙，它就像鬆緊帶，可彈性調整，只不過少了耶誕派對或是職場上的社交活動；它更像過起一種人人覺得你二十四小時都有空，然後只要放假就想跟你碰面的生活。

這麼說吧，我曾經有段時間很迷傑瑞米・凱爾（Jeremy Kyle）的脫口秀，不但節目看個沒完、餅乾吃個不停，還得用力回想「上次出門究竟是什麼時候？」，結果整個人變得腦霧、臃腫，邋遢到非得好好洗個澡不可。這一點都不好玩，也不特別振奮人心。無論在哪裡工作，我們全都會面臨肚子大到彷彿吞下了整個哈密瓜、就是想看《今晨訪談》（*This Morning*）裡的荷莉和菲力普（Holly and Phil）都在探討些什麼稀奇古怪的主題[②]，然後不去理會待辦事項逐步增加的日子——只不過這些狀況越少，才對我們越好。我已在家工作約莫七年之久，以下是我的三大黃金法則：

---

② 由荷莉・威路比（Holly Willoughby）及菲力普・史考費爾德（Phillip Schofield）共同主持的英國談話性節目，於每個工作日的上午十點至下午十二點半進行現場直播，內容豐富多元，涵蓋時事、新聞、娛樂、時尚、美容、食品、科技等。

一、別**消想**在白天打開電視。離遙控器遠點兒。

二、利用在家時攝取適當的食物、補充營養，而不是吃了好幾包餅乾就了事。讓我告訴各位，這麼做是很吸引人，我自己就有不少嗑掉整包波旁巧克力夾心餅乾（Bourbon）當作午餐的經驗，但若要養成良好的習慣，便請確保一開始就不買餅乾，而只在櫥櫃裡塞滿大量富含營養的食物。我是個嘴巴停不下來的人，所以，請轉而確保我在早上十一點、下午兩點、下午三點和下午四點都有手工點心可吃就行了。我愛點心。

三、天天出門。**沒有藉口**。即便只在街區附近散步也好。這真會對身心帶來奇效，也有助於打通你感到堵塞了的創意動脈。

發揮作用

好了，不論在家工作或在辦公室工作，你仍然都在某處工作。沒錯，人人怎麼布置工作場所各有不同，但無論你在哪裡布置、布置成怎樣，有些原則將有助於你順利進入工作狀態。你還可以調整這些訣竅，好為你所用。

■安全至上

我知道，我聽上去像是正在做一場無聊的健康暨安全簡報，但坐得舒服可是關鍵。你知道那張人體筆直坐著，同時目光與電腦螢幕平行的示意圖嗎？這樣就對了，你的脊椎將來會感謝你的。因此，無論你在做什麼、坐在哪裡，只要確保舒適，不會抽筋，且有個像樣的護腰予以撐托就行了；此外，也請設好螢幕亮度，最好別超過百分之七十五。

在家：你若做不到每半小時，至少確保每小時離開筆電一下，休息五分鐘。我喜歡在「需要筆電的工作」和「不需筆電的工作」之間切換，唯恐自己一整天下來，除了螢幕啥都沒看就要睡了。

在辦公室：大家都很擅長定期開會。**你們得要見到其他人欸！**請利用這段時間抽離螢幕，而且可能的話，拿起紙筆做筆記，好藉機避開螢幕上刺眼的光。

■明智善用午休

我任職於零售業時，午休是很寶貴的，因為，第一，那是休息時間；第二，那意味著我能從購物中心外的廂型車買片披薩來吃。如今，我們因為待辦事項增加、時間不足，往往都會快速省略午休。好了，我並不是建議大家要在午休煮出三菜一湯，而是要強調午休值得細細品嘗，它既然有個「休」字、代表「休息」，大家就別把這段時間浪費在辦公桌前。

在家：不論你在哪裡工作，走開一下，即便只是離開辦公椅、坐在客廳的扶手椅也好，變換環境有助於區隔時間。同時，也請自制，別去吃些劣質且讓你半小時就餓了的東西。你問起我前晚的剩菜？讚喔。

在辦公室：同理，離開辦公桌，並善用你可使用的職員休息區。進食時，克制不去查看公務電郵，但你若真在大快朵頤時拿起手機滑上滑下，便請把握時間向親友更新近況，而別用在商務對話。自備午餐經濟實惠，但你若時間充裕，即使不用買點吃的，也可外出走動十分鐘，讓骨頭攝取些維生素D，並讓肺部呼吸新鮮空氣。

■別和身體過不去

你在工作時，除了遞送辭呈，最讓你心跳加速的事情之一，就是請病假了吧，而且這還常常無法如願。但別和身體過不去。頂著感冒或不適完成待辦事項意味著你並沒有賦予身體所需的休息，同時，你處理手上的工作也遠達不到你一般的水準。

在家：你若是個體經營戶，因生病休假一天常會令你左右為難，不過，明白且說服自己接受「你不論需要多久才能康復都要毅然決然『下線』」是很重要的。我們都會生病，而且病了就得休息，所以，把筆電放到一邊，善待自己，並做你的身體正要你去做的事吧——關機。

在辦公室：沒人會喜歡朝九晚五坐在一堆病毒旁邊，所以，**盡快**讓你的上司知道你人不舒服，然後不是出於病得不輕而得請假休息，就是出於自己決定仍得工作，但因每十分鐘就打一次噴嚏、不想傳染給同事而與公司協商居家辦公。同事們會感謝你的。

■同事群

同事有點像是買樂透彩，你不是遇到「你和他都辭職十年了依然交好」的那種，就是「話不投機半句多」的那種，但不論如何，你們仍是同事，而且相信我，你若在家上班，最後甚至還會想念那些自己過去往往刻意錯開用餐時段以免碰上的人。所以，尊重同事，與其建立人際關係，而且整天下來，他們是你生活中唯一**確切**明白你在工作上經歷了什麼的人。你們可是在同一條船上呢！所以，請致力於適應新的環境，然後融入這個團隊吧。

在家：除非你把客戶和會計師都算進來，否則自由工作者的同事實在很少。不過，你很可能會在當地碰上類似的同行——所以，主動建立關係吧！查看當地團體的臉書，或是使用 Bumble Bizz 之類的 APP 相互交流、彼此連結。建立起大家都能互相支援、提供建議並舉辦耶誕派對的同事群，這麼一來，到了過節前夕，史上最慘的宿醉鐵定少不了你。

在辦公室：團隊工作中有很大一部分在於「意見回饋」，所以，當你給出回饋，請有理有據、保持平靜，而當你接獲回饋，也請勿失態、莊重自持，並在必要時運用回饋，以調整相關做法。一如和朋友相處，當工作夥伴幫了你的忙，請向他們表達謝意；人人都愛收到作為午餐的蛋糕，或是致謝的小卡。

■一天結束時

不論你工作場所的格局為何，一天的結束就得是一天的結束。如今，在我們一整天工作下來，業務不但會稀稀落落地出現，還會經常發現自己一醒來就在查看收件匣，到了睡前也還在回覆收件匣裡最後的那幾封信。**我們得要停下來啊！**一下班就跳脫自己的角色對大家有益，人人都該身體力行才是。

在家：可以的話，請固定在某間房裡工作，因為這讓你得以選擇在一天結束時就把門給關上。若辦不到，退一步在家裡擁有一處專心工作的地點也行；任何一個你能擺入辦公桌的角落，還是說，你能把廚房餐桌的一角轉變成一處舒適的工作場所都好。一天結束時就收拾乾淨，以防你還想**再回一封電郵**就好。倘若以上這兩個點子都不怎麼吸引人，那麼，你只要踏出家門，把自己安置在當地的咖啡廳、圖書館，或是加入共同的工作空間、可在裡面經常使用共享辦公桌，抑或付費租用專屬辦公桌，就能在一天結束時隔絕所有的待辦事項，而且這麼一來，成本都要比承租個人辦公室來得低廉。

在辦公室：傳統上，你是要在辦公桌前完成工作，然後在一天結束、可以離開時才打卡下班。但現在未必如此：如今，我看過我的朋友都是怎麼把工作帶回家、繼續加班的。你若要在特定日期前完成工作，或正忙得不可開交以致你認為花上一個週末馬不停蹄地工作將會舒緩壓力，這些我都懂；只不過，藉由週末時不帶公務筆電回家、下班後就把公務手機關機（可能的話），並在每每外出時善用「我・不・在」這三字（且切實遵守），試著別讓加班變得常態化。

所以，真正的規劃已經**開始**！我們稍後就會進入到這個精采的部分，因此，放好垃圾桶待命吧——但願為辦公桌排毒且清理掉不必要的雜物和文件能夠讓你有心情迎接後來的事。先從小處開始，再一步步慢慢來是好的。而且，先在這部分花點時間，之後你馬上就會察覺工作時有所不同，因為眼前分心的事物變少，你也準備更有效處理龐大的工作量了。你再也不必暫停十五分鐘才能找出遺落的文件在哪裡。我知道，把書面資料轉成ＰＤＦ檔聽起來絕對像是小題大作，而且，沒錯，這可能會占用你整個下午的行程，但花上幾小時致力於簡化處理的流程，這僅僅是在幫你自己的忙；我告訴你，未來你可是會萬般感謝自己此時的奔忙。

你感到井然有序，對嗎？你「看得見」的雜亂已經清理完畢，所以，如今是該對「工作日」和「計畫技巧」採取同樣的步驟了。你將會學習如何清除障礙、騰出空間，才能恪守期限，而不致為了完成工作，須得消失整整兩天、埋頭苦幹才行。同時，我們也在處理某項龐大的工作——電郵。你的辦公桌看上去儼然是處女座夢寐以求的樣子嘍，很快地，你的收件匣也會跟進……

如何計畫工作日

是該著重在時間管理和工作編排了，所以，你對工作日的計畫不僅務實、毫無壓力，同時，編輯後的工作日也最適合自己，並符合你的個人角色以及活力程度。

若要我明確指出自己特別擅長質感生活編輯術的哪些部分，我會說，時間規劃算是其中之一吧。沒錯，我是會編列預算啊準備餐點啊，而且，誰不喜歡在週日午後練習寵愛自己一下呢——只不過，計畫一整週咧？我說啊，這要是列入奧運的比賽項目，那就即刻用船把我送去訓練營、準備參賽吧，我可是透過計畫把一切安排得井井有條呢。這些年來，我一直都在精進相關技能，把一天分成多個時段，且按各個時段順利完成工作，但當我仔細檢視，竟也發現自己執行起來游刃有餘，不致像隻散步散得**有點兒**久的老狗那樣氣喘吁吁、甚是吃力。你已把行事曆整理得井井有條，也已確立目標，更努力地想在「寵愛自己」和「社交生活」之間取得平衡，所以，現在就讓咱們著手把這些充分融入工作，並編排好工作日的時間吧。

在此，你有兩大技巧需要磨練。首先，排入工作。或許你的工作多寡和一天怎麼安排都是由自己決定，你也明確知道你的角色得做什麼、何時要做，因而沒有太多挪動的空間。很棒。本章接下來可能會有些部分對你不太適用，但有些部分也許能夠調整一下，以符合你對住家及生活上的規劃。不過，即便你已經設定好最終目標和工作範疇，有些人也可能發現，事情若想順利完成，其實還是操之在己。期限是有了，但要達成目標的計畫卻略顯鬆散，所以，我打算和你分享的方法正要在此發揮作用。

你一旦專注在安排行程，如何恪守時程便成了重點。你有多常到了一週的尾聲卻感到自己一事無成？或者覺得做得不夠？好了，一份切合實際的計畫可以有所幫助，並在我們逐項完成工作時，作為「哈囉，看看你做了什麼！」的書面提醒。一份執行起來近乎完美的縝密計畫大概就像某人在你開會遲到時說他也遲到了那樣，令人滿足，**暗中竊喜**。但你知道嗎？到了本章最後，你顯然將會成為一名守時**大師**。沒錯，就算你是「為了確保趕得及吃到甜點，而比好友告知的晚餐時間還要晚到一小時」的那種人，也是一樣。有效計畫時間將會抑止「等到要上甜點才來」**這檔事**，還會讓你生活起來更規律、更容易結合上一章的目標，好讓你先發制人，擊敗拖泥帶水的惡習——這是後話。

我在「計畫」方面並非向來都這麼成功。我是指，別弄錯了，我一直都在計畫著，沒有停過；我生於九〇年代，而且你知道嗎？我那本覆有絨毛又帶著扣鎖的筆記本裡可是塞爆了我生活規劃上的點點滴滴、我為那些壓根兒不想跟我有任何瓜葛的男孩所作的情詩，還有我房間的室內設計圖（當時我深受《交換空間[①]》〔*Changing Rooms*〕的影響——如我先前所言，我是個**九〇年代的孩子**）。但隨著我一路求學、畢業、出社會，乃至最終成了個體經營戶，我其實一直都「過度規劃」自己的行程。「過度規劃」一如「無法準備」一樣可怕，因為那基本上就像對自己進行微管理（micro-managing），樣樣都管、事事干涉。誰想要有個經理成天緊迫盯人，況且他還在你**自己的腦袋裡**呢？對，爛透了。我還會在記事本保留一頁作為每天的待辦清單，之後再寫滿整整一頁。與其選定規模較小的工作、集中起來待事後統整便是完成規模較大的目標，我反而是會鉅細靡遺，寫下每一分鐘的細節。有什麼工作只要花上五分鐘，又能輕易併入其他項目的嗎？好，那就貼上便條紙吧。我每天的待辦清單都很長，所以我怎麼也做不完實在不足為奇。我還真想不到，自己曾幾何時完成了排定要在一天之內去做的每一件事。一份約有二十五項工作的清單，我可以完成三分之二且因沒有撐到最後而感到徹底潰敗。我會熬夜、早起、把午休刪到只剩十分鐘，然後獨自品嘗消化不良的滋味。但無論我做什麼，就是不可能達成。

① 英國廣播公司早期於九〇年代推出的裝修真人實境秀，內容為兩個家庭交換居住，並在頂級設計師的協助下針對改造對方的房子，最後再換回，交由設計師評分。

我的清單不切實際、太過詳盡，最後還因為我從未徹底完成——甚至差得挺遠的——而讓我覺得毫無用處。

於是我學著編輯，心想要是濃縮一下這份清單，那會如何？我認為，你要完成的項目越少，你會完成的可能性就越大（**爆雷：**果真如此）。我若要上傳影片，與其拆解所有的步驟還依序排列，我僅僅寫下了「上傳影片且排定公布時程」。剎那間，八個待辦事項縮減成一個，即使要做的事情完全一樣，但清單看上去沒那麼嚇人、也較應付得來。有時，我們就是得迷惑一下自己的心智，而它們也確實常常落入這樣的陷阱。一夕之間，我手上的事看似少了——即使不然——就連計畫也沒那麼讓人喘不過氣了。接下來那幾天，我稍稍調整工作，斟酌一下用字，不知不覺便準備迎接一天的尾聲，而且從頭到尾舒

錄製影片 把影片存入編輯軟體 編輯影片 輸出影片 把影片上傳YouTube 填好敘述欄位及標題 建立影片並加上縮圖 排定何時公布影片並發表社群媒體貼文	} 上傳影片且排定公布時程

服自在地完成了每項工作。與其沒事瞎忙、因為芝麻蒜皮的小事停滯不前，我反而專注在非得完成且最重要的三項工作上——然後我辦到了。這很簡單。

因此，我花了一會兒才找出自己在時間管理和計畫方面的最佳擊球點——工作及社交生活上皆然——而你可能也和我一樣。別害怕徹底改變你正使用的方法，並勇於嘗試新的事物，這麼一來，你也許會發現，你透過自己的計畫而變得更有活力、更朝氣蓬勃了。反正又會有什麼損失呢？有那麼一、兩天產值低迷嗎？無論如何，這種狀況在所難免呀！旨在具備碧昂絲那樣百分之百的敬業精神一點都不切實際，所以，咱們轉而做到她的八成即可，最後，再保持「產值一向很高」的天數多於「啥都還沒開始」的天數就行了。可能你也和我擁有相同的經歷，長期都是個過度規劃而必須簡化工作的人，還是說，你或許認為強化待辦清單較能為你帶來動力。我喜歡嚴格管控時間（**很驚訝吧！**），還發現當我把工作排入特定的一天，並概略地計畫自己想要如何依序完成這些工作最是有效。然而，我有些朋友會計畫一週內完成工作就好，而不喜歡把工作固定在某幾天，也有些朋友是按小時在計畫的。**小時吔！**但我沒有批評之意，因為計畫是很私人的事、因人而異，而這也是我為何要提供一些選項，好讓大家能按自己適合的方式加以運用、編輯。

如何安排你的一天

■步驟一：瞭解活力程度

無論我們決定怎麼安排我們的一天，計畫時都必須把某項要素納入考量，那就是個人的活力程度。我不會跟大家談起什麼能量啦**脈輪氣場**②（chakras and auras）啦，我所要討論的，是我們得以專注且真正幹勁十足做事情的活力與能力。我們不會一直都火力全開——碧昂絲也一樣——每天、每週和每月都會面臨活力消長。比方說，我是個晨型人，所有最好的作品往往都是中午前完成的，而且我可以保證到了下午三點，就會自動陷入某種拖延黑洞，接著大概到了五點、我還能勉強完成一些工作並準備收拾一整天下來的事情時，有的沒的便開始多了起來。這就是我，我一向都是這樣工作的，所以，我現在要據此排定時程了。

到了下個工作週，請在你的記事本——或你覺得在數位行事曆上進行比較方便也行——追蹤以下幾點：

- 你在何時感到最有活力、最是興奮，可以處理亟需腦力的重要工作。
- 你在何時感到洋溢著創意、充滿了靈感。
- 你最可能在何時陷入「聲樂指導評論 Lady Gaga 之最佳演出」的無底洞。

- 你在何時想要取消與朋友的邀約／已經決定和臨時出現的每項計畫，因為沙發看起來實在是太舒服了。

你一旦有所發現，便利用這些時點，據以編排工作。所以對我來說，只要談到如何規劃我的一天，我都是遵循以下原則：

- **早上（七點至十二點）**

我在此時產值最高，因此會保留這段時間給最需腦力且重要優先的工作。

- **下午（一點至四點）**

為了保持專注力，我會嘗試做些最樂在其中且較具創意的工作。

- **一天的結束（四點至六點）**

為了善用最後那一丁點奔湧的活力，我會回覆電郵並完成行政事務。

瞭解自己，順從你的活力程度，同時明白自己一天中不同時候的精神狀況如何。可能

---

②脈輪（chakra），梵語意為輪子、轉動，指能量匯聚於身體的某些部位（即能源中心），循環轉動，成為體內能量出入的管道。古印度瑜伽認為人體有七大能源中心，貫穿身體前後，能夠接收和傳達感情、精神等方面的能量；氣場（aura）則指環繞在人體周邊的能量場，能顯示出一個人的整體身心靈狀態，包括健康、心理及心靈修為等，其也將隨著這三者與內外因素的互動，而不斷產生變化。

的話，請把這納入日常計畫。你若不是晨型人，就先讓自己慢慢習慣那些不用太過專注且容易達成的瑣碎工作，待稍晚再去處理內容較為複雜的工作。你若發現自己到了午休滿腦子都是新的點子，也感到恢復了精力，便可計畫回座後所能進行的創意活動。你平日和好友共進晚餐時，都已經累到得費力地睜開雙眼嗎？那就轉而把久未舉辦、與朋友更新近況的聚會暫且排在週末吧。也許你覺得自己週一時精神最好？還是說，你覺得自己週三時才思最是敏捷？也請把這些精力上的起伏納入考量。你和注意力、活力程度之間的對話，將有助於你打造出未來一天、一週或一個月的計畫，同時最有可能成功執行。

■步驟二：切合實際

工作日的計畫應要讓你感到平靜。我知道這聽起來太過美好，好到難以置信，況且有時計畫好的工作就是滿坑滿谷，教你怎麼也**平靜不了**，但你若能達到某種境界，阻絕大部分的日常計畫伴隨著「壓力」和「血壓飆升」，那麼，我們都會過得很好的。請把你的計畫想成一位朋友，正向你提出貼心、中肯的建議，而不是朝著你怒吼「你到底幹嘛這麼做?!」。即使後者在你即將做出糟到不行的決定時甚是管用，但學習當前者比較像帶給人一種友善、溫暖的擁抱，對吧？所以，當你擁有一份計畫，那應該多半讓你感到規劃就緒、目標明確，有如搭在雙肩為你打氣的手臂，而不是令你手骨碎裂的死亡之握。咱們可別忘了寵愛自己的四大支柱啊！善待自己！為了恪守這點，請確保你不論訂定什麼工作，它們在你設定的時程內都是務實、可達成的。沒錯，這聽上去是很容易，但大家普遍都對自己能夠多快完成工作太過樂觀。我們唯有透過嘗試錯誤（trial and error）才能學會這項技能，而且可能永遠都無法盡善盡美，但你一旦快要達到這個境界，我幾乎就能保證，你幫自己設定的計畫不會給你帶來什麼壓力，充分符合你每天的活力程度，甚至還會發現自己能夠如期執行、徹底完成。

你若無法掌握要花多久才能完成工作，就先完成以下這份額外的作業，再著手建立個人行程：

一、取來Excel、Numbers或Google試算表，以「小時」為單位把工作日細分成多個時段，並垂直打在第一行。針對一週內的工作日都重覆相同的步驟，一張時間表就完成嘍。

二、填入你花了多久才完成工作，一次填寫一週。假如整理收件匣要花一小時，但撰寫、處理會議紀錄要花三小時，就通通填進去吧。

三、一週結束時，回頭快速瀏覽這張時間表，並查看每項工作花了多久。對於結果感到吃驚？註記哪些工作花得比預期還長，或比預期還短，待你下週要制定計畫，便可善用這項資訊。

■步驟三：放大及縮小

我們已經探討你在投入計畫以前所需考量的基本原則，如今是該別再瞎忙、善用你最適合的方式著手安排工作日了。我們期待達到下列目標。

妥善計畫工作日將會：

- 確保你專心、沉著、冷靜，而不驚慌。

- 為你擬定可在合理時程內完成的工作。

- 把你活力程度的波動起伏納入考量。

至於如何安排工作日，請一如你在設定目標的時候，先著手大範圍，再進行到小範圍，就像組裝樂高，從較大的零件一路組到你若站上去過、足以讓你痛到哇哇叫的小零件。我們規劃力行下列事項：

- 每月查閱行事曆，看看是否有任何重大專案、活動，或時間拉得較長的截止日。
- 每週追蹤每月的待辦工作（並在行事曆設好定期重覆的工作——假若你還沒設定完成）。
- 每週評估一次往後七天的日記，據此規劃每日的工作，同時牢記工作要在既定時程內切實可行，可能的話，還要順應個人的活力程度。

• 每週：查看定期重覆的工作

你一旦瞭解整年下來要做些什麼，就輕輕點擊，放大檢視來月的工作吧。我猜，該月可能會有沒得商量、須得按月完成的工作。對我而言，這些不外乎是財務報表、我按月在部落格更新、編製電子報，以及任何需要處理的額外專案等等。即便這都是些例行的待辦事項，但它們既會定期重覆，我便將其填入數位行事曆、設定好每月自動加入行程，這樣日記即可發出提醒通知，我也就不會忘記；況且我在策劃每週行程時，都會參考行事曆，以便得知何時加入這些項目，作為實際有待完成的工作。

• 每週一次：放大檢視往後的七天

你可以看到合宜的待辦清單就此成形。截至目前，我們不是經由數位行事曆，就是經由紙本行事曆排定計畫；我們已經加入下個年度中許多重要的截止日，也已經設定好每月非做不可的事項自動重覆加入行程，於是，大家就順著這種方式一路進行到下一個最小部分，概略瞭解一下下週的情形吧。你有沒有什麼會議要開？有沒有逐漸逼近的截止日？午餐？晚餐？訓練活動呢？一談到計畫，我這人比較老派，都會選擇在記事本草草寫下待辦清單，但你若偏好數位形式，我則會推薦 Evernote 和 Todoist；另外，你若想和其他的團隊成員分享計畫，monday.com 也很好用。

規劃每日行程是一項普遍的技能，人人都會用上，同時，採用這種「先整體檢視，再返回處理細節」的方法，意味著你不致遺漏任何可讓自己有效工作的機會，況且，明白自己之後將會迎來哪些事務也有助於舒緩壓力。一說到如何細分每週和每天的計畫，人人的方式不盡相同，然後一如我們在第一章挑選行事曆那樣，你或許得要試過幾次，才會找到合適的那種。

■步驟四：設定計畫架構

我的工作往往短小易記、偏重短期，因此子彈筆記本的清單格式對我真的很管用（別擔心，我們很快就會談到這個）。但你手上的專案若往往費時較久，Trello 之類的系統也許會是較好的選擇，因為你可在任何一段固定的時間內隨時留意多張的待辦清單。我有位朋友，她計畫每一天的方式超俐落的；她會隨身攜帶筆記板、夾上一疊白紙，然後把當天未完成的工作直接挪到隔天，再順著往下追加隔天的待辦事項。你手機裡的 Notes App 也是種很棒的計畫工具，特別當你老在趴趴走、不常待在辦公桌前，也不怎麼愛用紙筆之類規劃時，更是如此。沒錯，你是可以像我一樣，選定「每天的工作三種左右」，但是我有位朋友，她可是以「每小時」為單位規劃每天的行程呢；前一晚，她會參考已經填入行事曆的具體行動時間，然後靜靜坐著打好隔天的待辦事項，提供自己一份往後二十四小時內每小時所要完成的待辦清單。對他們來說，這些方法都很管用；而你在精心安排自己的計畫時，更沒有所謂對的方法，或是錯的方法。以下這些選項，皆可供你自由嘗試。（見左表）

哪個順眼就試試哪個。也許你將發現這為你的計畫方式帶來革命性的劇變。你覺得超棒的！你正在逐項完成工作！你還發現比起從前，自己開始懂得欣賞打勾的樂趣了！也或許你並非如此。倘若這真的對你並不管用，就請稍稍調整、編輯，或者乾脆放棄——試試看全新的方法吧。

書面	APPS	其他
計畫**一頁一週**，設好一些要集中在一天內完成的目標。	Asana：個人或團體皆適用，你可在此追蹤工作流程、先後順序以及待辦清單上的重點。	這絕對稱不上是厲害的APP，但 Notes 或你手上任何版本的APP皆可在短時間內快速、簡單地做出待辦清單。
計畫**一頁一天**，詳細劃分出待辦事項的具體行動時間。	Todoist：可把亂糟糟的行動方案規劃得更容易處理且更有模有樣。最適合用來計畫大型專案。	monday.com係屬團隊使用的計畫空間。你可為團隊成員安排並分配工作、上傳進度，同時加入時間順序。
用一頁當作**每天的待辦清單**，同時逐項確認完成與否，並在隔頁加上有待隔天完成的項目。	Evernote：極為簡易，基本上就像子彈筆記術（行事曆與待辦清單合而為一），只不過是數位版的。一站式的規劃性商店。	Trello：這對無時無刻不在處理多項專案的人來說是很棒的使用工具，係以待辦清單為中心，而且容易追蹤。

我如何計畫工作日

這些年來，我一直都在磨練我的技巧，如今，我傾向不是在週五晚上（我若真覺得自己當時很有條理）——有時我卯起來規劃，還會橫跨週末呢——就是在週一早上規劃行程。

我會先查看 iCal 行事曆，再於**類似**子彈筆記術的記事本裡安排好每週行程。我會在某一頁寫上週一至週五，再逐一列出前方標有子彈點、可在當日完成後便打叉劃掉的待辦事項。如我所言，相較於一份鉅細靡遺的清單，我覺得較不那麼明確且著重整體性的重點較適合我，因為這會誘騙我的心智，讓我誤以為當天的工作量比較應付得來，所以我只會寫下四個左右，也許最多不超過五個的具體行動點。我還會把整週下來覺得怎樣工作起來較有活力納入考量，並把較需專注的工作排在上午，然後較需創意的工作排在下午。倘若有一整天都要開會，也明白自己的精力會被耗在這件事上，我就會用需要坐在辦公桌前才能完成的事情填滿剩下來的時間；倘若我哪天要前往倫敦，而且清楚知道當天工作時多半沒有筆電可用，我就會在出發前的早上排定一些可先完成的事，或是可在路上講電話就搞定的工作。這全都是有關力圖改變你的工作，再依序調整、排入你有空的那些時段裡。以下便是我每週待辦清單的樣貌：

週一

- 排定何時公布下週社群媒體的貼文
- 編輯《質感生活編輯術》中〈規劃工作場所〉的章節
- 想出並準備明天部落格要放上哪些照片、寫些什麼內容

週二

- 拍攝部落格所需的照片
- 整理支出費用
- 編輯《質感生活編輯術》中〈計畫〉的章節

週三

- 為《質感生活編輯術》的下一章寫好一千字
- 確認整天下來收件匣已經清空
- 在部落格的貼文加入照片，並排定何時在社群媒體公布貼文

週四

- 撰寫部落格貼文〈Podcast 的幕後〉
- 撰寫部落格貼文〈夏季穿著〉
- 撰寫部落格貼文〈閱讀建議〉
- 註記下次參加 Podcast 節目《和……在家》（At Home With ...）的來賓是誰

週五

- 拍攝好當天的 Vlog 影音，作為之後上傳 YouTube 的影片
- 編輯並排定影片何時上線
- 寫完《質感生活編輯術》中〈產值〉的章節

只要你安排時間的方式讓你覺得一切都在掌控之中，相關的壓力也都一直應付得宜，那麼，你在計畫方面就算表現得十分優異了。**寶貝，從此一切都會一帆風順的！**呃，**多多少少吧**。對所有人來說，阻撓計畫順利進展的原因各有不同，但「截止日」和「地獄般的

收件匣」正是我們最常碰到且可能真正破壞時間管理技巧的兩大阻礙，而我建議採用下列方式予以排除。

如何恪守截止日

作為計畫的一部分，我們擬定完成的每項工作皆設有截止日。這也許是出於你自己的規定——只要完全不急便不會騰出時間去做——也可能是外在因素所決定的到期日。不論如何，**截止日**這詞就是會帶給我們一種恐懼感，僅次於你的朋友在你只有十一歲就抓你去觀賞《鬼店③》（*The Shining*）還要你捱到整部片子結束的那種恐懼（而且你至今驚魂未定，**我懂**）。人人都會面臨截止日，而且它們規律到我們連想都不會去想。我每週會更新三次部落格的貼文，因此，每週一三五的晚上九點前，我都得確認要上傳的貼文已經就緒。即便我的工作量有時可能會越積越多，但因此事早已行之有年，所以我往往不會因為實際的截止日太過頻繁而倍感壓力。只不過，我一旦碰上規模較大的專案——特別是我從未承接過的那種——就會感到咽喉後方逐漸收緊，人也跟著惴惴不安起來，譬如像是寫書……你或許也有同感吧。你只要定期完成工作，就能養成習慣、切換成自動模式，但只要新的專案突然出現，剎那間截止日不但變得若隱若現、森然逼近，還會讓你越是浮現「或許又該試試冥想了？」的那種焦慮。

■所以你有截止日？

第一，截止日得要務實。你若已在思忖從現在到截止日，可能只剩下幾小時的睡眠賴以維生，那麼，你可能就該重新思考一下了。沒錯，事情總會突然出現轉機、有所起色；但截止日可能是工作的一部分，你也不是總有辦法推遲那些時點，所以碰到這種情況，我會建議你重新調整一週的計畫，優先排序重點工作，並移除手邊最不重要的事，這樣你整體要關注的事項才會減少。別害怕一開始就說出你的想法並努力達成你的期待，此外，也請在計畫一完成就提出回饋意見，免得下次又再排出和這次一樣緊湊的行程。

第二，一旦訂好截止日，便在日記加上重要的時戳（timestamp）。這可是盤點的好時機，所以，請退一步查看整體的結果，劃定分批完成的進度和每次必須完成的待辦要點，再努力把這些排入每週計畫中恰當的時段，以利在截止日前順利完成。另外，建立好個別

③ 改編自美國「恐怖大師」史蒂芬・金（Stephen King）的同名小說，並由史丹利・庫柏力克（Stanley Kubrick）執導的心理驚悚片，主要講述一名作家傑克為了能夠靜心寫作，帶著妻子溫蒂與兒子丹尼來到被大雪封閉、與世隔絕的山間飯店。但隨著進入冬季，丹尼卻逐漸在屋內發現一些科學無法解釋的現象，在在顯示這幢房子並不尋常，更可怕的是，傑克似乎被某些莫名的力量牽引、改變著，開始變得殘暴，甚至想殺害自己的妻兒。此片堪稱驚悚片之經典，時至二〇一九年更推出續集《安眠醫生》（*Doctor Sleep*）。

的次清單——在子彈筆記本或記事本上另起一頁，還是善用軟體內建的標籤也行——並寫下特定的工作項目，如此一來，每當你要訂定每週計畫，即可回過頭去參考原來的主清單。為了有效針對專案進行時間管理，我喜歡在行事曆設好每週或每月通知，提醒我該查核工作進度。至於橫跨月份的工作壓，我則喜歡給自己設定每週的里程碑，要求自己達到某種進度，沒有落後。同時，我們若是談到什麼工作是得花上好幾個月，甚至可能要花上一年的，我則建議你在行事曆加入每月提醒，一併註記你屆時預計要完成哪些工作。

第三，倘若可以，請各位馬上開始吧。截止日拉得太長之所以會出問題，主要在於我們的大腦真的很擅長遺忘截止日落在何時，直到它們已經迫在眉睫，像是，**就在下週**，這才迫使我們開始驚慌、不知所措。因此，讓自己搶先一步吧。有何不可呢？開始工作最是困難，所以，你若能盡快排除這項阻礙，即可防止「延宕」有機會捷足先登。

一談到截止日以及在分配好的時段完成工作，而不用通宵趕工或淹沒在極短期內得要完成的大量工作中，「眼見為憑」可就成了重點。關於某事的提醒越多，你就越無法視而不見。「行事曆的提醒」「個別的待辦清單」和「搶得先機」這三者相互搭配，將有助於舒緩你在截止日逐漸逼近時壓力漸生。把這些放在心上，妥善安排並有系統地規劃為了達成這些必須恪守的步驟，同時也克服實際開始的障礙而身體力行，你便不太可能錯過截止日。別逃避，你反而要慢慢不停地做到這些才對。說到逃，你最近是不是才要試著從電郵收件匣的地獄中逃出生天？我有些私藏的點子可供大家參考。

如何處理電郵

噢，電郵，它們可說是當今職場中最精采，同時也最糟糕的附加產物。它們不僅連結了我們和他人、讓我們清楚溝通，卻也連結了我們和那些不斷試著脅迫我們購買陰莖增大劑的人。懂了嗎？它們既美好，卻也格外令人不快。我們全都藉由電郵連結起來，而且擁有許多的電郵地址（包括你在十五歲所建立的那個「lil_miss_minx_69」電郵地址）及收件匣——就連我七十八歲的祖父都有一個！但我之所以需要在《質感生活編輯術》另闢一節單獨探討電郵，在於「收到電郵」和「回覆電郵」的惡性循環很可能正是你耗盡時間和計畫資源的主因。你一旦把 LiveChat、WhatsApp 和一堆會議來電都納入考量，便會驚覺我們居然什麼工作都沒完成。

我們或許都有收件匣，但一談到如何處理，其中分有三大陣營。其一是只要收件匣裡的郵件達到兩位數便開始呼吸急促，然後直至數字歸零才有辦法一夜好眠的人——那就是我，很驚訝吧；其二，則是待回覆郵件可能隨時都保持在二、三十封左右，然後即使可以稍稍簡化一下回覆的步驟，處理郵件卻仍一直駕輕就熟的人；此外，也有未讀電郵達到一萬兩千三百八十七封、完全不知從何開始的人，這也就是第三種——我的夥伴芙蘿拉（Flora）那種，她的未讀郵件確實已經達到以上數字，僅次於我那郵件曾經高達兩萬多封的友人凱蒂（Katie）。我當真是親眼目睹，而且，對，差點沒暈了過去。

你要是達到了某種地步，除了經由搜尋而撈出必須參考的重要郵件之外啥都無法進行，就替重要郵件分類歸檔，再刪除剩餘的部分吧。你一旦完成，便馬上歸隊，因為無論你的收件匣狀態為何，我都有些方法可供你有效運用，也應有助於略微減輕收件匣的負荷。

在你實施感興趣的方法前，咱們先來整理一下收件匣吧。請逐一確認你的收件匣是否：

- 具備需要時易於搜尋、追蹤電郵，並把主旨類似的全都放在一起的資料夾？
- 替尚待回應的電郵加上旗幟或標籤，給予這些郵件優先處理的順序，且讓它們可在單一視窗內一覽無遺？
- 包含附有你的姓名、職稱及任何相關連結的電子簽章？**超專業的喔**。
- 經過妥善規劃、僅僅納入過去二十四小時內的電郵？
- 因你固定發現自己都會回覆相同的內容，而儲存常用的電郵範本？（講真的，這些範本會改變你的一生！）

・清楚、簡潔，並容易開啟或關閉請假的自動回覆通知？

上述問題你若有任何一題答「否」，你便很清楚該怎麼做了。這種透徹的自我檢視將會確保你一開始就有條不紊，而不僅是試圖做些徒勞無功的事。即便有些做法可能會花上一點時間，設定起來也略微繁瑣，但長期下來，這些全都會讓你這端越來越自動化、越來越省時，也意味著你花在「從亂糟糟的收件匣中理出頭緒」的時間越來越少，花在「逐項完成待辦清單」的時間則越來越多。

你一旦掃除收件匣裡的蜘蛛網，也在資料夾建立好某種規則，便該著手找出如何讓發送及接收電郵變得更夢幻、更順手。基於你扮演的角色、收發電郵的頻率以及電郵在你日常工作中的重要性全都不盡相同，你處理收件匣的方式也將略有差異，不過，以下三大方法皆能依你所需隨時修改、予以調整。

我們普遍都認同一個問題，那就是大家被收件匣給牽著鼻子走。接連發出「叮」的聲響，或是亮起紅色通知好提醒我們接獲什麼亟需即刻讀取等事，不僅打斷了我們的思緒，也剝奪了我們僅存的一絲注意力。除非我們正在等待一封足以改變一生的電郵飛入收件匣，否則不論我們正在等待什麼回覆，都可以再多等一個小時、直到手邊的事都處理完了再去看信，不是嗎？所以，以下三大技巧應有助於你更有效管理時間，從而對你的收件匣也採取同樣的做法。

•你若每收到一封電郵就感到分心、無法完成工作：設定手動更新

無論你決定怎麼處理你的信箱，我都會建議你採取這個步驟，因為與其成天都在接收訊息，藉由設定點開APP才會收進郵件，將有助於區隔你手上的工作。我在平日會把手機設成省電模式，意味著每當我點開APP、打算看看裡頭有什麼新鮮事時才須手動更新收件匣；接著，我還會讓桌面上的APP保持關閉，而只在我真的有空處理自己可能會發現什麼時才會點開。單純不會在首頁看到按小時穩定增加的紅色數字，也不會在工作正專心時看到螢幕一旁跳出提醒通知等等，似乎都會讓電郵變得更容易處理得多。這很簡單，卻很管用。

•電郵若瘋狂湧入，而你無法專注於單一訊息：「一日三次」法

你一旦設定好收件匣只有在你下達指令才會接收訊息，你也就能進而建置一張時程表，告訴自己一天當中何時這麼做最合適。你目前的時程若進行得非常順利，就請堅持下去，但你若覺得自己一天當中仍得確認收件匣好幾次、眼前尚未回覆的郵件依舊堆積如山，那麼，你是得該另行規劃了。碰到這種情況，我會推薦各位「一日三次」法，先在早上確認一次收件匣，回覆昨天夜裡捎來的訊息，接著，午餐左右再確認一次、整理上午才接獲的緊急訊息，然後下班前再確認最後一次，以回覆剩下的部分。我個人偏愛使用這種方式處理收件匣，加上我一向不喜歡事情演變成一發不可收拾、讓人喘不過氣，所以透過一天確認三次郵件，便能立即追蹤、事事掌握。我比較適合分時段短暫處理工作，這麼一來，也能即時掌握緊急事件而不致缺漏。這關乎為自己找出某些時段，讓你覺得在處理收件匣的過程中，不致耗盡「格外專注且較適合花在其他工作上」的精力。你盡可能地想讓個人的查核工作簡短、愉快，不至於偶爾占去你本要進行真正複雜工作的那些時段。

• 你回覆電郵若得花上一整天，然後完全沒法完成其他事：指定回覆時段

我在寄出電郵後，越來越常收到自動產生的郵件回覆通知，獲告收件者會在指定時段回覆電郵。有些人只在週一、週三和週五回覆，或者有些人一週只回覆兩次？甚至有些人每早九點就回覆？無論指定的回覆時間為何，他們都會在電郵放入電子簽章並設好類似請假通知的自動回覆，好讓人們獲知此事，從而知曉應在何時收到回信；然後，信裡也常附有電話號碼，以防你在事態緊急時須得致電才行。我覺得，這對大家來說都是雙贏的局面。設好這些規則的人之所以如此，是為了減緩處理收件匣時的壓力，同時空出更多時間去努力其他的事；而收到回覆通知的這端也可掌握進度，不致因回信比預期還晚而焦慮煩心。你若覺得這挺適合你和你的工作職務，便記得設定收件匣，這麼一來，說明你電郵策略的自動回覆訊息就會寄送給發送電郵給你的所有人。簡單的「小提醒，為了保持最大產值，我只會在一三五查看電郵，懇請各位見諒。您的業務對我來說非常重要，我將會盡快回覆」便是很實用的範本了。

採用你覺得最適合自己的方式吧，只不過，在工作日納入電郵常規，有助於你更有效地勾勒出時間的輪廓，並更專注在實際得要完成的工作，而讓你跟得上計畫的進度。「耗費數小時迷失在電郵的茫茫大海」一事不用天天發生，也或許永遠都不再發生，而這鐵定就是生活經過編輯後的最大優勢吧？

所以，你已經有了計畫好的藍圖，也握有一些祕訣，以防自己可能一路上顛簸難行，但有沒有什麼方式，完全結合了我們先前討論過的時間管理和工作編排呢？好啦，你真應該問的……

子彈筆記本究竟為何？

子彈筆記本已經是老玩意兒了，只不過還在流行。有關「規劃」，你若對我一路胡說八道的這些早已是個中高手，便可能聽說過子彈筆記本，也已針對多種筆記本施行過子彈筆記術。但你若還是新手，就請聽我娓娓道來吧。

基本上，子彈筆記本集「待辦清單」「規劃表」和「日記本」於一身，從頭到尾主要使用子彈點所構成的清單進行規劃，因而得名。你若是喜歡規劃表的概念、對文具店感到異常興奮，並擁有一堆寫上便利貼且正四處飛散的待辦清單，那麼，這也許就是你的解決之道。你只需要一本空白的筆記本、一支筆就可準備開始了。

子彈筆記術係由美國紐約設計師瑞德・卡洛（Ryder Carroll）所發明，坊間是有整本都在探究這種方法的書籍，但我已經幫大家讀完，還備妥了作弊用的小抄，這樣我才能試試長話短說。你若想要拜讀這些書籍，可逕往**資料來源**查看我所推薦的書目。至於編排方式，你的子彈筆記本一開始會是長期規劃的格式，之後才進展到短期規劃和每日的待辦清單。一如我建議過的，你先是掌握大方向，再著手處理小細節，並可按照下列五大步驟逐次展開：

■如何打造一本子彈筆記本

一、一如書本那樣，請替筆記本上的每一頁編上頁碼。容易極了。

二、在筆記本的最前面建立目次頁（Contents Page），並沿著頁緣垂直寫下頁碼。隨著你開始填寫子彈筆記本，你每翻開新的一頁，便賦予該頁一則易於辨識的標題，之後再把這則標題寫進目次頁，並對應起相關頁碼，於是，你瞧——你應能輕鬆地找到所有的筆記、清單和隨手寫下的字跡了。

三、接著便是「未來計畫表」（Future Log），你將在此儲存長期專案的相關資訊。請拿起接下來的四頁，將每頁分成三等分，於是最後你將得到十二等分，用以關注全年度所有月份的發展情勢。先暫時空下這部分，然後寫入目次頁吧。

四、接下來的兩頁便是你第一個「月計畫表」（Monthly Log），顯示出你在往後四週所要完成的全部事項。請在左手邊那頁寫下月份作為標題，再沿著頁緣標上日期。在最原始的子彈筆記術中，這部分除了用來當作觀看的日曆，其實不太會派上用場，但我發現，對於任何重要的日期、生日及活動來說，這還挺方便的；至於右手邊那頁，則寫下你當月必須完成的重要工作及完成日期。記下頁碼，並記得回頭填入目次頁，比方說「月計畫表（在這裡寫入月份）……P12-13」。

五、翻到下一頁，並展開你第一個「日計畫表」（Daily Log），簡單列出往後二十四小時內得要完成的工作。以日期為頁眉，開始寫下這天的待辦清單。請記得不斷地回頭瀏覽「月計畫表」，以確保一個月下來，你正在逐項完成安排好的一切。每天都持續這麼做，直到月底，於是，你又將開始新的「月計畫表」了——請記得查閱舊的「月計畫表」，並把未完成的工作移到「未來計畫表」或是新的每月清單，才開始繼續展開「日計畫表」。

六、你可以就此打住，也可依照你的個別需求加入自己的清單和計畫表。子彈筆記術的最大魅力，在於這種規劃方法完全可以客製化。備料的計畫表？膠囊衣櫥的購物清單？健身計畫表？你想觀賞的電視節目清單？還是你想上的館子？你可從子彈筆記本擷取任何有價值的訊息或者建立你想要的清單，而你越是按照個人需求調整，它在你編輯生活的過程中就越有幫助。

截至目前，這聽起來不過是一本中規中矩、條理分明的筆記本罷了，然而，自定符號（key）才是這方法真正的精髓所在。沒錯，你是能打造出自己的子彈筆記本，但我會向你詳細說明子彈筆記本的制式樣貌，以防你哪天想要遵照其中的規則試用一番。這三大計畫表中的待辦項目皆以子彈點為代表符號，日後你若要標記該項目已經完成，可直接在子彈點打叉（×）；倘若有項工作幾個月後就要到期，而你仍得完成卻又還沒擬定待辦日期，那就直接在子彈點畫上大於（＞）的符號，再把這項工作寫入「未來計畫表」的相關月份，這樣你就不會忘記了。懂了嗎？「未來計畫表」就是這麼來的。同理，你若還沒完成某項工作但已把它移到別天、排入其他的「日計畫表」，便可畫上小於（＜）的符號。連接號（—）可用於筆記，大空心圓（○）則可用於生日或社交

● 待辦項目
× 已完成的待辦項目
＞ 未完成，待排定
＜ 未完成，但已排定
— 筆記
○ 活動

場合之類的活動。

■**子彈筆記時務必：**

・要設好目次頁可能挺磨人的，但這其實幫我找到了不少遺失多年的筆記。請確保自己養成即時更新的習慣。

・手邊隨時有尺。這聽似很怪，但我其實常常用尺把一頁分成兩半，或是替標題畫上底線。沒錯，我知道我是能徒手畫，但**我就是有強迫症啦！**

・有創意。倘若到處塗鴉或用不同顏色的筆書寫不同的清單能讓你那座「碩果豐盛／拖泥帶水」的天平往對的那端傾斜，就盡情地發揮吧。而你若像我一樣喜歡全用藍筆，也歡迎你加入這個行列喔。

■**子彈筆記時切勿：**

・你的工作若較偏短期，就捨棄「未來計畫表」吧。由於我不會像編輯那樣超前部署，所以那一部分就會空著。

・別認為你非得遵守規則不可。我已經發現自定符號最適合我，雖然我是很愛子彈點、叉叉和連接號，但若用不上「未來計畫表」，我根本不會去操心那些大於和小於的符號。

- 試著別太講究整齊。你顯然需要能夠輕易地讀取清單，而不是要在此創造出另一幅畢卡索的曠世巨作。

你得要領會得很多，對吧？子彈筆記術的概念有如馬麥醬，對有些人好用得不得了，對有些人卻是完全行不通，且在約莫三天之後就會變得興味索然。至於我麼，則是交相使用 iCal 和子彈筆記術來安排工作及生活。我往往會在數位行事曆存入日期明確的項目，如此一來方便調整，也可一覽無遺，之後再把絕大多數有關工作的專案和內容排進子彈筆記本，因為我實在是個無可救藥的老派人士，習慣一完成工作就打勾——**歹勢，打叉才對**。我在摸索多年、用盡各種方法、日記只寫到一半還錯過不少的生日後，才發現這樣不但最適合我，還會讓我常保最佳效率，不再忘記任何人的生日。

我真的深信，即便執行計畫要有彈性、計畫也不總是一如所願時時奏效，但計畫本身有助於舒緩我們在受到責任束縛之下，偶爾會浮現的那股「沉重」感。沒錯，這也正是我們在本書大部分的章節融會貫通後所追求的結果，而計畫是真有助於你培養出這樣的反應。

計畫既然是編輯生活的核心理念，也是一塊主要的拼圖，我一旦遺失就會茫然失措，所以本章向來都非常重要，內容也都相當可觀。

透過實施本章的技巧，你將會瞭解一項縝密、務實的計畫如何能讓我們把必須完成的事項從大腦中移至書面或ＡＰＰ，好為我們創造出更多空間專注在完成工作。善用探討活力程度的部分常常提醒自己，這也真的很棒——特別是你要完成工作就有如試著把圓形塞入方形那樣窒礙難行。這道理雖很簡單，我們卻不常以這為前提排定計畫，人人皆然。而我們若可稍加留意、多些傾聽，便大有可能如期完成進度，進而實現目標。沒錯，如今你也成了電郵高手，制定了一套既定的常規，以自由調配個人往返的郵件。我本身並不拘泥於規則（假若你是，千萬別在烘焙時看我如何量測——我對量測食材那種自由放任的態度可能會是我婚姻觸礁的原因），但我在處理收件匣時卻近乎苛求足以令人完全改觀。盡可能在這方面嚴格一點吧，你將不必在噪音和「叮」提醒聲的伴奏下，順利地完成你的計畫。

現在，你已經搞定了工作中的計畫面，是該轉而留意值得落實以徹底施行的過程了。這事說起來好是好——**你都已經按不同的顏色排定行事曆了！**——我們有時卻會發現難以力行，還缺少那種人人都得具備才能堅持到底的動力，但很幸運地，我手上有不少錦囊妙計可用來順利解決拖泥帶水（procrastination）的毛病。咱們可要徹底改掉拖延的惡習，並學著讓另一個以P為首的英文字——**碩果豐盛（productiveness）**——成功勝出。你馬上就能一一完成工作了。

如何完成工作

你已經規劃出縝密的行程，
所以是該以產值最高、延誤最少的方式付諸實施了。

你已為自己訂定目標、轉為計畫、建立時程，也已確認待辦清單的最佳排序，如今得要開始逐項施行了。試算表、文件檔、編輯、電話、會議、研究、閱讀、修訂等等，通通都是。計畫很容易，而我們現在要邁入比較辛苦的部分了。我承認，以下這章對你我同樣有益。計畫是我的長處——先前我的日記**完美無缺**、**無懈可擊**——但拖延向來也是我的強項，意味著我那些「安娜很容易分心」的學校報告至今如同二十年前一樣，仍然適用。在坐定撰寫本章之前，我發現自己已經深深陷入 YouTube 的洞穴、觀賞著三年前戀愛實境秀《戀愛島[1]》（*Love Island*）中某一集的精采畫面，導致我後來花上整整半個小時滾動頁面看起自己要買哪款比基尼，還在本週多預約了一堂皮拉提斯的課程。**救命啊**。我只會在我的手機「啪」一聲沒電關機時才會拿起筆電，最後不得不接受全世界的呼喚，告訴我是該重回工作崗位了。（這也是因為我懶得走到房間的另一邊去幫手機充電啦——懶惰和拖延？真是必勝的組合啊！）

拖泥帶水要是對你不成問題，那麼，你就和我的好友梅爾（Mel）一樣——她肯定是我見過最美麗、熱愛工作且善良又風趣的機器人了——天生重視效率，太棒了，來來來，格倫・寇可[2]（Glen Coco），這裡是兩份給你的禮物！然而，你若發現自己把肚皮當成筆電架，做起了當天第四題有關「你有多瞭解 **＊在這兒鍵入最受歡迎的電視節目名稱＊**？」的機智問答，那麼，本章盡收錄了我過去是如何教導自己減少從事一些浪費時間的活動，才能——**偶爾**——真正完成事情的建議。我曾經那樣，做了那些事，兩週內看完六季的《魯保羅變裝皇后實境秀》，所以你不必重蹈覆轍。**你・最好・工作去吧**。

---

① 由節目挑選出十一位單身男女，並在節目播映的兩個月內住進小島上的豪華別墅，與外界隔離，稱之為「島民」（islander）。為了爭取留在島上，島民們必須要兩兩配對，除了一開始可憑第一印象配對（couple up），之後亦可在雙方同意下選擇拆夥、重新配對（recoupling），未配對成功的單身者即遭淘汰，離開島上；該節目會在最後一週由觀眾票選出最佳配對，優勝者可贏得高額獎金。

② 係電影《辣妹過招》（*Mean Girls*）中的路人角色，因在劇中收得多樣耶誕禮物，令送禮的耶誕老人印象深刻，稱道「you go Glen Coco」（格倫・寇可，真有你的）而成為了粉絲大愛的迷因。

缺少動力＋諸多分心＝拖泥帶水
衝勁十足＋一心一意＝產值亮眼

當你沒啥動力，可能就會開始拖拖拉拉，但這問題的根源不僅止於此。在當代世界裡，一如我們的下巴不時會長出又長又超黑的新毛那樣，教人分心的事常會突然冒出來，帶著我們逃避工作，以致最後耗掉一時半刻、甚至好幾個完整的下午。我們不再只是浪費時間憂心老媽是否已經趁我們上學時清理好家中電子雞（Tamagotchi）的糞便；反之，測試我們能否專心一致的要素變得多不勝數——**我們有沒有關掉直髮造型器？一間套房為何賣得跟傳說中的獨角獸一樣貴？「雷恩．葛斯林最佳剪輯」的最新影片上傳到 YouTube 了沒？爸媽到底何時才會放棄把我們加入臉書？**因此，當你把「諸多分心」扔進原先就列有「缺少動力」的等式裡，「拖泥帶水」便從一件「可能的事」變成了「無可避免的事」。「雷恩．葛斯林最佳剪輯」的黑洞於是大開，而你能在一天結束之前順利折返的機率微乎其微。

反之，我們得要改掉一整個等式。當我們一如烹飪時迅速翻動，充分拌勻了「一心一意」還有正在表層啵啵冒泡的「動力多寡」，便可幸福地在工作時臻於「化境③」

（flow）。除了找出如何激發動力，我們也很值得學習一些方法擺脫「拖泥帶水」，把它變成另一個以P為首卻比較討喜的詞——這也正是本章的重點所在。其中不外乎是少看點可愛狗狗的影音、多完成些待辦工作，整個過程確實是沒啥了不起的，但做完鳥事的感覺就是爽。

缺少動力？咱們來找找……

動力有時稍縱即逝，宛若一隻貓咪，只有在覓食才會出現，然後一旦完食就消失回到床底，還有那個人類根本就搆不著的角落；又或者，動力有如你完成了感覺起來既自在又快速、彷彿能在短跑中創下世界紀錄的蜜蠟脫毛（bikini wax），但過了兩天居然就長出了一層細毛的那種時刻（**我跟各位說過我爸是金鋼狼〔Wolverine〕嗎？**）。它很難以捉摸，我們有時感覺得到，有時又感覺不到，因此，我們在尋找動力時，要先試圖把它轉變成雙手抓得住的東西，這樣它才不會輕易地從我們指間溜走，然後消失得無影無蹤。當你對於去做某事感到搖擺不定，甚至毫無欲望時，學著辨識驅策你前進的動力為何——以及

③ 即在進行某件事情時全然投入，而達到物我兩忘的境界。詳本章稍後說明。

何時該運用動力——你便大可放心，而無後顧之憂了。

這就和沿路尋找來時的足跡一樣。當你弄丟鑰匙，會重新思考一遍你做過什麼，準備找出自己把鑰匙放在了什麼不該放的地方。你四處翻找用過的東西、到過的房間，判定鑰匙永久遺失然後花了二十英鎊去打一把新的，卻在從鎖匠那裡回來的途中立刻在你不曾使用的背包後兜找到了鑰匙。這麼說吧，我後來再也沒用過那個後兜，但我學到了教訓！透過重覆相同的過程並分析自己是衝勁十足還是意興闌珊，我們應能留意到某種型態，也能辨認出以上兩種情況的關鍵要素為何。

下次，當你覺得自己並不像上回玩站立式划槳衝浪（paddle boarding）甚至連站都站不上去的某個人那樣（**就是我！**），而有如一名專業的衝浪手乘著「動力」之浪一路前行、從中獲益，那麼，請花幾分鐘在記事本或手機寫下五個你覺得自己處於這種狀態的原因，同時也把內外部的要素納入考量吧。

- 這是因為你手上工作的關係嗎？
- 你有沒有攝取足夠的營養？
- 你昨晚真有一夜好眠嗎？
- 還是你已經把收件匣清空了？
- 還是你昨晚有和朋友聊聊近況，然後現在心情大好？

・氣候宜人？
・辦公室裡的竊竊私語有如背景音量，大小適中？
・是不是毫無噪音干擾？

你拖泥帶水的程度一旦嚴重爆表，像是**無可救藥地**花了三小時觀賞美國網紅鼻祖謝恩・多森[④]（Shane Dawson）的系列影音，便重覆考量一次內外部的要素吧。

・你對自己擬定的工作感到困惑嗎？
・你今天到底有沒有攝取營養的食物？
・你昨晚是不是輾轉難眠？
・你的收件匣讓你**十分焦慮**？
・你過去幾天的社交互動如何？
・天氣很鳥？
・辦公室裡的竊竊私語太大聲了？
・出奇的安靜，你反而無法專心工作嗎？

④ 影片製作的鬼才，以個人創意特色在YouTube走紅，曾被《富比世》（*Forbes*）雜誌封為美國最具知名度的二十五大網路名人之一，並與美妝界頂級網紅傑弗里・斯塔爾（Jeffree Star）合作拍攝美妝產品、彩妝創作等相關影片及幕後花絮，大獲好評。

經由破解「激發你動力十足」和「導致你拖拖拉拉」的原因，你手中便握有做出這兩道料理的材料卡，可自行調配食材，烹煮出不同的風味。為了再次達到「化境」，你將可嘗試五件事，然後你在抓不到這種感覺時，也可避開五件事。

沒錯，有些部分或許在你掌控之外——很遺憾地，我們就是不太能掌握好天氣——但有些部分我們則很有可能採取行動，因此，予以標註或強調吧。下次你若感到倦怠、提不起勁，就請深入檢視這些要素之一並且改變，就算只是把旋鈕從零轉到四分之一處，也好過啥都沒有，對吧？

每個人的狀況都不盡相同。當我在寂靜無聲之下工作起來最有效率（鄰居已經施工完成時最棒），我老公則偏好戴上耳機聽起嘈雜的搖滾樂**＊聳了聳肩＊**。所以，你可能是透過緊張兮兮地趕上截止日的前一分鐘而汲取能量，還是說，你只要一想到這點就可能腸躁症發作？我們人人都像雪花般獨一無二，所以我的最佳擊球點未必就是你的最佳擊球點，然而我一受到「工作」的飢餓感所襲擊，便會透過以下這些方式找回動力，好為自己帶來精神食糧。

我都這麼做，當我……

■缺乏創作的動力

當我沒什麼創作的靈感，就會化身一塊海綿，汲取任何啟發我的內容。我會努力從行程擠出三十分鐘上網四處查探、讀書、瀏覽雜誌、逛逛部落格、觀賞影片或聆聽podcast等，並完全沉浸其中而不一心多用。透過給自己一小段空檔，使我不再拖泥帶水，專注於工作，同時找出了靈感，更激發出其他有的沒的。我一旦把腳趾探入那片內容的汪洋中，即可馬上振奮起來。

有時，這可能會勾起我曾經一閃而過的念頭，或是讓我想創作一些自己從未嘗試過的新事物，不僅很讓人享受，其實也很令人放鬆，而且在我十個甚是出色的點子中，有九個是源自於此。

應變之道：

- 透過換個房間或前往公共場所而把工作移往他處進行。
- 致力於天天創作，像是連續寫詩一百天或張貼每日影音之類的。偶爾強迫自己一再地做同樣的事會打造出超凡的事物，然後建立自信，轉而提升創意。

■出於壓力而缺乏動力

有時，我出於壓力而感到動力中斷。這種心跳加速、引發焦慮的狀態並不利於我們日後的產出，偶爾還會連帶影響所有的人。沒人能對壓力免疫，但總有法子可以成功處理壓力、減輕負擔，所以，每當壓力試圖阻撓我完成手上的工作，我都會努力朝這方面進行。我之所以感到壓力，可能是因為一向計畫得太過樂觀，於是，我會先考量輕重緩急，在待辦清單的前幾項排入須得優先完成的事，再把其他沒那麼急迫的部分暫且擱到一邊，直到覺得自己回復到巔峰狀態。藉此消除計畫中的不完美，肯定會提高我的產值，同時預留空間，好讓我默默地在工作日重拾動力。

應變之道：

- 出門走走，整理一下思緒；這不但屬於「寵愛自己」中「多多運動」的那項支柱，你若和好友一起，或是找同事外出閒晃，過程中產生的互動也將為你帶來助益。
- 有時，壓力其實可以作為一種驅動力——你想要減少壓力，而你若要做到這點，就只能完成那些正帶給你壓力的工作。把負面的力量轉換為正面的力量，然後安然度過吧。

■針對特定工作或截止日缺乏動力

我承認長期的工作並不是我在職場上的強項。簡潔的短篇部落文？**棒極了**。但時間橫跨好幾個月，甚至是好幾年的專案呢？像是寫書？**哈哈哈**。「長期保持動力十足」基本上是種耐力運動，所以我們也就應該這麼看待此事。一如我們的活力程度會自然消長，對於特定工作所抱持的動力也是一樣，你或許在某幾天可以寫完一整個章節，但在某幾天卻要苦苦掙扎才擠得出一百個字。我發現要在這些狀況下保持動力十足的最佳方法，就是給自己設好每天都要達成的目標。你可能喜歡每天都設定同樣的目標，還是說，你發現每天的目標略有不同比較會激起你的動力。不論如何，都請確保你在還得執行其他事務下，給自己設定的目標既務實又可行，它才不致若隱若現地朝你逼近、令你倍感壓力。在記事本寫下目標，或印出來貼在辦公桌上吧——只要確保容易看見，未來天天提醒你就行。逐一完成每天的目標應有助於你提振動力，而將慢慢卻穩穩地完成最終目標。

應變之道：

- 找朋友好好談談。他們可能會為你手上的專案提供一些新的點子，或能和你分享一些訣竅，說明自己是如何應付原本認為趕不上的截止日。這正是一種「有人分擔，憂愁參半」的概念。
- 有些人需要截止日在身後隱隱逼近，才會願意動起來，這沒問題。你只要確保已在日記寫上日期，也已提前做足準備和研究，便能在一有動力就展開行動。

■做什麼都提不起勁

我知道這聽起來很戲劇化，但你有過怎樣都提不起勁的時候嗎？**有啊**。我快速瀏覽手機——**無聊死了**；翻箱倒櫃想找東西來吃卻一無所獲；於是拿起筆電，刪除一些垃圾郵件卻又立即關上，就因我突然想起冷凍庫裡有冰淇淋啊；不對，我老公在我昨晚外出時就把它給偷偷吃了；還是說，讀點書呢？噢，等等，我只讀了這本書第一頁第一行四十七遍而已，所以還無法告訴你內容在講些什麼。你也這樣過嗎？我懂。這就是無法集中注意力的主要範例，而且碰到這種「什麼都做不了／真的啥都不想做」的時候，我都會認輸，然後外出走走、盡快預約健身課程等等；跳脫原先的工作地點——即使只有十五分鐘——得以強制讓一切重新啟動。我明白，我們比較容易從在家工作或工時彈性的人身上看到這幅情景，但你就算只能離開辦公桌去給自己倒杯喝的然後繞一大圈再回到座位，這也會有所幫助。呼吸新鮮空氣的確會帶來不可思議的結果，但僅僅小歇片刻，好活動一下雙腳，讓「動力」車輪上的齒輪再次轉動，亦可帶來奇效。

應變之道：

- 有時你就是會在某天斷電，所以努力追求更好的明天吧。擬定計畫，考量行程，確保你已準備大快朵頤，並且大獲成功吧。

• 設好十分鐘的鬧鐘，然後做點工作相關的事——什麼都好。十分鐘是如此短暫，我們一定可以有效地填滿這段時間。

■缺乏照看自己的動力

我對垃圾食物上癮；醫師要是建議我一天吃兩餐漢堡加薯條，配上一片披薩跟半桶冰淇淋，我可是辦得到的。**這簡單**。我偶爾會想嘗點蔬菜，還想將其裝瓶，然後有如每天注射點滴那樣，一點一點把它注入體內，但這念頭來得快、去得也快，而且我只消幾片綠葉下肚，便隨即感到心安，不再追求任何的營養價值了。所以，一談到食物和健康，照看自己可說是一件我得要打起勁來努力執行的事。當我提不起勁，吃起垃圾食物、感到空虛，從而餵食自己更多的餅乾，這便成了惡性循環，所以我為了打破這樣的循環，給自己設好了目標，要在一天之內完成某些寵愛自己的既定項目。我確認自己購入了食材自行烹飪、備料，並預約好皮拉提斯的課程，更確保周遭備有許多的手工點心，好讓自己想吃就能吃個幾口。**結果我真沒料到**，在一天內吃進多種自行烹飪且富含蔬果的餐點（！！！）居然讓我感到神清氣爽、活力十足，整個人虎虎生風，促使我隔天也想比照辦理——這可是打破魔咒了啊。

應變之道：

・每當我厭倦了待在廚房，一本全新的食譜便會教我完全改觀。新的煮法！新的點子！你會想要每道菜都做一遍。

・烹飪極能紓壓，所以邀請友人前來共進美味且豐盛的一餐，別只是烤個披薩就草草了事。他們不僅會對這次美妙的晚餐心存感謝，你們還能一同分享有益健康的個人偏方及想法。

為了在缺乏動力時予以補救，每個人所採取的具體行動都不盡相同，但希望這些具體行動給了各位足夠的基本配備，讓你每每要修繕之時，都能夾上工具腰帶，即刻取用。你所需要的，就是在心中再度萌生動力時去感受它的美好，然後還沒等你意識到，便有如閘門大開那般，迎接動力汩汩而至。你已經卸下負擔，也正不顧一切地逐項實施你的計畫、打字打到就連筆電的鍵盤都冒出煙來。**真有你的！**所以，你又找回動力的護身符了！好了，我們若可進而找出如何停止拖延，便**真**能從中獲益。

如何杜絕拖延

當我們提不起勁、已經找出要從哪裡下手，接著便該解決等式其餘的部分，學習如何克制「分心」及後續「拖延」的問題了。

我說過「拖延」正是我在編輯生活上的痛處，而且在家工作並無助於我克制想在下午三、四點左右看第十五遍《媽媽咪呀！》（Mamma Mia!）的衝動，所以，各位要知道我接下來提供的訣竅，是我在最極端的狀況下嘗試過，也測試過的。這裡「最極端的狀況」，指的是「我懶得工作了，所以打算轉而嘗試固定學起美國傳奇女團小野貓（Pussycat Dolls）的舞曲」這種程度的拖延喔。過去幾年來，我在這方面是有改善，但仍得積極多下點工夫才行，而且我幾乎天天都會運用接下來所描述的這些方法喔。

但我知道我並不孤單，除了茶水間的八卦還有週週都會帶蛋糕與大家分享的那個同事——這些在在顯示我們**時時刻刻**都很欠缺意志力——「拖延」也堪稱是職場的萬惡之源；它是時間的終極殺手，也是待辦清單一直無法完成，逐漸耗盡我們僅存動力的原因。為了停止拖延，我們必須哄騙大腦保持專注，並濾除所有分心的事。當你覺得自己又快犯起拖延的老毛病，即可試試以下三種實用的方法。

■抗拒不了滑手機的衝動？

限時滑看手機

無可否認，我們都很愛偶爾滑一下手機，而且你知道嗎？這一點問題也沒有。有時，我們就是需要休息片刻、恢復精力且重拾動力，才能再次開始，所以，看一眼手機若是你非搔不可的癢處，那就儘管去吧——只不過要給自己限定時間。五分鐘？十分鐘？還是十五分鐘？不論多久，只要你覺得這麼做才能滿足衝動，也可作為之後繼續奮鬥的誘因，都不成問題。我會建議越短越好，這樣你才沒有時間落入深不見底、超級痛苦才爬得出來的網購洞穴。下次當你又興味索然，便請拿起手機、設好鬧鐘，以在時間一到就提醒你重新振作、再次出發。我相信休息十分鐘非常有效，這段時間足以讀篇短文、快速瀏覽 Instagram，卻不足以完全沒入洞裡。滑手機、閱讀、坐在椅子上四處轉圈——什麼都好——然後待時間一到，就速速回到崗位上吧。

■掛心私事以致無法專心？

定時休息

和前一個方法類似，有時我發現規定自己何時應該休息最是管用。這聽起來是很嚴苛，但實際執行起來遠非如此，而且我覺得，相較於我只是在需要時休息一下，清楚接下來要在何時休息會讓我更有效地專注工作（因為前者會是每十分鐘一次，**哈哈哈**）。你也許聽說過「番茄鐘工作法」（Pomodoro technique），亦即拿起「番茄鐘」定時二十五分鐘，埋首苦幹，然後等時間一到便讓自己休息五分鐘，如此重覆下去。一般而言，你在用過三至四次的「番茄鐘」後，才會讓自己休息久一點，然後準備開始下一輪。就我個人來說，我則是偏好分段的工時長一些——從一小時到一個半小時。雖然你的時間可長可短，但也許短短十分鐘衝刺一下然後休息兩分鐘「遠眺外太空」，就能幫你實際整理好那宛如戰場、一團混亂的收件匣。我是會用手機設好鬧鐘，把它放在其他房間好讓自己集中注意力，從而在只能瀏覽工作相關的網頁下嘗試完成擬定的工作。當我思緒混亂、坐立不安，這方法對我最是管用，不僅強迫我專心，還讓我在盯著東西（也就是手機）時，不至於犯起拖延的老毛病。

■全都試過，但仍專心不了？

鎖定不得進入

當我們走到這步，就得對自己嚴格一點嘍，因為其他方式一旦都不管用，就該使出渾身解數了。你若得從眼前拿掉所有誘惑你的事物，也許就值得去研究一下有哪些APP和電腦程式可限制你進入特定的網站，或是完全禁止你連線上網。在蘋果電腦上使用SelfControl和Cold Turkey都能讓你無法在一段特定時間內連上選定的網站；前者是免費的，而後者雖然也有免費的試用包，但其付費版本卻能讓你天天都設好時間限制，甚至還結合了「番茄鐘工作法」的休息方式。StayFocusd屬於Google Chrome瀏覽器的擴充功能，可以讓你設定一天上網多久，但凡時間一到，你就遭到鎖定、無法進入。Freedom 則可阻擋連線上網、啟動 APP，而且各大裝置皆可適用；雖然你是得要付費才能使用這項服務，但它完全可依照你的需求量身訂做，而且手機、電腦互通。假如你的手機才是問題所在，那就試試我在本書第一部分所提過的免費 APP——Moment 吧；縱使它不會限制你使用任何服務，卻會如實累計你滑看手機的所有時間，並在一整天下來得出一個令人憂心、不禁讓你想要嚷嚷「老娘再也不看手機了」的天文數字。

以上工具的共同點，都在致力於把分心的事物降到最低，並且讓你專注工作**久一點**。「全神貫注」是我們追求的目標，而這得要配合「專心鎖定某一件事」和「免於可能轉移注意力的外界紛擾」才能達成。你正處在這個境界呢，你衝勁十足、一心一意，事事都游刃有餘，如入化境。說到這個，你想要臻於「化境」，一種關乎產值的理想狀態；只要臻於化境，你完成鳥事的速度便會超乎想像。

何謂化境？

我們得在本章探討**化境**，因為只要提到產值，它真的是種**理想的境界**。你問我有沒有小抄？好吧，基本上，它就是你正在完成工作而且**深深投入**其中的片刻。你感受到它，幾乎就像直覺那樣，完全不費吹灰之力。你曾經沉迷於手上的事，以致廢寢忘食、不吃不喝嗎？你曾經如廁約莫四個小時嗎？這就是化境！我們只要達到這個境界，便感受不到生理上的需求，然後時間就在不知不覺間匆匆地流逝。請結合這個狀態背後所有的要素吧，於是我們強化了表現、感覺到活力四射，同時也真正樂於做起手上的事。**搭啦！**藉由進到這番高產值的化境，大家最後都紛紛提升專注力，對於手邊的工作也能保持沉著冷靜、泰然自若，聽起來超幸福的，不是嗎？

匈牙利心理學家米哈里・契克森米哈伊（Mihaly Csikszentmihalyi）正是留意到這種碩果纍纍的境界，才發明出「化境」這詞。你也許一隻手就能數完自己何時臻於化境，還是說，你發現自己週週都達到這個境界。舉凡教育面、運動面還有和編輯生活更關係密切的工作面，化境都無所不在。所幸我們在衝勁居高不下、分心之事甚少的情況下達到了最適產值，還經由拆解上述這些完美狀況，明白到我們探討過的一切都涵蓋在化境之中。為了進入化境，工作得要在「具挑戰性、你感覺像在拓展自我」和「你覺得做得來、行得通」之間恰好取得平衡。你要期待完成工作，才會維持動力、繼續向前。我們不管在任何時候，既然都只能專注在一定數量的事情上，那麼在進入化境時，便會一心一意地把注意力都放在眼前的工作上。你瞧……

■進入化境為何棒呆了：

・集中注意力，然後提升績效
・不覺得有壓力，也不擔心
・忘卻時間
・感到活力十足，並享受手邊的工作

這聽起來實在太棒了，棒到不像是真的，對吧？你只答對一半，因為唯有滿足某些標準的工作，才可能讓我們臻於化境。我們要是認為工作太過困難，或是超乎能力範圍，就會變得懈怠，還可能心生焦慮，因為我們覺得這項挑戰的難度實在太高；所以，假如這項工作你從沒完成過、非屬你的強項，或者你對自己擬定的工作有點困惑，你就不可能進入化境。反之，我們要是認為工作太過容易，遠低於能力範圍，就會感到無聊、缺乏動力，因為我們覺得這項挑戰的難度實在太低。也許你每天都做著某件不怎麼特別享受的事；一說到登錄基本的數據，你覺得自己已經恪盡職守，然後是該輪到同事接起這項業務、體驗看看了。看到了嗎？要妥善安排工作也不容易哪。

為了臻於化境，我們得要擁有確切的目標、明確的目的，還要能夠據此即時提供回饋意見。我們也許無法經常掌握這些要素，因為我們並不清楚自己在工作上的定位、缺乏溝通，還對中間的過程心存疑慮，所以，在這時談到化境如若超乎你的極限，就別對自己太嚴苛了；反之，請仔細閱讀以下步驟，好在未來付諸實施，這麼一來，臻於化境才有可能變成你往後的選項。

■我們如何利用化境？

你要是動力爆棚（梅爾，就是妳！）、巴不得馬上展開某項特定的工作，或是對於正創作的一切滿懷熱情，就最好善用精力，試著盡快進入化境。一旦臻於這個碩果豐盛的極樂世界，你才會在最有效也最享受之下，更快完成你該完成的事。你難道不想多次臻於化境嗎？以下要件沒有任何商量的餘地，而得就緒才能快速通往化境：

- 我們必須清楚知道要做什麼。
- 我們必須知道如何進行。
- 我們必須能夠瞭解自己進展如何。
- 我們必須免於分心。

你清楚知道
要做什麼嗎？

Y ↓　N → 向你的經理尋求進一步的協助，或者研究你所必須完成的工作。

你知道
如何進行嗎？

Y ↓　N → 盡可能地重覆這項工作，它才會自然而然地內化。

你能夠瞭解
自己進展如何嗎？

Y ↓　N → 透過一再重覆，你將會慢慢意識到自己的工作品質如何。

你能夠
免於分心嗎？

Y ↓　N → 改變周遭環境，並把日記放到一邊，這樣你才可能專心。

你把這視為高難度
的挑戰嗎？

Y ↓　N → 看看你能用什麼方法讓工作更進一步，精益求精。

你認為自己同樣具備
高水準的技能嗎？

Y ↓　N → 保有你在進行擬定的工作時，感覺能力上達到巔峰、臻於化境的過程。

化境，我來啦！

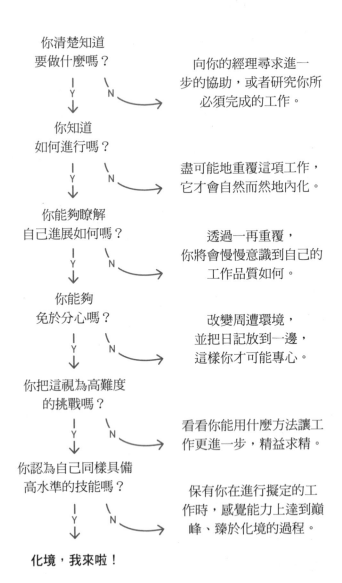

- 我們必須把這視為高難度的挑戰。
- 我們必須認為自己同樣具備高水準的技能。

這些標準也顯現出我們為何無法藉由待辦清單上突然冒出來的新工作，反而適合透過從前做過多次、真的毋須太費心就能施行的步驟而進入化境。對我而言，使用某種過度花俏的軟體修圖仍是我認真處理且努力學習的，所以，每當我的行程出現這項工作，就不可能達到化境；只不過，我在擔任部落客後已經前前後後寫過兩千五百多篇貼文，鑑於這是一項我再三使用且不斷練習的技能，化境從而成為一種可能。你若能在自己扮演的角色中弄清楚其間的差別，便可提出以下問題，捫心自問，以求臻於化境，此外，你若還無法達到那番特殊的境界，亦可藉此完成除錯。

一旦你臻於化境，周圍的世界將有可能寂靜無聲，但你若開始聽到有音量持續攀高，便盡力消除讓你分心的事物吧：可能的話，在一處安靜的地方工作，並關閉所有的提醒及通知。沒錯，你偶爾是得出來透透氣，但若感到已入化境、達到物我兩忘的境界，請別懷疑，順勢而為，你將可能面臨此生到目前為止，產值最是亮眼的若干小時之一。你只要臻於一次化境，下次就會變得更加容易，因此，你眼前若有合適的工作，可以的話就多多練習吧。

倘若這對你來說並不容易，也別苦惱。我的意思是，我剛才說了這麼一堆，你可以看到，你得要符合許多的情境因素（situational factor）才能臻於化境，所以，只要把這些牢記在心，如有待辦事項剛好一一符合這些要件，你就能嘗試運用看看。縱使你只是試著「進入」化境，比起其他方式，這麼做將會讓你工作起來更有效率，再不然，拖拉的惡習如若持續逼近，你還可拚死一搏，參考以下這些我每每亟需有人鞭策而會使出的大絕招，所以啦，我的確是有完成**什麼……**

如何提升產值

你若已執行我們迄今探討過的所有內容，你這時的產值應該已經急速飆升了吧。正是。所以，我打算簡單帶過這個部分就好，因為產值實際增加就是我們在學以致用之下，如願落實其他核心理念所得到的最終結果：更有衝勁、花更多時間在自己開心的事情上，從而過起一種更精實、簡化且毫無壓力的生活。基本上，善用你的時間，就是過起編輯後的生活。

假若你偶爾對工作極為倦怠、真要有人好好鞭策一下才行，你或許可以在平常使用的方法無法如願帶來什麼好結果時，考慮實施一些技巧。因此，當你覺得拖泥帶水猶如一台吸塵器正要將你強行吸入，教你無法掙脫時，就能使出以下這兩大招數加以抵抗——況且它們還很好記。

■「一次」法
在有時間徹底完成一項工作前，請別貿然開始

所以，你知道廚房餐桌上那堆尚未開封的信件嘍？與其藉著打開信件，再把它們挪至別處稍後再看而分次處理這項工作（同時積攢了好幾週的灰塵，直到你得在本年度的路稅⑤〔road tax〕到期前衝回家更新，因為你早就把這事拋到九霄雲外），請你打開信件，看看是否有要支付的路稅，接著開啟筆電，就在當下搞定帳單吧。

你若在趕時間，就先緩緩，等到自己有一段完整的時間能夠應付那堆信裡究竟有哪些玩意兒再說吧。這個方式很僵化，所以並非事事通用——對於較長期的專案來說更是如此——但對於文書工作、一向惱人的差事和電郵的收件匣卻都非常管用。除非你有足夠的時間清理收件匣，否則千萬別輕易點開。對於今早收件匣裡半封郵件也沒有的人所適用的法則，在你這個上次查看收件匣、裡頭還有高達四千三百八十七封的人身上也許根本行不通。

---

⑤ 由英國政府依據汽車使用的燃料種類及廢氣排放量（CO_2）所徵收的稅金，一般來說，未排放二氧化碳的電動車不用繳交路稅，油電混合車或柴油車之路稅則較前者為高，多與汽車馬力或車齡相關。

■「一日三工」法

設定今天要完成三項工作

多年來我一直都在測試、調整這個部分，但數字「三」就是特別神奇。我不但寫起「三」最是順手（我雖這麼認為，但我也偏愛數字「七」），還發現一天完成三項主要工作正是我在計畫上的最佳擊球點。我可在早上、午餐和下午這三大時段輕易排入三項工作，還覺得這樣的分量剛剛好，不會讓我想要增加，也不會讓我在回家途中急得熱到要一路鬆開襯衫上層的鈕釦——這完全滿足了我對產值的要求，卻不致感到空虛。

你也許發現到，會督促你加快行動的可能是高於「三」，或是低於「三」，所以你若覺得「三」這數字不太對，便值得酌予增減，以符合個人需求。每當你覺得待辦清單令你作嘔，就擬定自己的神奇數字、以備不時之需吧。為了替日子增添一些變化，你甚至還能藉著確保這三項工作分屬不同的類別而更進一步；也許有一項是關於專案，有一項是行政，然後有一項是個人創作呢？

懂了嗎？我說過這部分我會簡單帶過就好。由於我目前所提出的建議中，幾乎有百分之九十五都是要大家最終減少浪費時間，所以到了這時，各位其實早已是數一數二的產值專家，「拖延」這事也可以閃到一邊涼快去了。況且，你要是無法讓它悄悄退場，至少也已偷偷握有兩張王牌，得以順利取勝嘍。

我覺得《質感生活編輯術》工作這部分的最終章，到此算是圓滿結束了吧。首先，我們已經整理完成，如今你的工作場所該是功能齊備、乾淨整潔，同時也沒廢紙堆積如山。但願你已經強化「清理雜物」上的肌肉，如今準備迎接規模大一點的工作了。於是，我們把重點放在有效計畫，也就是如何規劃你的一天，才最能配合你和你的生活作息與日常事務，還有如何編排清單，從而讓你感到更加強大，而非茫然失措。最後，我們進展到逐一落實這些計畫，以及如何真正徹底完成待辦清單。日後但凡為了動力所苦，或當「拖延」準備在你腦中開店、長久駐紮，現下便有一堆全新的技巧可以自行運用。這種方法利用三管齊下，涵蓋了工作上有關「規劃」和「產值」的各大面向：你在全新且改善後的工作環境中擬定計畫，並且一一審視計畫進度，讓你瞭解自己正在陸續完成這些事，還能為你全面帶來成就感。你正在完成一項最出色的工作呢，但願你在這麼做的同時，不致平添壓力，還能讓你在工作之餘擁有一絲喘息的空間，好把更多時間花在自己喜歡的事情上。

恭喜！你已經讀完《質感生活編輯術》的三分之二了，這意味著你還有最後一個部分得要完成，而我可以從中看出自己能還引用幾次雷恩・葛斯林當作旁白，好說服你「生活規劃」是一項既迷人又有趣的主題。你已經排好生活中的優先順序，也已提升工作時的效率，如今是該把剛剛練就的簡化技巧帶回家嘍。

編輯後的工作確認清單

- ☐ 清理你的工作場所、相關用品並且重新規劃，打造出一處功能齊備，同時盡可能舒適又免於分心的區域。
- ☐ 經由嘗試錯誤從而找出最佳的計畫方式，無論是用紙筆記錄或是下載行事曆的 APP 都行。
- ☐ 與其累積待辦事項、徒增焦慮，不如為眼下這周擬定務實的計畫，以感到一切都在掌控之中。
- ☐ 整理收件匣，一旦看上去賞心悅目、井然有序，便可建立最適合你和工作上的個人設定，以發揮最大功效。
- ☐ 當你下次感到動力十足，請記下自己為何會有這種感覺的五大原因，這麼一來，當你再次缺少動力，即可致力於集結這些要素。
- ☐ 要是「拖延」占了上風，請落實以下我提到的實用方法之一：限定休息多久、下載封鎖網站的 APP，或者善用「一次」法。

PART3

住家

Home

簡化並整理我們的家還有個人物品，可說是「把一切整理好」的必經之路，而且你輕易就能看出原因所在。對多數人來說，扔去物品的感覺有淨化作用，最終都會因而舒緩一些壓力。

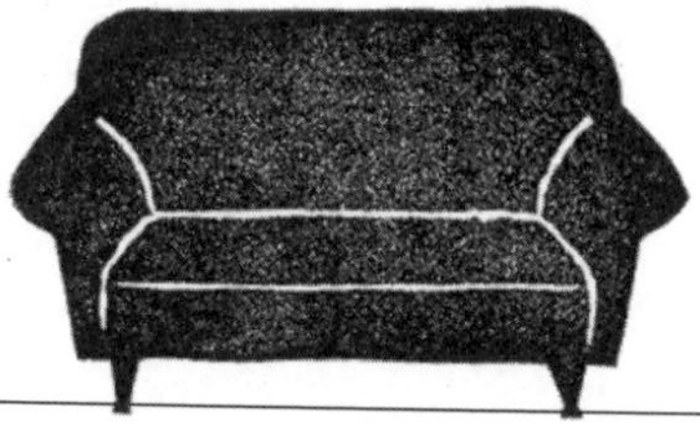

把住家變得更具效能同時增減居家用品乃是編輯生活的最後一塊拼圖，也是讓一切變得完整的最後一步。你家若是既乾淨又整潔，不像應該出現在《你家有多乾淨？》（*How Clean Is Your House*）的某一集裡，那麼，當你邀友人下班後來訪，便可不必在大家現身之前花上整整一小時直喊著「把東西通通藏起來！」／拿吸塵器吸個不停了。在置放生鮮的抽屜裡若沒有已經擺了一個月的白花椰，你備起料來會更加愉快；你的浴缸若沒有到處散落著上週刮下的腿毛，你打算在週日泡個澡、寵愛自己一番也就能成真；一個規劃完善的衣櫥更會讓你「穿著自己中意的服裝準時到班」。這部分正是結合其他部分的黏著劑，而且透過整理住家，你要規劃的物事不但變少，周遭的環境應該也會讓你更放鬆許多，而不像是覺得金和艾潔隨時都會拿起清潔用具敲起你家的大門。①

拿出垃圾袋並穿上舒適的家居服吧，因為我們準備要著手清理嘍。之後再向剛清理好的周遭環境打聲招呼，並準備好好熟悉一下省事的F.U.L.L.法吧。

咱們先把衝動的購物欲丟到一邊，並藉著順應個人需求所打造出的膠囊衣櫥來解決「我沒衣服可穿！」的難題。學習為何在每次選擇時都要「重質不重量」（我們現正談論的若是甜甜圈和打掃行程，則不在此限）。最後，我們將會找出如何定期清潔、整理，好在居家生活中建立良好的秩序與作息。

因此，是該放上最後這塊拼圖，打造出一處編輯後的居家空間，好讓你在生活、工作上的各方面都變得更容易、更省時，卻又不失你的風格。

---

① 由英國著名家事達人金・伍德本（Kim Woodburn）與艾潔・麥肯錫（Aggie MacKenzie）所共同主持的生活性電視節目，每集三十分鐘，主要由兩名主持人率領專業的清潔隊伍前往因髒亂而無法居住的家庭住所大掃除。金和艾潔除了共同主持節目外，更將多年來的經驗和常識集結成書，先後出版《你家有多乾淨？》（*How Clean Is Your House*）、《打掃聖經》（*The Cleaning Bible*）等書，為現代人提供多種快捷、有效又省力的家事管理妙方。

如何簡化並規劃住家

學習如何運用F.U.L.L.法的相關技巧整理住家。此法可說是完全為你量身打造，好讓你只留下確切需要的、用得上的，以及珍愛的物事——不多也不少。

你在拿起本書時，很可能認為這只不過是一本整理手冊，而我想就某方面來看，它的確是。我已經一路探討過如何減少並簡化生活上的各個面向——從如何固定執行數位排毒、成為習慣，到如何寫出簡明扼要而你也將會真正徹底完成的計畫都有。我是相當贊成針對一切事務採取極簡主義法，但是略加調整以致你不覺得綁手綁腳，同時瞭解這一路上得要經過不斷精進、改善，**這才是編輯的重點所在啊**。孩子，這是一體的！所以，把居家用品簡化到適合每一個人的程度只是其中的一部分而已，「整理」一事所涉及的層面要廣泛得多。就我個人的經驗，徹底打掃家裡算是一種單一行為，並不會改變你的生活，然而一旦接合了工作、生活等其他面向的齒輪、也得朝著正確的方向轉動才行，這就變得很刺激了。

四年前，我一股腦兒地研究起極簡主義，針對這部分買了八本書（科科！超諷刺的）、上網搜尋相關資源，還在空閒時聆聽有關這項主題的podcast。那段期間，我真的是一頭熱。一如我在引言中提到的，我對於扔起東西變得**有點**走火入魔，於是，我們家看上去便從自己向來引以為傲的樣品屋，變成了當天下午即將關門大吉的折扣家具店，空空如也；我的衣櫥空空的，抽屜空空的，而且你知道嗎？我覺得自己也空空的。我把太多的精力和專注力放在盡可能丟掉生活中的許多物品，以致完全忽略了「但我可能會需要這個？」這項有時正確、有時錯誤的疑慮。一整週下來，我沒有足夠衣服可穿——自然也不用洗上兩趟衣服，而我倆的家也完全沒了個人特色（差點就連遙控器也沒了，但好在我的常識適時發揮了點作用）。我當時在想，不知何時才會清理完畢、騰出一處讓我無牽無掛、自由自在的物料棚——於是，我努力了好一陣子；我甚至還想，自己會不會升級成某種極簡主義的大師，到時什麼近藤麻理惠，**哼，還算個老幾**。但這時我開始嗅到自己身上的臭味，因為一件襯衫我得要連穿三天，而我也才瞭解到，我可能有點做過頭了。

當然，完全相反的情況也有。也許，你從沒想過近藤麻理惠這號人物，家中的擺飾肯定就不是她口中的那樣？或許，你擁有的花瓶數跟我老媽的有得拚，還是說，你收藏的票根不但比我老公的還多，更會固定滿到抽屜外。你若珍愛物品，周遭的混亂還會給你帶來前所未有的快樂，那我真為你感到開心。但你若覺得喘不過氣，常因東西太多而受到負面影響或導致成效不彰，那麼，或許就該好好整理一下了，這也才是《質感生活編輯術》的定義所在。

動手整理：

策劃出最適合你的空間，裡頭都是令你賞心悅目的東西——無論多寡——其餘的東西則全面汰除。

動手整理（你若已經像我一樣簡約，那便叫「重新堆放」）未必只是減少生活用品，而是留下需要的生活用品，還有某些可能並不需要、卻足以令我們會心一笑的東西。說到後者，我雖然未必會馬上想到我的豹紋高跟鞋，但我每每穿上它們，就是覺得酷斃了。我們已經在外受夠壓力，所以住家還有居家用品都不該再帶給我們同樣的感受。因此，無論你是囤積狂、極簡主義者，還是介於兩者之間，動手整理都有助於你把住家編輯成最適合你的一片園地，還能兼顧生活方式以及房子大小。

至於生活上的一切，簡化個人物品講求的是適度而為、量力而行。我曾經太過極端，至此才赫然驚覺，這世上其實存在一種「所有物的數量恰到好處」的境界。我們有了需要的、用得上的，也珍愛著手上擁有的，於是只要看到這些，便感到心曠神怡，不會茫然失措，也不覺得周遭的東西效用不彰，最重要的，還有剛好數量的乾淨襯衫可穿。一說到整理，我可以提供的技巧肯定一堆，只不過，我即將告訴大家的這項技巧不但簡單好記，應該還會讓你免於和我犯下同樣的錯。**別碰那支遙控器！**噢，沒錯——**呃**，只有我才會盯著它看啦……

F.U.L.L.法

有些整理的策略是建議僅僅保留讓你開心的物事就好，有些是信奉「數字法」——留下三件套頭毛衣、五雙鞋、一本記事本和一只小行李袋，有些則是擬定空間限制，要求你所擁有的一切只能塞得進一只行李箱。我發現第一項理論有些模稜兩可，其他的則太過激進；於是這些年來，我發現 F.U.L.L. 法才是最好用的。你沒聽過？那是因為這是小女子我發明的，但請容我告訴大家，我已經用過絞擰機去蕪存菁，所以一說到要不要丟棄某件物事，F.U.L.L. 法總會引導你做出明智的決定。以下是你在處理每一間房及藏在房門後的相關物品前，所該問自己的問題。

- 它**有功能**（FUNCTIONAL）嗎？你用不用得上？
- 你去年**使用過**（USED）嗎？
- 你**珍愛**（LOVE）它嗎？
- 你喜歡它的**外觀**（LOOK）嗎？

假如你回答「是」超過一題以上，那就留下這樣東西。以下是此法萬無一失的原因。**有功能**意味著你最後不會把可能有用的東西隨便扔掉。你上次何時**使用過**則意味著你最後不會緊抓著好幾年都沒碰過的東西捨不得丟。至於問起自己是否珍愛這樣東西，是為了不讓自己在丟棄任何懷舊或對你意義重大的物品時感到心痛。最後，你有時就是喜歡某些東西的**外觀**，而且常常就是這些稀奇的小東西和廉價的小飾品，才會讓你的房子感覺起來像個家。

相較於其他方法，此法可說是謹慎得多。就我個人的經驗，我會說，你最好先保留還不怎麼確定想要丟掉的東西，等過一陣子再說。要是過了六個月，你非但沒**使用**這樣東西，還發現自己不再格外依戀它的**外觀**或是它所帶給你的**感覺**，那麼，你就知道該怎麼做了。隨著你逐漸對整理一事建立自信，也懂得聽從直覺，這就放手去做，更進一步吧。你若有哪件衣服四年沒有穿過，你也真的非常喜歡，但你其實寧願空出衣架，那麼，也許就是斷捨離的時候了。不過，別擔心——我們會逐步討論到這點。

總整理

想開始了？我會建議大家先把難的解決了，再進行「總整理」（Master Declutter），針對每一間房——從而到每件所有物——都實施F.U.L.L.法，你肯定就能充分體驗住家環境在整理過後給生活各方面帶來的種種好處。然而，在你開始前，請確認已經備妥以下事物，這才按下啟動鍵。

■開始前

制定扔去法

有些東西已經毫無使用價值，就扔進大袋子裡，然後揮手道別吧。你要是覺得能利用舊東西賺點外快，便在eBay或Facebook Marketplace之類的二手拍賣網站建立帳號（Depop適合拍賣衣物，Vestiaire Collective最好用來拍賣名牌商品），然後想用再用。至於其他沒什麼拍賣價值，但親友們可能會喜歡的東西，我總喜歡在身邊備好袋子、裝好裝滿，待有機會拜訪大家便隨身帶著，然後幾趟下來，若還留有任何物品，才會送往義賣商店。想一想你認識的人當中有誰整年都在經手露天園遊會、攤商、義賣活動之類的，繼而詢問是否為此特別需要什麼。不浪費，不愁缺，就這麼簡單；請用盡各種方法轉送物品，直到最後才決定扔掉，眼不見為淨。

確保具備時間優勢

除非你已經住進一個四面刷白的小房間，看似是〇〇七電影裡壞蛋隱身的巢穴那樣僅有一只附庸風雅的火爐作為中央擺設，否則你若打算把家裡從頭到尾整理一遍，很可能要花上好一陣子才能完成。當你覺得這件事得要一次就搞定，很可能會令你卻步，所以，請分成幾個週末陸續完成吧。我就是這麼安排的，如此一來不但非常有效，還能讓我保有基本的人際互動，不致搖身一變成了沉迷於垃圾袋、東西老愛丟個不停的人。你是需要有點時間，但也得想要實際執行才行（但願接下來的內容能在你心中燃起一股鬥志）。你若先投入幾個小時整理，長期下來就會因為手上東西減少、整理起來跟著變快而省下更多小時。此外，藉著刪減多餘的物品並且計算自己浪費了多少錢在這上面，或許有助於你調整心態，不再買不必要的東西，所以長久下來對於預算也有幫助。真可謂**雙贏**哪。

■總整理計畫

一提到在家運用 F.U.L.L. 法，我會建議甚至是最老練的專家，也應從小處著手，再一路進展到規模較大的工作。你若一切自己包辦、把事情分成連續好幾天或好幾個週末進行，我會建議，一次先處理一間房就好。我也得提醒你大概在做到一半時，可能會像胎兒那樣蜷曲在地，不解自己到底幹嘛要展開這項沒完沒了的工作。所以，先從你認為比較簡單的房間開始吧，像是浴室——裡面東西不多，你只須丟掉幾個洗髮精的空瓶就行了——再一路進展到大規模的工程，像是你擁有的儲藏空間、臥房，或是放有許多貴重物品的地方。這麼一來，待你已經完成一半、中途也經歷崩潰然後正要振作起來奔向終點時，你將真正練就出一身結實的「簡化」肌肉，宛若一名舉重專家，一把就能舉起裝滿破襪子、貼身洋裝、文書檔案和多餘耶誕禮物的袋子，應付自如。我會建議按以下順序進行：

一、浴室　　二、玄關

三、客廳　　四、廚房

五、臥房　　六、儲藏空間

你在編輯每間房時，都請牢記以下指引：

■浴室

我會建議先完成清單上最容易整理的房間，然後對多數人來說，我猜這應該是浴室。浴室裡要整理之處不多，除非你就像我的舊室友，能在洗澡時用她遺留下來的塑膠剃刀護蓋建構起小小的堡壘。另外，我永遠都忘不了水電工來疏通排水孔的那天，清出了一坨宛如松鼠大小的頭髮，還移除了以上剃刀護蓋所搭成的那團複雜塑膠體。

務必：

- 只儲放清潔衛生和讓你放鬆鎮靜的物事。
- 可能的話，請把一切收進收納櫃，這樣打掃起來才快得多。
- 也請在此貯存相關的衛浴用品，以免你用完了捲筒衛生紙還得捲起褲管跨過走廊去拿。

■玄關

玄關既是家中的入口，也是你和訪客入門後第一眼看到的地方。由於玄關現在要達到一尺見方實屬稀罕，所以它也能充當倉儲空間／居家辦公室／收放有的沒有的一般區域，而且除非你的玄關已經確定放

務必：

- 確保氣味宜人——你想要玄關感覺起來很吸引人、聞起來有家的感覺（用完懷特公司的新鮮無花果室內擴香，整個玄關便宛如天堂一樣）。
- 保持暢通，以便你嘗試拿進每週採買好的食物時，免去被絆倒的風險。

滿封閉式的儲藏櫃，否則我打算在此發起一項運動，宣揚這裡的用具要越少越好。所謂言教不如身教，我覺得應該要在這裡補充一下，我們家的玄關目前擺著馬克的自行車、自行車靴以及所有和自行車相關的廣告宣傳單（然後他居然還想再買一部，**好笑了**），所以，讓玄關一直都毫無垃圾有時可不像人們所說的那麼容易，只不過雜物越少，風水（feng shui）——或這類的東西——也就越好。

■客廳

接著，咱們進展到客廳吧。這地方對人人來說往往都有點不同；你可能有專屬的客廳，還是說你住的是工作室，只要有電視和扶手椅即可充當客廳使用？也或許，你的客廳是開放式的，而且一路通到廚房？無論你是哪種狀況，這裡真的不用置放太多雜物。它是一處晚上用來讓自己冷靜、週末用來四處閒晃，然後有空時用來進行社交活動的空間，真的不宜專門用來蒐集口紅或釀造啤酒——你最新發掘的愛好——並且置放那些又大又臭的附加用具。

務必：

- 舒適至上，然後室內設計上帶點個人風。
- 保持寬敞，無雜物堆積，這樣你才有更多空間伸展，並靜靜地沉迷在《英國家庭烘焙大賽》的節目中，同時享用一大片現成的維多利亞海綿蛋糕①（Victoria sponge）。

---

① 以香濃、扎實的磅蛋糕為主體，果醬和鮮奶油為夾心，再以糖粉點綴於蛋糕表面即可完成。

■廚房

好了，到此事情真的要開始升溫了。為了臻於《質感生活編輯術》中平靜的上層境界，我們就得讓廚房在家中充分發揮功能，還得讓它保持整齊清潔、井然有序，而不致讓你完全忘了那顆自家好姊妹從法國帶回來的煙燻蒜球，直到它都已經開始發出陣陣惡臭，你還以為那只是櫥櫃後方藏了隻死老鼠。你若沒運用F.U.L.L.法，那麼，當你拚命試著打開卡住了的冷凍櫃，以掏出一條在裡頭滾動已久的舊臘腸作為沒啥營養價值的晚餐，備餐對你來說可能會是個遙不可及的夢想。

務必：

- 騰出實用、乾淨的空間來貯存新鮮的食物。
- 為配膳物料找到貯存妙方，以常保井然有序。
- 確保你凡有需要，即可輕易找到廚房用具。

■臥房

你聽過「臥房就是救命綠洲」（your bedroom is your oasis）這說法嗎？我完全同意。你的臥房該是家中讓你最想休息、最是放鬆的地點，也是一處讓壓力退居次位，並讓你在最不受干擾之下——無論生理還是心理——全面充電完成的空間。然而，多數人都會在這裡貯存物品，不時地走動

務必：

- 保留地方專門做些古怪的睡前運動，而且可能的話，別把這裡當成多功能的使用空間。
- 整齊儲放衣物，使其保持最佳狀的況——換言之，別丟在地上。

取用，所以我們得在學習如何善用臥房的同時，也打造出一處沒有雜物堆積的區域。咱們這就在簡化、貯存和睡眠之間找出平衡吧。

■儲藏空間

我們都會經由現有的物事透露出我們需要什麼——但不是天天需要——還有我們無法捨棄什麼，譬如耶誕飾品、行李箱、多出來的油漆罐、你為了九年級的美術作品所完成的查理・辛普森[②]（Charlie Simpson）畫像，還認為這是你最傑出的作品之一等等都是。你若有幸在家額外擁有自己的小角落或小縫隙，我敢打賭，這些東西就躺在上述的空間裡，而且無論你擁有的是通風良好、兼具櫥櫃功能的儲藏地點，還是個人專屬的閣樓，它們總免不了被塞爆的命運。見鬼了，就連《六人行》裡超潔癖的莫妮卡・蓋勒都有一個塞滿東西的櫥櫃咧！所以，我們第一步就是先**拿出物品**，用 F.U.L.L. 法掃

② 英倫經典龐克團霸子（Busted）的主唱兼吉他手，才華洋溢，於該團解散後先後與許多另類搖滾的音樂人合作，屢創佳績。

務必：

- 毫無保留拿出一切。你得針對家中的每樣物事都實施 F.U.L.L. 法——沒有例外。
- 必要的話，請添購儲藏設備，以便找到收好的東西，亦可使其免於受損。

過一遍，在經過大肆整理、以防你認為需要但其實很快就不那麼需要的東西在未來堆疊出另一座瀕臨爆發的新火山，再把剩下的部分放回原處。

你已經制定扔去法、具備時間的優勢，也在前一部分的幫助下瞭解每間房的最終目標，可謂一應俱全。接下來則是你在家中每一間房都用得上的小抄。一開始是F.U.L.L. 法，還有針對各個類別可能出現的物品所提出的一些建議，有助於有效整理，然後才是規劃上的訣竅，教導大家如何替剩下的物品找到新家，盡可地讓每間房變得更簡化，也更實用。

浴室

F：浴巾、面巾、衛生用品（牙膏、沐浴膠、洗髮精、捲筒衛生紙等）和浴室清潔用品

U：護膚、護髮和全身專用的額外用品

L：盆栽和蠟燭

L：別緻的洗手皂、乳液壓瓶和賞心悅目的儲物櫃

美妝產品。東西能收起來就收起來。這不但會讓一切保持清爽，還會讓打掃浴室成為

一件人們夢寐以求的事。ＩＫＥＡ所販售的衛浴櫥櫃品質優良，價格公道。你若有機會整修浴室，我會大力推薦購置浴櫃和開口式的塑膠儲存箱，後者可用來收納個人的衛浴用品，你只消在需要時從儲藏的抽屜取出，用完後再物歸原位就好。這麼做旨在不讓洗髮精的瓶瓶罐罐和沐浴膠等散落在浴缸／淋浴間的周圍，因為這不但非常恐怖，也很難清理，放在淋浴間的置物架大概兩個月內就會整個發霉了。

衛生用品。我們是第一次擁有一間浴室，然後只要坐在馬桶上，伸手就能觸及擺放捲筒衛生紙的地方。這雖然只是設計上的小巧思，卻十分重要，令我感到心滿意足。只要有空間，浴廁芳香噴霧啦捲筒衛生紙啦衛生用品啦清潔用品啦，通通可以收納在此，如此一來浴室裡萬物齊備，就只等候你的差遣了。

浴巾。若要把浴巾放在抽屜，我發現最好把它捲起來，以便節省空間，而且這樣才能一覽無遺。只不過，無論你如何擺放，都請把剛洗好的放在最下面，並從最上面拿起，這麼一來你才都會用到，而不致發生重覆使用或完全沒用的情形。根據一般的經驗法則，我會說一個人用三條浴巾就夠了，健身／去海邊時可多加一條；扔去那些已經破損或是從八〇年代以來都沒汰換過的浴巾。

F：衣帽架、鑰匙托盤和直立式文書收納架

U：（本項在玄關未必適用）

L：印刷圖片及裱框照片

L：裝飾性物品（花瓶、盆栽、蠟燭、室內擴香等）

鞋子及外套。我們一路成長的過程中，家裡樓梯下都有吊掛外套的櫥櫃，所以理應會在裡頭放進外套、夾克和鞋子，但我之後的住所就再也沒有這樣便於儲存的角落了。你若有專屬的空間置放所有的外衣，就請好好利用，但你若沒有，我會建議把外衣轉而放入衣櫥。不管是前門後方所吊掛的那堆外套讓你費了好大的勁兒才開得了門，還是門口那堆自成一格、搞得宛如門擋完全無法移動的鞋堆，這些都不是什麼酷炫的好事。有必要的話，請精簡數量，並選擇放在別處、不外露，這樣你就不會搞混這裡是你家玄關，還是通往納尼亞王國（Narnia）的魔衣櫥了。

書面文件。你的玄關並無法取代辦公室的歸類系統，所以別這麼看待它，因為——相信我——你也不會想要一進家門就看到未付款的帳單的。我會建議你一收到信就拆開看看，**盡快**採取行動，然後日後若得幹嘛，就把這些信放在常常走動之處，這樣才能不斷地提醒你要記得完成。對多數人來說，這樣的地方不外乎是玄關或廚房，所以，你若要把管理生活這事留在玄關，我就會建議大家至少備好小型的信插進行收納，或在牆上架起文件收納籃（H＆M和Etsy都有些不錯的選擇），這麼一來不但更賞心悅目，也仍會在你大腦中扳起「這得要盡快解決」的開關。

客廳

F：電視、照明和貯存用品

U：書籍、桌遊、DVD、CD、唱片和雜誌

L：相簿、剪貼簿和小裝飾品

L：印刷圖片及裱框照片、盆栽、裝飾物件和室內織物陳設

書籍。F.U.L.L.法在此特別管用，同時我也會對書架採用這種方法。我僅僅保留功能導向的書（食譜或是我認為工作上有幫助的書）、常常回頭去讀的書（我都會大聲朗讀朵莉・阿爾德頓（Dolly Alderton）《就我所知關於愛的一切》〔*Everything I Know About Love*〕一書中告別單身派對的那章給來訪的每位客人聽）、個人珍愛的書，還有讓我醉心於其外觀設計的書，因為有的時候，茶几上精美的擺設用書就是這麼地賞心悅目。至於不

屬於這四類的書呢，我則會在讀完之後轉送他人並捐贈出去，如此一來，我們的客廳才不會變成一處專門收藏時尚、美妝、言情小說與生活規劃用書的圖書館。

唱片／DVD／**桌遊**。我就是那些非常糟糕、偏好事事都能數位化的人之一（唯書籍不在此限——雖然我接受帶著電子書去旅行確實比較合理，但我還沒趕上這股Kindle的潮流呢）。所以若是由我決定，我們就只會收藏少數的唱片，然後扔掉CD和DVD。既然如今所有的一切都能輕易地存入各種不同的裝置並上傳到雲端，那我會說，請保留你真用得上，或是令你懷舊的物事吧。你若年年都要拿出《愛是您・愛是我》的DVD重看一遍，就別把它扔掉；還是說，你每年都很享受把某張唱片從頭到尾聽個幾遍？那就把它收在安全的地方。至於其餘的一切，就該捐出去嘍——你從沒用過的那組拼字塗鴉也不例外。開放暨封閉式的兩用置物櫃可說是上天的恩賜，因為這意味著你既能貯存所有見不得人的垃圾，也能擺放適合展示的物事。

廚房

F：所有的廚房用品，以及碗盤、刀叉等餐具和鍋勺等烹飪器具

U：食物！

L：食譜，以及祖傳並令人懷舊的陶製餐具

L：可置於開放式櫥櫃的精緻玻璃杯或陶製餐具，以及桌旗、杯墊和桌墊

冷藏食物。別把產氣的蔬果放入冷藏，因為這可能會催熟其他的蔬果。所以，快把酪梨、香蕉、油桃、桃子、西洋梨、李子和番茄放到一旁的碗裡，或者置入儲藏櫃吧。至於冷藏室，則可依循以下格局妥善保存食物：

・**上層**。請在這裡放入不必烹煮的食物，如剩菜、煮好的肉類和飲料。

・**中層**。快快把所有的乳製品都放到這裡，如鮮乳、優格、起司和奶油。

・**下層**。由於這是冷藏室中溫度最低的地方，所以請放入尚未烹煮的肉類和魚類，同時確保一切都經過妥善包裝、充分密封。

・**底部抽屜**。這裡最適合貯存散裝蔬果和袋裝沙拉。

・**門欄**。這是冷藏室中溫度最高的地方，受到溫度波動的影響也最大，所以，請在這裡放上加了天然防腐劑的食物，如果汁、果醬、抹醬和調味料。

冷凍食物。扔掉已經冷凍在這裡超過六個月的東西（過了這段時間，東西往往就會失去風味），然後整理剩下的品項，再分門別類放入每個抽屜。我們家的冷凍庫設有三個抽屜，我多用最上面的抽屜貯存冷凍蔬菜、麵包、魚肉生鮮，中間的抽屜貯存剩菜，然後基於這裡的空間最大，我們也最常把剩菜冷凍在此，再用最下面同時也最小的抽屜貯存冰淇

淋之類的甜品及冷凍水果。說到剩菜，可能的話，請務必使用透明的容器或袋子存好適當的分量，再一一貼上標籤，這樣才可知道內容物，以及放入冷凍的時間（還是說，你若喜歡玩起舊時那種「剩菜樂透」〔leftover lotto〕的遊戲，希望給晚餐來點驚喜，那就別管什麼標籤了，剩菜有啥就吃啥吧）。

配膳物料。把較少使用的物料放在高處，然後經常取用的放在低處的櫃子。你知道還有旋轉收納盆之類的東西嗎？它們用起來真的很好玩，也很適合儲放調味料和罐頭食品，雖然是有點占空間沒錯，但方便你要用什麼就拿什麼，也算值得了吧。利用透明籃放置麵粉、穀類、堅果及果乾這些可以收納成堆才比較容易找到的食物也真的非常方便。基爾納牌（Kilner）的透明密封罐算是 Pinterest 上較受大家歡迎的貯存方法，而你若期待在規劃上達到極致，就不要客氣，瘋狂地沉浸在標籤機的世界吧；但請記住，這些都需要花費一點時間安排、管理，所以，你的麵粉若還躺在原來的包裝袋裡，也不必感到挫敗喔。

餐盤、鍋具、平底鍋和其他的一切。當你實施完 F.U.L.L. 法、打算放回所有的廚房用具，請務必放在使用地點的附近，像是炊具、鏟勺等放在烤箱邊，然後盤子、碟子等放在洗碗機旁之類的。當你要移動物品，「堆疊」可說是大魔王，老會讓你感到芒刺在背，所以請把儲藏櫃的內架調到最適高度，以便放入所有物品，然後如若空間不夠，則可善用櫥櫃立架（即能放進櫥櫃、隔出額外空間的迷你立架）。而你將來若有機會整修廚房，請盡量多多設置五斗櫃，因為這會讓儲存並整理餐盤、平底鍋、特百惠保鮮盒等等變得易如反掌。光是這樣，你就很值得擁有一間全新的廚房了（真希望我是在說笑，但我不是）。

臥房

F：家具和梳妝檯

U：衣物、鞋子、飾品、化妝品、美容用品、寢具、書籍和充電器

L：舒眠噴霧和懷舊物品

L：印刷圖片及照片、盆栽、鏡子和整齊的床頭櫃

衣物、鞋子及飾品。由於我們之後會深入探討膠囊衣櫥，所以這部分將成為下一章主題。當衣物都掛起來時，我使用起來最有效率。床底的收納空間也很適用擺放過季的衣物，而且與其堆疊衣物，在衣櫥上層難以搆著的架子上擺放透明的儲物箱吧，這意味著你每次要設法移動套頭毛衣堆裡最下面的那件時，這堆衣物最後並不會像瀑布那樣從你頭上傾瀉而下。

床頭櫃。咱們來快速瀏覽一下我老公那邊的床頭櫃，上面有六個月前的博物館入場券、歐元、三個月份他所訂閱然後還包在塑膠套裡的工程雜誌、五支護唇膏、兩只手錶，

以及蘇格蘭林地信託基金會（Woodland Trust）的葉片辨識樣品書。這下我知道了，如果你在家裡沒有辦公空間，有時你就是需要有個地方暫放東西，你懂吧？我會主張這樣的地點不會是臥房（廚房或玄關還適合得多），而且其中大概有一半的東西都是可以扔掉的。

美妝小物。我大部分的化妝品都放在臥房（除非你發現自己意外成了美妝部落客，才會把化妝品留在臥房、辦公室**和**浴室）。可能的話，我喜歡把東西通通收起來，然後擺放在使用地點的附近。像我就有個無印良品的迷你塑膠抽屜組，用來收納每天都會用上的化妝品，至於吹風機和所有的造型工具，則是會放入抽屜。這個步驟雖然很不起眼，卻十分重要，讓我每早化起妝來變得更快速了。

儲藏空間

由於我們的儲藏空間裡塞滿了既神奇又古怪的東西，所以一開始先別執行之前推薦的F.U.L.L.法，反而要針對裡頭的東西完成F.U.L.L.分析，盡可能地再利用、重新安置，這才扔掉剩下的部分。以下是你如何妥善儲存剩餘的物品。

大型儲藏室：當你把東西存放在較大的儲藏室，透明的塑膠收納箱可說是靈魂所在。你既看得到裡面的東西，一切又會保持乾淨、完整，因為這些箱子不但密封、防水，還能堆疊，輕便好用。

儲存常用物品：請把經常使用的物品放在櫥櫃的最外面，或是通往閣樓的活蓋一打開即可取得之處，這樣你就不必探入內部翻找。有如你的配膳物料，請把最常用的放在低處、前方，最少用的則放在高處、後方。

對個人的空間自私點：現在，我並不是要建議大家在我們一談到這個就立馬變成一個超級大混蛋，只不過，你要是真有偌大的儲藏空間，我可不會笨到四處宣傳，因為這將來很有可能變成你朋友租用的大型倉儲空間。我們家有個大閣樓，當初我們搬進去時，曾臨時充當親友的家具貯存工，結果經過三年、當我們要徹底整理時，人人居然把裡頭當初放了些什麼都給忘了一乾二淨，還要我們自行捐給當地的義賣商店。當然，有人若只是需要暫放一下，大家就挺身而出、仗義相助吧。

每年檢視兩次：宛如咖啡杯那樣，每當我們移開視線，放在專屬儲藏空間裡的物品似乎就會默默不斷地增加，所以，我會建議大家一年要規劃整理兩次。這未必是每次都徹底精簡你已經打包起來的物品，而比較像是快速審核你有哪些東西，看看有沒有什麼可以扔掉或轉送的，同時確保儲藏空間裡乾淨、整潔，而且依舊狀況良好。

我若進一步提出確切、詳實的步驟來處理人們可能擁有的每件物品，那本書便足以充當一份博士論文了，但我仍希望以上給了各位一些點子，好用以處理家中普遍最是擁擠的區域。從家裡的浴室到儲藏空間，你已經通通實施過 F.U.L.L. 法，也瞭解到你的個人空間最適合怎樣的整理方式，然而，一說到「雜物抽屜」（shit drawer）還有分屬第一類「L」，也就是你所珍愛（love）且挑動你心弦的東西，你都怎麼做呢？以下正是我們如何處理這兩大難題。

如何整理「雜物抽屜」

每個家都有雜物抽屜，有時落在玄關，有時可能藏在臥房，然而，對我們來說，它一向都在廚房。你知道那種裡頭有東西卡住，然後你得要死纏著前後推拉，直到猛地一開，螺絲、透明膠帶、撲熱息痛、沒用過的 IKEA 內六角扳手，還有巷尾那家你已經四年都沒訂購的印度唐多里（tandoori）烤雞餐廳所提供的外送菜單全都給突然飛了出來的抽屜嗎？對，就是它。看看我們如何經由以下簡單的四大步驟，而把它變成實際上能輕鬆打開的抽屜：

一、首先，針對每項物品實施 F.U.L.L. 法——我絕對可以保證，其中大概有八成的東西都能丟掉。沒人會需要那麼多用過一半的生日蠟燭啦。

二、大抽屜最不適合拿來當作雜物抽屜，因為它很難整理。反之，請幫櫥櫃清出一些空間，並購入堆疊式的壓克力抽屜盒吧（無印良品有些真的很棒）。

三、分類雜物，然後你有多少抽屜，就分別放入這些抽屜裡，以便輕易地找到需要的物品。

四、你若想要更進一步，就幫自己備好一台標籤機（我買的是DYMO Omega的家用槍型立體標籤機），並替相關的抽屜貼上標籤，像是我們家就有「藥品」「文具」和「工具零件」等標籤。你的雜物抽屜將會成為廚房看上去最整齊的地方。

該拿懷舊物品如何是好

我是會鼓吹東西精簡就好，然而，單單因為你喜歡借用極簡主義者的一些生活原則，或者因為你喜歡嘗試某種更簡化的方法是否適合自己，並不代表你就不准保留任何懷舊的東西。我要再次重申：**懷舊的東西沒有任何問題！**照片、二手衣和廉價飾品都是構成我們的一部分，而且可能會在你痛失親人或過往的回憶中扮演極其重要的角色。我們要麼很念舊，要麼不是，而你若是後者，那麼恭喜你——你可能有的是多餘的儲藏空間，然後本章對你可謂信手拈來、易如反掌。但你若喜歡端詳老照片，而且就是無法想像把自己阿嬤的胸針扔進要捐給慈善機構的袋子裡**＊嘆氣＊**，那你就非得採行《質感生活編輯術》了。

我可以用電鋸般的速度飛快地切碎一整櫃的衣物，但凡碰到任何懷舊的事物，我就會變成一個徹頭徹尾的傻子，下不了手。我只不過是喜愛翻翻舊票券、票根和拍立得（Polaroid）的照片，同時一一保有馬克所曾送給我的紙條、卡片或信件罷了。我手邊有幾件購自Topshop然後分別只在十八歲生日、二十一歲生日和畢業時穿過的洋裝；我還完整保留大學時印出來貼在牆面、覺得會讓自己看起來真的很酷又富含藝術氣息的照片，我更會定期拜訪祖父母，在屋裡翻找他們按年份編排好的相簿。舊東西棒極了！它們會勾起往日情懷，讓我們眼前閃過一幕幕的回憶，有如回到過去！它們更是說故事的工具，你若想要保有什麼讓你會心一笑，或是讓你回憶起重要的人事物，那就緊緊抓住這些，使其充分遠離垃圾袋的黑洞吧。

以下我要提出的唯一守則就是，你若打算保留懷舊的物品，至少就要樂在其中。好了，我並不是要在此建議各位開起某種私人的史料博物館，因為這不但**很怪**，你還得插上紅旗，限制訪客及可能的熟人進到家裡，但你若有什麼規劃這些私人物品的方法，得以充分展示，人們從而便於欣賞，那就放手去做吧。

■照片

沒錯，處理照片很容易。給自己買幾本相簿，編輯一下，再挑出你真的想要一直回顧的照片，據此編排整理。我真的很享受此事，還會隨手帶著Paperchase買來的相簿和標籤機，玩得可痛快了。我們倆曾經進行過一次大工程，花了好幾天才把手上的每張照片全都看過一遍，並替最愛的照片做好相簿，但如今我倆在出遊或訪友之後，則是由我自行沖洗底片且列印手機裡拍下的照片，然後**盡快**放入相簿。我發現透過Snapfish列印照片很快、很有效率，同時價格公道，不致讓你從此對於列印照片一事望之卻步。起初的編排也許會花上你一點時間，但從那之後即時更新，就意味著這事維護起來不會耗掉你太多時間，而你最終也會做出幾本相當精采的相簿，每每想看便能一一瀏覽。你未來的孫子如果跟我很像，他們將會非常感謝你的付出。

■其他的一切

照片整理起來很容易，但那些你能穿戴、操作或實際使用的東西呢？我腦海中浮現的是首飾、衣物、工具、廚具和書籍。有些東西是會讓你心生暖意，但你若不實際取用、使其重見光明，它們將來就會一直留在那只側邊上的字跡你其實根本無法辨識的箱子裡：「祖母的東西？」「鮑勃的？」還是「屁股的?!」。有些東西則不適合天天使用，比方說，每當我試著套上那些Topshop的洋裝，不管我怎樣深呼吸，現場看上去就是宛如要把過多的臘腸肉餡給填入腸衣那樣，所以這些洋裝只是我用來自娛娛人罷了。它們註定要永遠放在閣樓的箱子裡，只有在我哪天喝多了、覺得當下就是我試穿且塞爆它們的**最佳**時機，或是我喜獲千金但她長大之後可能覺得這些衣服太過恐怖然後壓根兒不想跟它們扯上關係，我才可能丟掉它們。我覺得上述兩大場景實在太好笑了，衝著這兩個原因，我就保留這三件洋裝好了。不過，我的祖父母曾經為了我和馬克的婚禮，致贈了一組源於六〇年代，然後看起來超酷卻也超容易打破的舊水壺和舊玻璃杯。與其用報紙包起來並迅速地塞進閣樓的洞裡，我們轉而拿來使用，而且還使用過了——我知道，這跟瘋了沒有兩樣。我們目前把這收在櫥櫃，每當手邊有琴酒、雞尾酒或是某種夏日飲品，就會拿出來用。由於曾經有過一點**事故**，我們至今只剩下五只玻璃杯，但並無大礙。它們既復古又迷人，而且我每每使用都會想起我的祖父母，我相信他們會很開心的。因此，從儲藏室裡拿出任何只要稍微處理便可派上用場的東西——透過清洗、修改、修補、調整大小、必要時磨利一些，讓它們重出江湖吧。

有些東西就是要拿來閱讀、瀏覽，或者是單純收藏的。假如這些東西黏得起來，就給自己備好剪貼簿，然後親手做出一本令你愛不釋手、凡是看過一遍所有感覺便會再次湧現的懷舊小書吧（絕招：把這放在書架，這樣你輕易就能拿到）。假如這些實在不適合拿來剪剪貼貼，就和其他的懷舊物事一起收進盒子裡，並據以做好標籤（貼在盒子的每一邊），確保免於水損、保存起來萬無一失，然後你每次路過儲藏室就檢視一下，它才不會孤零零地躺在那裡，爹不疼娘不愛的。

這部分的寓意是要告訴大家，你若打算保有某件「扔掉便會感到撕心裂肺」的東西，那麼，敬請找出它的使用方式。調整一下阿嬤戒指的大小，然後重新戴上；享受那些東西原本的模樣以及它們令你懷念的過往，讓你的雙眼噙著淡淡的淚光，並在輕輕拭乾淚水之後堅持下去。保留你珍愛的，摒棄你不愛的，再編輯這堆令你懷舊的物事，使其成為你專屬的個人回憶庫。

簡化並整理我們的家還有個人物品，可說是「把一切整理好」的必經之路，而且你輕易就能看出原因所在。對多數人來說，扔去物品的感覺有淨化作用，最終都會因而舒緩一些壓力。家裡積聚的雜物變少，我們也較不會感到心煩意亂，還能處處調整，以求省時省力。只要簡化實質上的物品，打掃、規劃、整理、備餐，甚至是一早就準備妥當等事情，全都能夠加速完成。我不可能告訴大家，我建議你們該拿手上的每樣東西如何是好，但我希望本章已經教會各位 F.U.L.L. 法的架構，不但讓你們能運用在家中的每一間房，也提供了一些儲藏的概念供參考。我最終希望帶領各位達到「你的家像是家（只不過是整齊一點的家）、你一進家門就感到完全放鬆，同時也不必過於維護」的境界。東西變少，要保持整潔的東西也就跟著減少。我的意思是，**那**才是簡化的動力所在。

我並未在本章中提及，但我會**非常**、非常推薦各位依據膠囊衣櫥的原則來整理衣物。我知道我聽起來就像一張老在跳針的破唱片（過去四年我已經不斷地在個人的 YouTube 頻道上嘮叨此事），但採用膠囊衣櫥減少了我的購物量、我每早花在思考要穿什麼的時間，以及我手邊衣物的單次穿著成本[3]（cost-per-wear，CPW）。什麼東西省錢又省時？得要更有説服力一點？待我用上一整章令你心悅誠服吧。

③即衣物價格／穿著次數＝單次穿著成本。

如何打造膠囊衣櫥

把你的衣櫥編輯成維護良好且品質優良的季節性衣櫥吧，這不但會省下早晨的準備時間，還會降低預算上的支出。

我若這麼問：「你覺得家中哪裡最需要精簡？」我猜，約有百分之八十的人都會說是你那個爆炸了的衣櫥，而這也正是我另起一章、集中探討衣櫥的原因。自從我在四年前採行了膠囊衣櫥的哲學，其所帶來的影響已經遠遠超出衣物的範疇。如今，我都是在神智比較清醒之下購買所有的產品，不再把高達一半的時間都浪費在上網瀏覽，而僅把ASOS上所有的銷售物品都交付記憶封存、遲遲沒有行動。如今，我也鮮少即興購物（嘿，**我還是個「人」好嘛！**），更能一眼看出品質優良，同時清楚自己這十年內都還會繼續穿戴因此購入顯然很值回票價的物品。更重要的是，我不但開始存錢，還能經由輕易地看到我小小衣櫥所涵蓋的一切，於是不必在早上出門前宛如女神卡卡那般快速換裝五次，而順利地打理好個人的衣物。這看起來雖是小事，但你在刪減衣物後所帶來的影響很可能會零零星星匯集起來，為你在財務和省時上帶來偌大的收穫。

你若得和衣櫥角力半天，才拿得下那件你掛在裡頭、想在當天穿的洋裝，還是說，你抽屜裡的那堆背心看起來有如一大碗的義大利麵，那麼，膠囊衣櫥的概念可能會令你有些卻步。人們隨口就能提及「膠囊衣櫥」這字眼已經很久了。時尚總編最喜歡規定你只用十件衣物打造出最終巴黎風的剪輯（沒錯，每當這概念重回流行，我都會欣然接受），而且你若在 YouTube 鍵入「膠囊衣櫥」，上傳的影片也已經有二十多萬部——只是極少有你個人出品的。你要是進一步搜尋 Pinterest，更會發現一堆照片，裡頭盡是外觀時髦的衣物井然有序地掛在房內架設好的衣桿上，看起來就像從《建築月刊》（*Architectural Digest*）擷取下來的一樣，而這或許無助於推廣「膠囊衣櫥」的概念，也無助於發揮其教化功能。不過，我們先暫停一下，看看你針對以下問題的回答吧：

- 你是否因為衣櫥太滿，而要費勁地找出每早想穿什麼？
- 你是否因衣櫥裡的東西實在太多，拿不定主意想穿什麼而倍感壓力？
- 你是否發現自己穿了某件衣服不到幾次，就不再喜歡或完全把它給忘了？
- 你是否花上比原先更長的時間瀏覽最愛的網路商店有哪些「最新產品」上架？

以上問題你只要有一題答「是」，便該嚴肅看待「膠囊衣櫥」這個概念了。容我跟你分享一個小祕密：這並沒有那麼難。其實，無論你是從十雙鞋還是一百雙鞋開始，人人都可以精通「完美編輯衣物」的藝術。相關的教學法是有很多，但多年來我已經練就一項技能，非但不會處處設限，還能讓你保有膠囊衣櫥的全部優點、找出個人風格，卻又依舊能在偶爾逛起瑞典時尚品牌 & Other Stories 的官網時開開心心、火力全開。這不關乎規則，也不關乎嚴格限制你只能持有幾樣物事，而是關乎學習什麼才符合你和你的需求，並在最終學會的同時，替自己省下時間和金錢——誰不希望如此呢？

這概念很簡單，每逢換季，便重新調整和評估自己的衣櫥。隨著天氣開始轉變，你就該：

- 清空衣櫥
- 掛回依舊合穿的衣物
- 儲存剩下不合穿的衣物
- 把先前收了起來、適合在即將到來的季節穿搭的衣服放回衣櫥

這樣的編輯過程讓你結合了全年可穿的基礎衣物和一批批最應季的衣服款式，意味著當你只是希望能在冬天順利拿起派克大衣（parka）來穿，你的那堆夏日洋裝便不至於擋在

衣櫥中間礙事了；反之，你那些及膝的連身裙將會乖乖地躺在儲藏室，準備迎接隔年的豔陽重現，至於那些穿起來不見得會比連恩・蓋勒格[1]（Liam Gallagher）遜色的厚外套呢，則是穩穩當當地掛在衣櫥裡最重要的位置。

打造出這樣季節性的衣櫥意味著你只要關注適合接下來這三個月穿搭的衣服就行了，同時也讓選定衣物、規劃整理變得更容易。減少衣物的類別更有助於減少下決定時引發的倦怠感。你知道當選擇實在太多以致要做出最後決定真的很有壓力，而且正因為選項過多，所以你十次裡有九次會做出錯誤的選擇嗎？幸虧有了上一章的訣竅，膠囊衣櫥連同才剛簡化整理過的個人物品，都有助於減緩內心的紛亂。

有件事偶爾會讓我們感到無能為力，那就是重新穿起過季的衣服還有回收過季的物品。我們全都瞭解那種一直想要全新、炫亮的東西，以滿足個人收藏癖好的心態。想到要拿出你在三年前購買的套頭毛衣為即將到來的冬天做好準備，就是比不上去購入你某天在Topshop擦身而過、看上去蓬鬆又柔軟的連身裙來得吸引人——後者根本就是從浪漫喜劇節錄出來的場景嘛。我們都是過來人了。只不過，瞭解自己擁有一個每三個月就按季調整

① 英國知名搖滾樂團綠洲合唱團（Oasis）的主唱，時常穿著M51、M65 Parka等軍裝大衣，使其成為個人的標誌性單品，爾後更自創服裝品牌Pretty Green，商品涵蓋T恤、外套、polo衫、針織衫等服裝，亦有帽子、圍巾等配件。

的衣櫥，意味著你只要為了汰舊物品而在換季時採買數次，或是迎合個人熱中的特殊流行款式而添購幾件新衣，最終就不會出現衣物買來卻一直沒穿的狀況了。這迫使你每年盤點四次衣物，而且我敢保證，屆時這會超乎你的想像，令你興奮不已。最後，你將不再因為完全忘記上一年，**甚至再上一年**所買的那幾條圍巾，而年年重覆購買。況且，一說到婚禮或派對之類的場合，你也將能在稍稍精簡衣物之後混搭不同飾品，便不必在活動的前一晚出於恐慌而從ＡＳＯＳ上緊急採購十五件洋裝了。隨著每季都適度進行一些投資，你將會感到以往購入的東西真是一流的。

在編輯生活的過程中，最佳的膠囊衣櫥也許正是你手上「拖延」的琴弓上少掉的弦。沒錯，儘管另一條「觀賞貓咪及其飼主相互擊掌的影片」的琴弦還在，然後你明知不對、卻仍忍不住整天讀起那篇「九〇年代孩子共同記憶」的文章，但動輒花上一個小時滑看「最新產品」、進行網購即將成為過去式了。當我開始加總自己「痴痴地一頁頁看著最愛且最常造訪的時尚網站」和「天馬行空地讓購物籃的金額累積到足以支付房子押金」花了多久，得出來的數字可真讓我一點兒也高興不起來。我幹嘛不做點有用的事呢？我大可以去學學第二外語啊！學著打毛線！最後擇時替冷凍庫除霜也好，因為我想要這麼做已經整整兩年了！這麼說吧，當你在ＡＳＯＳ上閱覽無數、甚至有了自己最鍾愛的模特兒，你就知道是該做些改變了。

如何打造膠囊衣櫥

在我經手膠囊衣櫥的這些年，我啥都做過。我有過少到不行的衣服、多次衝動性的購物（若非處於實驗模式，鐵定會比原先更少），買過五年之後仍經常在穿的基本款，更下過錯誤的決定、購入了糟糕至極的東西（最差的就數那雙 Saint Laurent 的涼鞋了，它讓我的雙腳流了好幾天的血）。

好了，我並不是說你只要先精簡目前的衣櫥，再套用膠囊衣櫥的教學法，就能搖身一變，立即坐擁一個架構完美的衣櫥。這個過程需要時間，但未來幾年，你終將達到一種極為特殊的境界；到時你將建構好個人的基本原則，能更直覺地判定值不值得投資這件衣裳，也將找出最恰好的衣物數量，感覺像是供你選擇，而非令你茫然失措。

準備好沒？咱們開始吧！

■步驟一：全數取出

一提到整理東西，我超喜愛「全數取出」這招。在你所有的個人物品中，把同類的匯集成堆應會加速你簡化，也意味著你一旦開始，便要投入時間、堅持到底，除非你希望下週都要艱苦地跨過成堆的衣海，才走得出臥房的門。

一、清空衣櫥內的物品，放到可以一覽無遺、之後容易分類的地方。
二、在實施上一步前，先把物品徹底清洗一番，於是就能把手邊百分之九十五的衣服和鞋子都放在同一處了。
三、把配件、睡衣、運動服等其他衣物暫且堆在一邊，整理起來才不至於超出負荷。
四、趁著衣櫥和抽屜暫時清空，徹底刷洗。

■步驟二：分類成堆

光是停下來盯著臥房中央所堆起的衣物火山就讓人有點壓力了，所以**千萬別這麼做**——繼續進行，別停下來。

一、揀選每樣物品，分類成堆：

- 一堆是你過去從沒穿過，然後很樂於捐獻或轉送他人的東西（我偶爾會延後一年半才這麼做，因為有些衣物我常常只有在氣候炎熱的假日或是英國熱成火爐時才穿得到）。
- 一堆是需要清洗、修理或調整的東西。
- 一堆是你肯定會說「沒錯，就這件」，而且經常穿、大小合身又符合你個人風格的物品。

二、縱使你要捨棄某些東西會非常掙扎，但仍然請採取行動，善用「眼不見為淨」的招數，把它們胡亂塞入垃圾袋並藏在家中某處。提醒自己過幾個月再把這些挖出來看看，然後你若還是非常掙扎，就保留下來，但你若毫無懸念，它們便該邁向更好的去處了。

■ 步驟三：季節化（SEASONALISE）並規劃整理

我在這裡完全創了個新字，但我認為你有抓到重點。

一、把你常穿且保留下來的那堆物品再一分為二：

- 不適合當季穿戴而得儲存起來的物品。
- 是你目前正在穿戴的物品。**登登登登**，你這不是替自己做好膠囊衣櫥了嘛！

二、捲起並收起過季的衣物，再掛起當季的部分。請注意，我將在本章稍後與各位分享如何透過最有效，卻也最迷人的方式整理一切。

■ 步驟四：靜待片刻

於是，你的膠囊衣櫥已經降臨，衣物就這麼掛在那裡，由你**掌管一切**。你擁有一簇數量較少的衣物得以挑選，也已超過二十四小時沒上過ZARA的官網了。幹得好。此時此刻，再迅速回到原先購物的循環模式是挺吸引人的，但我會強烈建議大家稍待片刻、休息一下。

一、花上兩週至一個月測試你的衣櫥，並找出你還需要些什麼、不需要些什麼；倘若少了什麼，把它給找出來吧。

二、為有助於你下回外出購物，每當你想到什麼想買的，就持續筆記下來並且擬好清單——無論是記在子彈筆記本、規劃軟體或記事本的頁面都行。最近我都會在搞清楚衣櫥需要補齊哪些東西之後才上街採買。偶爾擴充一下衣櫥內的物品實在很酷（我常在剛換季時添購增補，往後就會試著避免），只不過這麼做要當心。

■步驟五：來點變化

對我而言，膠囊衣櫥最棒的部分，就在於它會循環重覆。當你對於目前搭建好的衣物變得興味索然，那麼，你便該重新載入那些最愛的舊網站，並在必要時零星地購入一些過去所欠缺的物事，然後等到下一季又再重覆一次——一季很快就過去了。不斷採購日後會儲放的個人物品不但讓整件事多點刺激，還會在你心生厭倦、覺得「我是有得穿，但只能穿這些好煩」時推你一把，給你堅持下去的動力。

你如何按季區分膠囊衣櫥將會依據你家位在南半球還是北半球有所不同，不過，我已經把我搭建膠囊衣櫥的方式詳列如下，也建議各位以三個月為單位進行測試，這樣你就會在一年內分成四次逐一展開這些步驟。

- 試著在換季的第一個週末排入一小段時間整理衣櫥，並在日記裡設好自動提醒通知。
- 到了這天，取出衣櫥裡的一切，重覆「步驟二」把東西分成三堆（「務必保留」的物品，需要乾洗、調整或修理的部分，還有捐贈的物品）。揀選「務必保留」的物品，把應季的掛回衣櫥，再儲存剩下的，接著檢視一遍先前收好的衣物，同時把該季合穿的放回衣櫥。

■我的膠囊衣櫥整理時程

我覺得我在某些季節特別需要更新膠囊衣櫥。夏冬兩季一開始的天候變化最大，所以，比起我在春秋兩季重覆這些步驟，我在夏冬兩季重覆這些步驟往往影響更大；同時，我若因相當滿意目前的一切而想省略其中一季，也無大礙。搭建膠囊衣櫥的方式自由彈性，你只須針對個人稍微調整即可。某季已經過了一半，然後你想給自己買件外套？**請便**。

•春季的膠囊衣櫥：

三月、四月及五月——稍微更新

•夏季的膠囊衣櫥：

六月、七月及八月——更新較多

•秋季的膠囊衣櫥：

九月、十月及十一月——稍微更新

•冬季的膠囊衣櫥：

十二月、一月及二月——更新較多

■如何處理其他物品

所以，你的膠囊衣櫥如今看上去像是你已經對它施展過精簡的魔法了，但你又要如何處理其他閒置在旁的零碎物品呢？我的建議如下。

•飾品

在此，我們討論的是包包、帽子、腰帶和首飾。好了，我是真的很喜歡這類的東西——誰不喜歡包包呢？然而，它卻可能有點讓人失控，因為簡單的純白T恤和牛仔褲只要搭配飾品就能轉而讓人眼前一亮，所以我們手上飾品的數量乃會依據我們有多愛打扮而有所不同。我會建議大家把所有的飾品檢視一遍，扔掉過去一年來都沒戴過的物件，然後保留剩下的，好讓自己的基本裝扮變得更吸引人吧。我有幾副不同的細圈耳環、一條黑色腰帶、一頂夏季草編紳士帽和一頂冬季針織毛帽，然後大概還有八個包包，其中囊括了所有的基本款，從旅行用的大型托特包到精巧的香奈兒手拿包都有，足以將我淹沒，而這對我來說已經很夠用了。

•貼身衣物

我要承認，我可能不是談論這項主題的最佳人選，因為我最喜歡穿的那件胸罩上，縫線其實都已經鬆脫了，但我仍會盡我所能地向大家說明這點，況且，我最近真的才剛扔掉滿是洞眼的襪子、購入新的，把自己搞得美美的，感覺真像個女王呢。這應該花不了幾個小時，但請大家把抽屜裡的貼身衣物全倒出來，然後留意要放回哪些就好。胸罩不再合身或是已經變形？把這些扔了（加入這點，當作筆記提醒自己）；內褲的束帶太緊，不然就是品質有點糟糕？對，也扔了；襪子破洞？**掰掰**。為自己擬定購物清單，註明需要補貨的物件，然後待下次預算許可，即可遝行購買。

•睡衣和家居服

我最愛的一類！甚至從我開始在家上班、一週裡有五天時時刻刻都穿著睡衣以前——快遞先生，不好意思啊！——我就一直很愛在家穿得舒舒服服的。你若沒打招呼就直接跑來，便能篤定我會穿著一件像是從老公那裡偷來的T恤，配上某幾條我若不勤勞綁起腰帶即會馬上鬆脫、掉至腳踝上的運動褲。當你在整理這一類的抽屜時，請嚴格比照你當初是怎麼整理貼身衣物的吧：汰除幾乎脫線、不再合身或者不再穿戴的一切。基於某種理由，我發現這一類衣物真的像個磁鐵、老會吸引大家越集越多，但理論上我們大概只需要四套就夠了——兩套在稍冷一點的月份穿，像是T恤配短褲或是長袖配長褲，然後兩套背心短褲組，可以依據天氣的變化不斷地和其他衣物替換，但主要還是夏天那幾個月在穿。

•成套健身服

我從來就不認為運動服需要什麼投資，但如今我懂這個道理了。我並不是說你得要花個三位數去買件內搭褲才行，但品質良好，不會束得太緊、忽上忽下，也不會在你伸展雙腿時薄到幾乎透明的內搭褲確實值得你多花一些銀子。把所有成套的健身服檢視一遍，然後扔去功能不再的部分：要是它們出現裂痕、經過磨損、失去彈性，要是它們不再合身、太過寬鬆，要是它們不再合用還讓你在流汗時覺得很不舒服——可能的話，請捐出後面兩者，然後若還欠缺哪些裝備，再替自己擬好購物清單。記下自己一週健身幾次，再加個一、兩次，這樣你才不會掐得剛剛好，以致想多運動個幾次卻碰上沒有乾淨的衣物可穿。我每週試著健身四次，因此我會確保自己有五件運動胸罩、五件內搭褲還有五件上衣，外加兩雙不同功能的運動鞋——一雙用來慢跑（倘若你是這樣強健體魄），一雙用在一般健身——一切就搞定了。運動服洗完幾個小時就乾了，所以不要覺得你必須把 Nike 所有的運動用品都買下、搬進抽屜才罷休喔。

• 正式服裝

好了，這部分有點棘手，尤其當你已經達到某個歲數——每隔兩個週末就得參加婚禮而且真的不想在今年五度受邀參加另一場須得耗費三百五十英鎊的告別單身派對——更是如此。我會建議你找出一貫的正式穿著。你喜歡套裝嗎？也許你比較愛穿連衫褲（jumpsuit）？還是說你偏愛茶歇裙（tea dress）？又或者你喜歡混合搭配，樂於三種都穿？我個人覺得穿連衫褲最舒服，所以我的衣櫥有四件連衫褲，可以配合這類活動交替著穿，還有一件飄逸的洋裝，當我想要來點夏日風即可派上用場。我更發現我各有一只素色的手拿包和印有花紋（**顯然**是豹紋）的手拿包，外加三雙高跟鞋——裸色、黑色和印有花紋的（又是豹紋）——可以充分選擇，而不致感到厭煩。

如何收藏衣物

你一旦已把膠囊衣櫥編輯到滿意的程度，如何呈現便成了關鍵。畢竟，你若依舊熱中施行「地板衣櫥」（floordrobe）的哲學而亂把衣服堆在地上，那麼，你每天仍會不斷地上演「在早上把自己打理好」的戲碼，只不過堆起來的東西變少而已。在我倆現居的公寓中，衣櫥的空間不是很大，所以我發明了一種整理衣物的技巧，甚至就連最小的角落也用得上。你若還沒實現擁有一套步入式衣櫥的夢想，別感到挫折。有一天，**哪天**一定會實現的！

■當季

面對當季的膠囊衣櫥，我會建議大家能掛什麼、就掛什麼，你方可最快在洗淨衣物之後整齊收納，同時也最容易一眼看出你有些什麼。你若有什麼收藏得特別多，像是T恤或牛仔褲，那你最好摺起來，然後疊在架上或是放入抽屜，以騰出一些吊掛的空間。另外，我會把衣物摺成小矩形，然後一如你能看到書本的書脊那樣，把它們堆好放入抽屜，一覽無遺。一說到「摺」麼，則要請各位摺好厚重的針織毛衣（僅限一般的針織毛衣），以防拉扯、變形。馬克和我共用一個超讚的IKEA衣櫥，而我會摺好T恤和針織毛衣疊放衣櫥頂端，中間吊掛其餘的衣物，把鞋子排在底部（這並不那麼理想，但我會在放入前洗淨、晾乾），最下面再擺上兩個抽屜，一個收納貼身衣物及睡衣，然後另一個收納運動服。我可是每天都會穿上、用上衣櫥裡的一切，但你若分別擁有「工作衣櫥」和「居家衣櫥」，或許會合理地在視覺上把衣櫥一分為二，而把工作衣物固定在衣櫥的一端、居家衣物固定在另一端。

■過季

至於過季衣物麼，床底下正是最佳的貯存地點，因為有一下沒一下的怪天氣可能會讓你不時去挖出一件小可愛或是絨毛厚外套來穿。在你收起所有東西之前，請確保它們全都洗過，或在必要時送過乾洗，甚至在修理或調整之後狀況良好。你的床底下若沒有貯存空間，就找尋其他的替代方案吧。節省空間的真空密封收納袋（vacuum bag）會是不錯的選擇，因為它們不但不貴，用起來又超好玩，壓實之後更是輕薄，以致家中若空間有限，即可滑入家具下方或後方的縫隙予以收納。或是利用行李箱內沒在使用的空間也行。至於我則是在床底下放置兩個抽屜，一個收納鞋子（很怪，還有文件），一個收納剩下的衣物，以作為儲放過季衣物的膠囊。到了冬天，由於每樣東西都比較占空間——我告訴你，試著要把一件人造皮草鑲邊的派克大衣給剛好塞進床底下真的像在健身一樣——所以我會把塞不下的東西都放入行李箱，然後開心地在每次要度假時收到驚喜。**噢，你看，我比原本還更常穿到這雙 Ugg 的雪地靴！**

澄清膠囊衣櫥的迷思

人們普遍都對膠囊衣櫥有些誤解，在此，我將令各位徹底改觀，同時提出一些解方。

・過程很燒錢

這方面的預算完全操之在你。你若才剛換季，覺得沒有必要添購什麼物品，或是預算上並不允許，那也沒有問題。針對你已經擁有的部分發揮創意吧，這才是膠囊衣櫥的主要精神啊。

・空間不足

有了膠囊衣櫥理應代表衣櫥裡也釋出了一些額外的空間。沒錯，它也很適合用來儲放過季物品，但若不可行，就把衣櫥分成兩邊，然後一邊放當季的、一邊放過季的，一次使用一邊就好。

・耗時

沒錯，這是要花點時間，我不能否認按季檢視和重新補貨是會吃掉你好幾個小時，但請想想，你把滑看螢幕的時間全給省下來了。我喜歡在剛換季的前幾週去替新一季的膠囊衣櫥添購物品，之後才會試著啥都不買，嚴禁自己每天上網查看所有最愛的時尚網站，直到下一季開始。所以你最後省下了時間，尤其在你把「早上想好怎麼穿變得多麼容易」也納入考量時，更是如此。你不用再追著公車跑，也不用在趕上公車後朝著眼前陌生人的臉上喘氣長達五分鐘之久。

如何維護膠囊衣櫥

你很清楚「質重於量」這句人們一向會用來證明與其花上不少錢去購買四顆太硬、以致過了兩週依舊堅如卵石的小酪梨，花上同樣的錢去購買一顆「熟成即食」的酪梨為何才比較合理的說法。好了，我覺得「買衣服」最適合用來說明這種狀況。你還記得自己年輕時會把原本只打算在週六使用的工資拿去瘋狂大採購，還去Pizza Hut大嗑吃到飽的午餐嗎？而且你一下買雙兩英鎊的涼鞋，一下又買條比你每小時工資還低廉的波西米亞式棕色蛋糕裙（當時我極想試著模仿美國名媛妮可・李奇〔Nicole Richie〕約在二〇〇八年掀起的波西米亞

值得花大把銀子的：	能省則省的：
・夾克、大衣和任何外套 ・針織衣物 （尤其是喀什米爾及羊毛衣） ・靴子及皮鞋 ・量身訂製的成衣 （西裝外套及合身的褲子） ・你會按季回穿的基本款，還有一向都會穿戴的物品	・棉質T恤 ・丹寧 ・夏季鞋款（涼鞋及草編鞋） ・各種白色上衣（汗漬、汙漬都很難洗掉） ・你並不那麼常用的流行物件

風）。後來那雙涼鞋我穿了一季，但到了隔年夏天，鞋身便開始脫線，鞋底也出現破洞。無論鞋子受損是不是出於我走路太過用力，我現在都會嘗試購買持久耐穿的物品，而且一說到採買，我也會乖乖奉行「質重於量」的原則。

在理想狀況下，你會購買一件物品，然後過了二十五年，它依舊完好無缺，隨時等候你的差遣，而且每當有人問起這是在哪裡買的，你還會有點沾沾自喜。然而，未必所有的東西都能達到這種境界，尤其那些日復一日穿戴的衣物更是如此。

我旨在混和搭配高級、值得花大把銀子的衣物，以及平價、品質尚可但未來可能很快就得替換的衣物。

為了區分哪件衣服對你來說屬於哪個類別，我會建議，你不僅要記錄你覺得膠囊衣櫥少了什麼而需要補貨，也要記錄你最常穿戴哪些衣物，以便在採購時清楚辨認自己應該優先購入什麼才對。我都會把這些記錄在子彈筆記本的某一頁，而下列是我在二〇一七年夏季所製作的清單，謹供各位參考。（見下表）

二〇一七年夏季的膠囊衣櫥

最常穿戴的：

- Gucci 的真皮樂福鞋
- 機器紮染（tie-dye）的絲綢軟裙
- 草編包
- 素色 T 恤
- Topshop 的洗白丹寧牛仔褲

依舊欠缺的：

- 真皮涼鞋
- 短褲、裙子和洋裝
- 合身且不會每兩分鐘就讓我激凸的小可愛

所以，你已經找出自己需要什麼嘍，接著你想要確保自己買得正確——但一說到「品質」，這究竟代表什麼呢？一如你可能預期到的，這未必與價格有關，而是你應該要考量下列因素之後才買，或是據此決定是否保留已經購入的衣物。

• 耐穿度

我們都想要好洗又耐穿的衣物。一件衣服做工細緻、不易扯壞，或是布料不會生成毛球，這些都很重要。請各位繼續往下閱讀，以瞭解如何評估品質及耐久度。

• 舒適度

實不實用可說是衣物的關鍵，所以，我們並不想要一天到晚都得細心照料的那種。請找尋平整而不會刺激皮膚又徒添腰帶不適的縫線，還有剪裁合身的成衣，以及鬆緊適中的袖口。

• 合身度

你若打算添購衣物，肯定希望它看上去品質良好，那它就得大小合身，隨你怎麼動都不致走位。

慢慢來。與其從衣架上抓起一件衣服，只在濕冷的更衣間試穿五秒就大步走到收銀機結帳，你得要多思考一下你所正購買的物品才行。你若已經網購什麼東西也是同理：花點時間確認它是否耐穿、舒適、合身，並跟衣櫥裡的其他物品配對，以檢視它究竟有多百搭。它若不滿足這些特性，你就退貨吧。

如何評估品質

是該親自詳細地檢查你所購入的衣物，並且擔任你個人的品管員嘍。女士們，拿出你們的風衣和放大鏡吧。沒錯，我們是得先進行一貫的「試穿」測試——坐下、彎腰、高舉雙手、跳起拉丁流行舞曲〈瑪卡蓮娜〉（*Macarena*）——但為了真正評估品質，我們也得從頭到尾概略地查看一遍才行。這關乎弄懂你要尋找什麼，所以我在以下提出一份迷你守則，以供大家參考下次購物時應該要檢查什麼。

一、檢視面料

將衣服翻面，確定標籤的位置，以找出確切的面料組成：

・亞麻

衣服的面料中若亞麻占比很高，整體布料的材質相對差異較小，應該就可稱作品質優良了。亞麻不該摸起來粗糙不平，同時也請記住，這種面料天生容易起皺，所以要確保你不介意這點。把特定的亞麻在手裡捏成球狀，看看它如何生皺。假若你在購買時表面即有顯著的摺痕，請務必小心，因為摺疊或吊掛不當所導致的深層皺褶可能難以消除。

•棉

其實，在平價商店購買棉織品是個好選擇，因為棉畢竟是種生產起來相對廉價的面料。高級棉係由長纖維製成，然後你可以透過以下幾點檢查，分別是確保衣物感覺柔軟、不起毛球，還有它即便十分透明，但你若對著陽光照射，它也不怎麼透光。因為棉既透氣又容易保養，可說是夏日的首選。

•絲綢

絲綢應要觸感柔軟，同時你若用指尖揉搓面料，還會感覺到熱熱的。另請檢視它的光澤，因面料表面的顏色應會在光線照射下略有變化，但廉價的絲綢若碰到同樣的情況，則只會反射出白色的光澤。

•羊毛

這部分有點棘手，因為羊毛的種類繁多，而且基於製作方式不同，品質上也會有很大的落差。不過，在你購買的當下，所有羊毛織物的表面都應該織紋平整，也沒有毛球生成（雖然時間久了在所難免）。請記住衣服的柔軟度，還有它一整天下來給肌膚帶來的感覺；比方說，無論是哪種等級的安哥拉羊毛可能都會有點扎人，但做工細緻的喀什米爾羊毛穿起來卻既輕柔又舒適。

・**丹寧**

把整個丹寧面料檢查一遍，並仔細查看車線及縫邊，因為以上兩者都該筆直、平整，不至於你一試著拉伸面料就給扯歪了。請留意做工粗糙的牛仔褲上歪曲不整的縫邊——尤其是在膝蓋附近的。不過，厚度不算是品質的指標，反而較像是個人的偏好——厚款丹寧比較耐久、耐穿，而薄款丹寧在面料上少了彈性，日後比較容易變形。

・**真皮**

請找尋全粒面皮革（full-grain leather）——你知道有些皮革是由未經磨面的原皮製成，而會帶點粒面的質地嗎？那可是最高品質且最適合拿來穿戴的皮件了。請仔細評估，檢視皮革的紋理是否呈現不規則，也未加印任何圖紋。亦請檢視額外的小皮件是如何固定在皮革表面；你尋找的是牢固的縫邊，透過黏膠接合可是一大禁忌啊。

・**人造纖維（聚酯纖維、萊卡、嫘縈、人造絲、尼龍等）**

一提到人造纖維，並沒有什麼一體適用的規則，因為在使用及保養須知上，它們各有各的特性及優缺點。你若已經看過衣物上的標籤卻又不太肯定，我會建議你在更衣室快速搜尋一下谷歌，然後善用雙手引導自己，確保那種面料摸起來平滑柔軟，舉起它對著燈光照射，再輕輕地拉伸以確認織造的密度（越密越好）。

二、外翻衣物

一旦徹底看過面料便外翻衣物，檢視所有的縫邊並確定沒有脫線之處。品質較好的衣物，縫邊看上去筆直平整；品質較差的衣物，縫邊看上去則是歪七扭八——**很簡單吧**。試著拉一拉布料，確定縫邊都很固定，而且你一穿上衣物，縫邊也都應該平順服貼。衣物若加有圖紋，在品質優良的成衣上，圖紋和衣料的拼接處會完全密合、宛如出自同一片布料，看上去一體成形。說真的，你一旦留意起這種末端的工序，就會瞭解這一步驟若做好，足以讓一件成衣變得多麼不同。渾然天成。

並非所有的衣物都有內襯，但衣物若有內襯會是好的，因為它不僅讓你比較容易穿脫，還會保護內側的縫邊和外側的衣料免於沾上難聞的排泄物。一如你怎麼檢查外側衣料那樣（如前），也請這麼檢查內襯吧，並確保它和其他部分一樣也有保養須知，否則你若要清理起來，可是會叫苦連天。

三、衡量細節

是該拿近放大鏡徹底地檢查一下你可能購買的衣物上更微小的細節了。好了，我一直都以為口袋縫死（pockets that are stitched closed）是劣質品的象徵，但這其實是要你選擇「使其保持原狀而讓衣物服貼不走樣」還是「寧要其發揮功用而自行剪開」。**真是天才**。

不論哪一種，口袋上的縫線應該都很平整，口袋內也不會殘留多餘的線頭。另外，拉鍊拉起來要順，不應卡住或是開岔。最後，我們要檢查鈕釦了，這可是會輕易洩露出衣物的做工細不細緻。若是高級衣物，上面的鈕釦都會縫得很牢，還會附上備用的鈕釦。也請大家仔細觀察釦眼，確認它已透過強化針法縫起了開口處的毛邊。

沒錯，這些檢查都只是購買的過程之一，但你能藉此分辨做工精細的平價衣物或是廠商偷工減料的高級衣物，同時確保自己理性購買的物品不至於洗過一次就崩壞解體。現在你知道該尋找什麼，也能做出明智的判斷，清楚什麼值得去買而什麼值得拋在腦後嘍。

我如何保養衣物

因此，你已經編輯過庫存的衣物，留下了合身、符合個人風格和珍愛的部分，而這可能代表你會比以往更常穿到這所有的一切。當你的衣物減少，你穿到的頻率就會增加，這也代表你的髒衣堆和洗滌的循環周期鐵定會跟著增加。如何保養衣物不算是最讓人感興趣的主題，卻是推行膠囊衣櫥很重要的策略之一，因為你給予衣服越多的溫柔、愛心與照料，它們就能穿得越久——而這正是我們在此的終極目標。所以，花點功夫去複習保養衣物的技巧並讀懂洗標及其上面的符號意涵，可說是值回票價，不會讓你白忙一場的——我保證。

好處是，你一旦找出要如何洗滌某種特定的衣服，區分洗衣籃裡的衣物就會變得很簡單，約在兩分鐘內即可完成。好吧，手洗或許比較費時，每月都得在自家和乾洗店之間來回晃蕩以取回已經送洗的豪華衣物也不失為**另一件**苦差事，但我是誠摯希望你不用再忍受又有套頭毛衣縮了水，還給染成了粉紅色，看上去就連穿在芭比娃娃的身上都不合適。

•棉質及日常衣物

但十次裡有九次我們明明清楚自己在處理哪些衣物，卻還能把它們胡亂塞在一塊兒，閉上眼睛大洗特洗。我只會確保衣服分成兩堆，一堆淺色的，一堆深色的，然後分別倒入無酵素洗衣精、一瓶蓋的衣物柔軟精（但你洗的若是運動服，則要省去這一步，因為萊卡衣料可能會因殘留柔軟精而滋生細菌），並把水溫固定在攝氏三十度便開始快洗。我們之所以喜歡設定快洗模式，是因為這只要花上一小時，而非三小時，意味著我們能在晚間洗完所有深色的衣服，不但節省水費，也更為環保。

洗完之後，會基於兩大理由避免烘乾：一、家裡的烘衣機壞了；二、烘乾時衣服會被甩來甩去，然後我實在懶得去解決皺巴巴的問題。反之，我們會把衣物吊在曬衣繩上、鋪在晾衣架上，然後這個過程若還需要一點外力，就會啟動除濕機，給它來個迎頭痛擊。凡是我不嫌熨燙麻煩的衣物（根本沒有吧），我就會熨燙，再把剛熨燙完畢的掛回、摺好放入衣櫥。但那些比較麻煩，得要多花心思照料的衣物呢——你知道的，也就是洗標長到你若沒在腋下黏好衛生棉，就會不時刮到皮膚、從此不想再穿的那些——別驚慌，有我在……

• 羊毛衣及喀什米爾毛衣

好，現在聽清楚了，因為這有點噁，但在我買了幾件純色、透薄以便穿在針織厚毛衣和喀什米爾套頭毛衣裡又不致太熱的T恤後，我的人生就變了，意味著我不必老在清洗羊毛衣及喀什米爾毛衣，而只要清洗幾件棉質的T恤就行了。這**徹底改變了我的人生**。而當我真得洗起套頭毛衣，我則會視情況而定：我若流了一堆汗、到過菸味很重的地方，或是壓根兒不想讓我媽發現我花了一大筆錢買下這件毛衣，我就會逕送乾洗。這件套頭毛衣若是狀況良好，仍不失為一項鉅額投資，我就會使用喀什米爾羊毛的專用洗潔劑，在家親自手洗，同時確保這件衣服經過平整地晾曬，而沒受到太多拉扯。但我要是發懶，則會把毛衣快速扔進洗衣機，一樣用起適當的洗潔劑，啟動羊毛衣物的冷洗模式，然後默默禱告會有最好的結果。羊毛往往會比喀什米爾羊毛來得耐洗，所以我大多直接用起第三種方法。我還建議你挑好一把喀什米爾羊毛的去毛球梳。你知道浮石（pumice）是怎麼除去足上的硬皮吧？所以，去毛球梳可能是你所用過最放鬆療癒的東西了。基本上，任何起毛球的衣料都適用去毛球梳，超方便的。

・**絲綢**

這些年來，我培養出了「弄髒絲綢襯衫」的嗜好，所以這麼說吧，我在這裡所用的方法肯定經過千錘百鍊。質地好一點的絲綢，會在你撫過衣料時隨著光線變化而生成不同的光澤，而且在這世上，有些絲綢襯衫就是不能水洗，所以，查看一下洗滌標示，倘若上面敘明僅限乾洗，便交由專業人士處理吧。至於不符合上述標準的絲綢襯衫，我則會丟進洗衣機，以精緻衣物的模式進行短時間的低溫水洗，待自然晾乾（絲綢萬萬不可烘乾）後再用掛燙機整燙一遍，讓我感覺像個《Vogue》雜誌公司裡的實習生。

・**丹寧**

怎樣保養丹寧衣物才是最好的可謂眾說紛紜——有人使用特殊的洗潔劑，有人則說你應該越少清洗越好，倘若真是這樣，這對我來說就像等著泌尿道感染（Urinary Tract Infection，UTI）吧。我嘗試要找出中庸之道，而把丹寧衣物跟普通的髒衣一塊兒洗，但都確保它們翻成反面之後才丟入洗衣機，另外也盡量試著減少洗滌次數，以維持衣物的原型和最初的水洗狀態。

・**僅限乾洗的衣物**

若有哪件僅限乾洗的衣物屬於前面三種面料、似乎又沒那麼精緻，我**有時**就會鋌而走險，逕自手洗。第一，我會在不起眼的地方沾點水測試看看；第二，我只會針對襯衫、毛衣這類固定穿戴的衣物進行嘗試。倘若是洋裝或連衫褲這類正式的服裝，我就會長痛不如短痛，速送乾洗，因為店家總會用很神奇的方式，讓東西看起來煥然一新。我發現，我若有某件衣物沒穿多久、依舊很新，只要用掛燙機整燙一遍，便可帶來奇效。

和本書其他的主題相較之下，膠囊衣櫥似乎是塊不太重要的拼圖。其實，它既不是天空裡隨隨便便的一塊，也不是角落的一塊，卻是讓整幅拼圖變得完整的那塊；少了它，拼圖就不會完整了。你不必樣樣做到、按季更新並在日記上不時筆記，縱使你只是在本章的鼓勵下扔去了不再合用或不再合身的物事，也會坐收精簡個人衣物之後所帶來的種種好處。你若仍猶豫不決，何不試試看這麼做適不適合自己呢？就連起初那些清空的步驟都會成功帶來淨化，我們也才能在這麼做的同時，冷靜地審視個人的消費習慣和這一路積攢下來的衣物。除了順利清空，你也即將成為洗滌大師——關於這點，我保證你的白色衣服和精緻衣物都會感謝你的。我們現在只是調整一下——基本上，我們就快達到目標了，但願大家都能馬上經由膠囊衣櫥覺出差異，而你一旦要開始規劃生活上的其他面向，也才能順理成章地把同樣的理念運用在「我們主要如何向他人及外界呈現自己」上。只不過，當你人在室內，這些**都**不外乎是彈性腰帶和刷毛的拖鞋罷了，而且說到室內，住家以及如何操持日常家務正好是本書的最後一項主題了，從例行的打掃，到從某個常駐的潔癖狂（就是我）身上獲知整理妙方，我們距離編輯後的生活只剩最後一步嘍。

操持家務

你已經精簡完個人物品，
所以，現在是該納入日常清潔，
好為你和編輯後的生活打造出一處完美的居家環境了。

為了替本章開啟序幕，我應先聲明我沒有小孩，沒有寵物，也沒有不愛乾淨的老公，所以，當你結合起這三件事，持家就不是什麼特別費勁的事了。我們每週打掃一次，也會支付帳單、洗滌衣物、採購食物，還會在睡前窩進床裡觀賞 YouTube 頻道上《用餐愉快》（*Bon Appétit*）的烹飪影片。噢，對，**我們家真的超亂的**。所以啦，那些有孩子的、養了超興奮的狗的，還有／或是另一半認為兩週倒一次垃圾太頻繁的，請先給自己打打氣，輕鬆地讀完本章，再找出我的方法有哪些不足吧。即便我沒有過血淋淋的經驗，但我還是樂於跟大家分享我的方法，畢竟我曾經安然度過全屋大翻修，更有過成功地把自家的兩房公寓拿來當作婚禮接待所，所以我的確知道翻修過後要徹底清潔的二三事，以及如何從奶油白的羊毛地毯上洗去半杯灑出來了的橙色開胃甜酒[①]（Aperol spritz）（亞馬遜上販售的Dirtbusters 牌去汙噴霧劑真是天賜的禮物，有夠神奇）。

由於本章所談的都是些最後裝點、讓一切變得完整的小事，所以我把它放在本書的最後一章。你若在膠囊衣櫥的角落堆滿了沾染灰塵的兔娃娃，衣櫥就會變得有點糟糕；備餐是很棒，但你若騰不出空採買食物，烹飪所需的食材也會一直無法齊備。相信我——到了週日若能躺在剛洗淨的床單上賴床，再幸福也不過了。把操持家務當成一項你嫻熟的業務經營著，輾轉默默地忙東忙西，需要大量的勞動卻花不上什麼腦力，可謂是錦上添花。

實施並培養出適合你、你家，以及室友或同住家人的習慣是要花點時間，但這一旦固定下來，便會讓你得空，而不致把寶貴的週日給用在清除烤箱裡陳年的殘渣。雖然我覺得編列預算是本書中最不有趣的部分，但咱們也是要迎來這個有關，呃，**打掃**的大結局。

好了，我不會說我喜愛打掃，但我媽可是會拿吸塵器徹底吸起她那張九〇年代的臥室地毯直至表面一塵不染、看上去和其他地方顯然有別，以致你看得出吸塵器曾經被迫在哪裡來回清潔過的痕跡。**我要向我媽致敬！**我並不喜歡這類的勤務，卻很享受最後的結果，

① 由艾普羅香甜酒 Aperol、普羅賽克氣泡酒 Prosecco 和蘇打水調製而成，最後再飾以柳橙片，為義大利廣受歡迎的國民風味飲品。

而且說真的，這才是整件事的重點。打掃從來不討喜，我也希望永遠都不用再倒垃圾，但打掃搭配其他家務，創造出了一種乾淨整潔的居家環境，應有助於你一打開家門就感到放鬆、更加平靜。

我們都知道當家中整潔有序，人們會覺得心情較好，而這類身心上的助益確實也已獲得科學驗證。根據《性格與社會心理學公報》（*Personality and Social Psychology Bulletin*）在二〇一〇年所發表的研究報告指出，相較於覺得家中「能讓人充分休息」「促進康復」的女性，描述個人起居空間「雜亂無章」的女性較易罹患憂鬱、感到倦怠。二〇一一年，美國普林斯頓大學（Princeton University）的研究人員也發現雜亂會降低受試者對工作的專注力，同時依據美國國家睡眠基金會（National Sleep Foundation）的調查顯示，更有百分之七十五的人表示床單若剛剛洗好，睡起覺來會比較安穩。重點在於，「整理並妥善管理居家環境」正是一種對自己的寵愛；藉著以周遭環境為傲，你便是在向自己展現，你值得處在一個美妙又維護良好的環境下。**你值得！**還需要我提供多一點例子來說服大家固定執行家務是個好主意嗎？以下應足以讓你心悅誠服：

- 可能的開放空間不致太常發現掉落的頭髮。
- 家中聞起來舒適宜人、令人愉快，你看電視前也不用拿起浴袍的袖子撣去所有機上的灰塵。

・下次爸媽若沒先打招呼就直接跑來也不必驚慌，因為你家已經散發著五星級飯店那種乾淨俐落的氛圍。

・花在打掃的時間普遍減少。**沒錯，真的！**

最後一項讓你眼睛一亮，對吧？你看，關於打掃，我秉持的理念正好與膠囊衣櫥相反。對於衣物，我鼓吹質大於量，對於打掃，我則支持在品質適中之下以量取勝，一種「一次做一點，然後經常去做」的概念。我每天做的家務不多，但每週做的家務可不少，況且我覺得，這樣固定執行家務會帶來立即見效的「微」（micro）清潔，而不必因為超久沒用吸塵器而得花上好幾個小時做起深度清潔。你一旦綜整來看，就會發現「現在多做，日後即可少做」，這只是要你建立這些習慣、固定排入行程，這樣才會在完全不加思考之下自動自發、順利完成。以下是我如何建議大家花費較少的時間打掃，而把更多的時間用在一百九十四萬三千四百八十七種更有趣的活動上。

咱們開始打掃吧＊打哈欠＊

你如何打掃將取決在你與誰同住……

・你若獨居

太好了。說到底，打掃就是你一個人的事，所以負起責任來吧，而且你若喜歡在週二晚上十點使用吸塵器，也請自便，呼，我只是很慶幸我不是你家樓下的鄰居。

・你若與室友同住

這確實會讓你看起來像個超級老古板，但大家在溝通之後排定某種時程表或許會是最好的方法。時程表是不必固定黏在冰箱上，但人人都要對此保有共識。我聽說過每週輪值表，也就是你每週都有固定輪值的工作，然後到了下週再和別人交換；或者說，有時分配好一人打掃一週，然後週週輪替比較好，因為大家若都非常忙碌、經常外出，這麼安排才可能行得通。

・你若與家人同住

你和家人同住二十多年來，彼此可能已經擁有某種打掃的默契，而且根深蒂固。你若覺得自己沒有善盡打掃的本分，那就挺身而出，扛起更多的責任吧。你不會知道，一旦下次大家爭相搶起電視遙控器，你之前的善舉很可能會為你帶來更多優勢。

・你若與重要的另一半同住

由於你們要長年面對家務，所以家務如何銜接便要經過充分討論。你問我幸福快樂的祕訣？在考量雙方行程之後盡可能地一人一半吧，這樣你就不會忿忿不平地拿著一支泡過漂白水的馬桶刷死命地往馬桶裡刷了。我和馬克把實際的打掃工作分成兩部分，他負責廚房和衛浴，我則負責公寓裡其他的空間。沒錯，有時我們其中一人若出外旅行，家事就不會分得這麼剛好，但整體來說，我們都會盡量試著劃分清楚。你若一想到每週打掃衛浴，就想躲進浴缸蜷起身子、沉沉睡去，那就穿插一些其他工作、交替著做吧。你們若投入的程度相當，也就能省下力氣吵起更重要的事，比如今年要去哪裡歡度耶誕、上次是誰幫車子加油等等。

你一旦找出如何平分工作，就得辨別你實際上究竟要做什麼，還有每隔多久要做。或許你已經充分掌握打掃事宜而只須定期恪守某種時程表就行，還是說，你可能覺得那堆清潔用品不夠，但自己卻連威猛先生（Mr Muscle）和潔廁得（Toilet Duck）都分不清楚？以下部分應會助你處理這兩大難題，甚至更多。

你的家務時程表

你清楚怎麼反覆練習。每天做些家務，便意味著每週要做的家務沒那麼多了；每週快速清理一遍，你下回騰出時間打掃時，也就沒有厚達兩英寸的灰塵等著你一抹而過了。這是種骨牌效應，你只要大致依循以下的指示，打掃反倒會變成一件你真的連想都沒想就會自動執行，還會把手上超精采的podcast節目當成背景音樂邊聽邊做的事。以下是我建議大家如何細分家務：

每日	每早鋪床。 晚餐後收拾一下，清洗廚具或將其全部排入洗碗機，再快速擦過桌面、檯面等。 留意垃圾桶，必要時倒垃圾／丟回收。 物品用畢後請歸位，省得一週下來還要大規模地整理一番。
每週	洗衣（雖然我們每週洗個兩三堆，但必要時可再頻繁一些）。 更換寢具並清洗全部毛巾。 替所有的桌面、檯面、畫軌、壁腳板和個人物品快速撣去灰塵（從高處開始，再一路往下）。 用吸塵器把地板和地毯整個吸過一遍，必要時再拖地。 打掃廚房和衛浴。 查看冰箱；為下週備餐、寫好購物清單，並規劃採買食物。
每半年	適度清潔並撣去百葉窗的灰塵。 徹底清潔烤箱，並確保洗碗機和洗衣機狀況良好無虞。 用吸塵器徹底清掃，連家具底下和後方也不放過，同時格外留意床架與床墊周圍。 每三個月到一年頭尾調換床墊（必要時左右翻面—谷歌一下，看看你的床墊是否也要翻面！）
每年	你若裝有窗簾，請善加清洗。 清掃窗戶內側；你若清掃不到外側，再安排窗戶清潔工為你服務。 替冷凍庫除霜（也許不用每年除霜一次，可視情況增減）。

這些都是一片片拼湊起家庭衛生的拼圖，所以，請固定排入行程吧。如今，我都會自動做起每日家務，而且如若持續進行，很快就能完成。至於每週的那一大串清單，我們則喜歡在週六一早進行，因為這些只要完成，就不會妨礙我們做想做的事，我們也就能好好享受週末剩餘的閒暇時光。然而，我是真的傾向在週一洗滌衣物（由於衣物在全數晾乾前會把我們家給變成一間濕衣展示館，所以越接近週末越會來訪的客人要是出現，便不至於被溼答答的衣物給左一下右一下打著臉玩了），同時採買食物，因為這樣比較符合我們備餐的時程。再者，鑑於烤箱會逐漸發出一陣難聞的氣味，表明它是該徹底清潔一番，加上我們也會開始思忖床底下的地毯是不是根本就是灰的，才會怎麼也清不乾淨，所以，我多少都會自動展開那些每半年一次的家務。至於每年一次的打掃建議麼，在行事曆中設好相關提醒也許會比較合理，因為除非你曾經光著身子**打掃窗戶**，卻不慎被鄰居看個精光、教你恨不得當場挖個地洞鑽進去，否則這些實在算不上是什麼令你特別難忘而會時時掛心的事。現在，你得去組裝清潔用的武器嘍。

你的清潔工具組

工欲善其事，必先利其器。猶記我小時候因為知道自己闖了禍，所以試著單用清水和幾張衛生紙就妄想弄掉被我踩碎在地毯上的口紅而搞到汗流浹背。奉勸十歲的自己：別偷拿你媽的口紅然後還掉在地上，**笨蛋**。超級市場的走廊可能看似要花上你一筆不小的數目，你的櫥櫃也得空間充足才放得下二十七種不同的清潔劑，但我想你的工具組只要具備下列幾種，百分之九十九的清潔、潑濺和汗漬應該都不成問題。

・多功能抗菌清潔劑

有這在手，你就萬事ＯＫ了。它從衛浴、廚房乃至床頭櫃皆可使用。我十分偏愛Method的品牌，因為其散發香氣的方式，有如你正在持續燃燒手上最喜歡的那款蠟燭整整二十四小時，久久飄散不去。

・浴廁清潔劑

確保你用的是強效一點的清潔劑，因為這裡可是留下了一堆亂七八糟的東西啊。我會針對外部使用多功能清潔劑，然後針對內部用起有漂白功能的。這算不上是你所貯存最棒的東西，但我告訴你吧，當你不知為何不小心把染眉膏給甩到了全新的白色洗手槽上，它真的就能派上用場。

・玻璃清潔劑

除了玻璃清潔劑，你若還嘗試在鏡面用其他東西，那麼接下來的一整天，會在燈光變化之下看見一大堆各式各樣的抹痕。這是一種「來抓我啊」的不可能任務。你家中的玻璃表面若很花俏，或許還要額外使用木材及／或石頭的專用清潔劑，因為它們可能常常需要客製化的細心照料。

・地板清潔劑

即便我有一罐不用稀釋就能逕自瓶身噴至地面而讓事情變得又快又簡單的清潔劑，你仍可自行稀釋多功能清潔劑，以調製出一種適合地面又不致太貴的混合清潔劑。你若鋪有地毯，也要確保你有地毯去汙劑，因為你知道的……**紅酒**。

・烤箱清潔劑

特定清潔劑的種類或許看似很多，但若有哪一種你非買不可，那就是烤箱專用的。殘留在烤箱裡有的沒的一直在裡面烤啊烤的，少了獨特設計的清潔配方輔以某種程度上的劇烈刷洗，它根本怎麼也弄不掉啊。

・超細纖維擦拭布

多虧了友人莎莉（Sally）的推薦——在我所認識的人當中，她家是最乾淨的——這種拭布改變了我的人生，更融入到我的生活。購買一包不同顏色的拭布吧，這樣你就能按顏色區分，而在特定區域選用特定的顏色，未來自然不可能把擦馬桶的拭布給拿來擦廚房了。它快乾、容易清洗，更不必經常更換，我們從此不再需要用到那麼多的廚房紙巾，也完全不再需要抹布嘍。

• 雙面海綿

購買這種東西是有點無趣，但每當你得徹底刷洗什麼，像是浴缸、洗手槽、廚房的爐台及烤箱，手上握有帶點磨料的工具還是挺方便的。

• 雞毛撢子

我的雞毛撢子帶給我不少樂趣，因為它的握把可以拉長，毛茸茸的頂端亦可充分延展，意味著家中我想伸入清潔的各個角落及縫隙不論怎樣奇形怪狀，都能妥善掌控雞毛撢子而順利清掃完畢。上網給自己買一把吧，有了它，你每次要清潔高處、撢去灰塵，都不至於會再扭傷背部了。

• 拖把

我偏好末端是海綿的那種拖把，因為它比傳統的拖把乾得快，又或者你若真想酷炫一點，便可給自己購買那種把手裝有噴霧器，然後無論你在裡頭裝滿什麼清潔劑，只要輕輕按壓就能把清潔劑噴灑至地面上的拖把。**太天才了**。為了避免自己老是得要拿出又大又重的吸塵器，我也建議善用掃帚和畚箕來打掃玻璃碎片或清除沾染灰塵的小髒汙。

• 吸塵器

多年來，在使用由房東提供、造成我們即便到了八月底都還會被殘留的耶誕樹松針給刺進腳裡的吸塵器後，我至今仍難以忘懷我們花不到二十英鎊買了吸塵器卻完全改變一生的那天。研究（哪個好？Mumsnet 上推薦的都不錯）、投資、確認有合理保固後，便向那台鳥吸塵器在過去兩年一直都未能吸著的每粒塵埃告別吧。

這些工具看似不少，但除了拖把和吸塵器外，其中樣樣都能和你「不知還能放在哪裡」的其他用品——對我來說，這包括餐巾紙及熱水壺——一併放在洗手槽下。你要是苦於無處放置吸塵器，大型的櫥櫃也擺不下，我會建議你購買摺疊式的，然後立在開啟的門後吧。

所以，你已找出打掃的常規，也已徹底確認過相關的用品，但你還能怎麼幫助一切的家務變得更容易呢？最後，我還偷藏了幾招。

全不管用時怎麼辦

有時，常規是訂好了，但我們未必會按部就班、乖乖執行。**＊瞪著浴室角落那團有如高爾夫球大小，可能是頭髮也可能是灰塵，還是說我根本就不確定我想知道那是什麼的蓬鬆物＊**。沒錯，你總能在我於公寓內四處跺腳、吹毛求疵卻又提不起勁去打掃的那天，準確地預測出我剛好碰上每月分泌賀爾蒙而爆發「我可不是你媽！／老娘沒空管這些！」的無名火。**馬克是不是挺衰的啊？**但我們常常不是因為賀爾蒙引起暴怒，待我一屁股坐下雙手一攤才導致打掃的常規和習慣嚴重脫軌、未能如常。反之，這結合了多種因素，如時間、遠行、說要備餐卻又毫無靈感、突然湧入一堆不知該擺在哪裡的新東西，或是那種死性不改，有時就是**懶得去鳥**的心態。碰到這些情況，你就該納入特別的方法，好讓事情回到常態。

你就是覺得沒有時間？其實我真的很享受烹飪，有時也偏愛好好打掃一下，然而，當表面上的時間感覺荒唐可笑、毫無參考價值，我就會樂於讓某些家務自動化。你因無暇想出備餐計畫、採買而吃起垃圾食物？記不得上次打掃是在何時？用完捲筒衛生紙卻又一直忘記添購？以下的調整都很簡單，同時，為自己精簡家務或在預算許可之下要求專業協助（即不必在晚間九點回到家還要親自刷洗浴缸）也沒什麼好丟人的。請轉而採用以下方法吧：

- 在超市為自己訂購一週的餐點或生鮮蔬菜盒，並排好宅配到家的時間。
- 你若到月底之前都忙著工作，就安排清潔人員每週來家裡打掃一下，等到週末沒那麼忙了，再回復到自行打掃。
- 與同住家人分享手機裡食品雜貨的購物清單，如此一來，當你們意識到食物或家用品已經快要沒了，便可立即更新。

度假回來然後狀態失衡？我們經常旅行，這既美好又令我反胃，因為亂流會讓我嚇到夾緊屁股、驚慌失措。我打包東西是很在行，但一回到家，我大概就像條防水的毛巾一樣，沒啥用處。我感到很累、疲憊不堪，然後啥都不想做，只想狂嗑披薩，同時斜眼看著一旁尚未打開的行李箱。因此，我手上有些策略，可以使得走進家門不至於那麼痛苦。

- 度假前，先洗完所有剩餘的衣物，因為你可以肯定的是，等你一回來，大概會有八堆髒衣服要洗。
- 確保你到家後隔天一早的第一件事，就是收到超市網購的宅配商品（唯恐行程延誤，我們從不指定返家那晚到貨），以防你得先吃罐頭食品，直到有力氣去採買食物為止。
- 也為自己到家那天訂好外送便當，或是確保冷凍庫裡還有吃的，以免你在無疑吃了超多的披薩、麵包和義大利麵（根本就是天堂）後到家那晚，還要訂購外送。
- 洗滌床單，並換上乾淨的寢具才去度假，這樣你的床／雲朵般軟綿綿的床墊就準備好靜待你的歸來了。

沒時間開伙？我在**寵愛自己**那章提及備餐時，就詳細探討過這點了，但往冷凍庫塞點吃的是我從祖母那兒學來的一課，也是真能經常派上用場且非常簡單的一步。從小到大，我們都很喜歡一次煮好大量食物，再把剩餘的冷凍起來以供日後食用，而只要可以，現在我每個月都還是很愛這麼做。剛度假回來然後沒東西可吃？看看冷凍庫吧。家人相約來訪、共進晚餐，然後還抽不出時間去趟超市？也看看冷凍庫吧。覺得**真他媽的**懶、動也不想動嗎？你抓到重點了。

- 花一小時用些快起變化卻依舊新鮮的食材迅速地做出某種燉菜、湯品或義大麵的醬汁。
- 依據你喜歡的食譜做好兩三倍的量，再把剩餘的分別放入特百惠微波保鮮盒，然後置於冷凍（我媽多會利用奶油和冰淇淋的空盒）。
- 取來快要變質的香草、辣椒或大蒜切成片狀，然後撒入製冰盒，並在各個冰格倒滿油、放入冷凍，需要時再「啪啦——」的擠出冰塊，用以烹飪。

難以保持整潔？（除了不生小孩，）保持整潔有個祕訣，那就是**一切都有歸屬的地方**。你手上的每件物品若是都有固定擺放的地點，家裡也就不會亂七八糟了。你所期望的收納方式，是物品看起來就應該在那兒，也讓我們在需要時容易取得、找到。

- 下次你買了什麼，請**盡快**為它找到去處，然後這一段烏不拉屎的祕訣就能閃到一邊涼快去了。下次你也可以依循這樣的格局整理，便不致浪費時間揮舞著那只出於 Instagram 的廣告推薦才購入的新花瓶，並煩惱著究竟要把它放在哪裡。
- 盡快找到適當的安放地點，上傳到 InteriorInspo IG，然後整理個人物品便成了你自動自發會去完成的事了。

任它全部堆在那裡？當我們家變得既乾淨又整齊時，我感到最是平靜，但你肯定覺得這沒什麼大不了的，因為——我的意思是，你都已經把家裡搞成這樣了！所以我**嚇著你了**，對吧？即便旁邊放著一堆未洗的髒碗盤可以讓你臉不紅氣不喘的。不像我會心跳加速。我仍會建議你在睡前把全家快速巡過一遍。好了，我並不是要你立馬轉身去把吸塵器搬來這裡，而是要你稍稍整理一下，讓家裡賞心悅目一點，你懂吧？

- 收拾並清洗用以烹煮晚餐的一切，再把剛剛洗好、溼答答的那一整堆架起來瀝乾。取出工作袋中隔天用不到的物品。清理早先你為了在浴室美黑而引發的災難，因為那看起來超像是有奧柏・倫柏黑矮人[2]（Oompa Loompas）在裡頭慘遭意外。
- 睡前就處理好剩菜吧，這也就意味著你隔天一早醒來，不用再浪費時間處理這些雜事，甚至還能晚個十分鐘起床呢。

這些小小的建議不難實施，它們有助於你在操持家務的一路上順利前進，盡可能地避

② 英國知名兒童文學作品《巧克力冒險工廠》（*Charlie and the Chocolate Factory*）中研發巧克力的靈魂人物，外貌矮黑，似非洲侏儒。

開路面的障礙，且在做起現在那些令你頭痛的家務時，也能得心應手。直搗核心的方法誰不愛呢？你可能仍要費勁地回想上次是在何時拖洗廚房地板，還有是在何時拿起襪子用力擦拭磁磚上所殘留的醬汁，但是，嘿，你可是備好餐了欸。雖然你可能會有整整一週叫苦連天，覺得自己就快登上下期《好管家③》（*Good Housekeeping*）的雜誌封面，但對於你的周遭環境和心理健康來說，這種機會可說是多多益善。

③ 美國女性雜誌，其中除了提供讀者許多管理家務的小訣竅，還有一些職業作家和讀者來信的文章與故事，主題多樣，涵蓋房屋、食物、健身、美容、健康以及家庭等。

但願本章為《質感生活編輯術》的所有理念做了個完美的總結。你一旦整理好生活規劃上的各個面向，也解決了工作場所的所有問題，住家便是最後一個要上油的齒輪；你在挑選想要聽從的建議並運用在家務上後，事情應會進行得比之前更加順利。你將能確立打掃的常規，還能與室友或同住家人分攤家務，包括想出方法讓大家也能針對那些經常遺漏的角落和縫隙徹底刷洗一番。幸虧有第三〇五～三〇八頁上的清單，你的清潔工具組現正**火力全開**，可別說我什麼都沒給你啊。無論你吸收怎樣的資訊、後來又決定採用哪些，未來你不免還是會思考桶裝冰淇淋究竟算不算是營養充足的晚餐，或在地面看到有如風滾草（tumbleweed）而隨風飄動的絨球／塵團／毛球——一旦如此，我們得要讓自己喘口氣才行。你不可能既要顧及生活與工作，又要一直讓居家環境保持在一個穩定的水準。切記，除了雷恩・葛斯林，沒有人是完美的。

好了，你已經獲取**所有的資訊**了。超多的。但你究竟要如何付諸實施呢？你可能沒按照順序閱讀本書，而是在看完某些章節才運用其中的方法？還是說，你只是把「執行的部分」留到最後？你也很可能讀到這裡，卻再也不願去想起任何有關規劃的事了。對此，我深感抱歉，從而希望你會非常享受本書在你臥房裡那搖搖欲墜的書堆中看起來有多麼迷人。至於其他人，我們便根據以下實施《質感生活編輯術》吧。

編輯後的住家確認清單

- □ 為接下來幾週和幾個月安排時間，以透過 F.U.L.L. 法簡化個人物品。在日記中加入這些日期，優先實施，並確保你有空完成擬定執行之事。
- □ 也對懷舊的個人物品實施 F.U.L.L. 法。
- □ 打造膠囊衣櫥，花一整季測試，而且必要時才採買，採買時也總備有清單，以防衝動性購物。
- □ 學著如何妥善照料衣物，同時送送乾洗吧；若有衣服需要修改、修補，亦可逕自找裁縫師。
- □ 規劃家裡的打掃時程，包括每日、每週、每半年、每年皆須逐一完成的工作。
- □ 透過補齊你欠缺什麼而強化貯存在家的清潔工具，你便準備好應付各種去汙的難題了。

特別附錄

質感生活編輯術之行動方案

The Action Plans

如今，我是該替《質感生活編輯術》畫下一個完美的句點，所以也差不多該唱起美國節奏藍調美聲四人組大人小孩雙拍檔（Boyz II Men）那首卡拉OK必點的合唱曲——〈路的盡頭〉（*End Of The Road*）了。

很開心我已經提供各位**所有的資訊**，所以我想，在本書結束前再提供一些概念，說明如何在住家及工作生活中整合我所分享過的一切，應會有所助益。

無論你是想在一整週、一整個月或是一整季進行編輯，我都已針對這三種不同的時段為大家備好三大行動方案。

以下便是我如何統整。

切記下列要點

這裡的方案只是用來指導大家，並呈現如何統整生活、工作和住家規劃上的各個面向，所以沒有什麼是已經定案、不可更動的。週末的編輯要是花了你一週呢？**很棒**。有些方法你就是想要嘗試兩個月呢？**也沒問題**。一邊進行一邊調整，在生活中運用你覺得合適的概念，並且牢記下列要點：

- 萬事起頭難，但你一旦展開，腳步就會加快，所以事不宜遲，甚至是只運用一種訣竅也好，聊勝於無。
- 你可不是在生活上運用過一次這些習慣和常規就好，而是需要隨著時間持續不斷地編輯、調整。這並不代表你得要為此耗費心力、拚死拚活，而比較像是當事情不按計畫發展，或偶爾需要你多花點心思，你也不應感到害怕，而能從容以對。
- 除了我從親友那裡零星獲取的知識，我在這裡談到的方法多半都是對我適用的——而我只不過是這個浩瀚宇宙中，迷戀著雷恩・葛斯林又全身散發著處女座氣息的人罷了。所以，請挑選、調整且運用你覺得有幫助的，至於其他，就隨它去吧。我胡說八道可是出了名的。

準備開始了嗎？以下是我建議如何在生活中整合《質感生活編輯術》。

■週末編輯

生活

・掌握行事曆的狀況，並完成**搞定你的日記**裡有關你偏愛數位行事曆還是紙本行事曆的小測驗。填入接下來十二個月的假期、會議和截止日，同時計畫加入下一週的健身課程與社交活動。

・開始思考預算。第一步就是先熟悉自己的財務狀況，於是登入你的網路銀行，而且接下來的一週**天天**都這麼做。

・為下一週擬定備餐計畫。找出你每天需要哪些餐點，選定食譜烹飪晚餐以及營養豐富卻可速成的早餐與午餐，寫好購物清單，然後前往超市（你若抽不出時間，或許可以網購）。

工作

・翻閱到〈**如何計畫工作日**〉，並為下一週擬定每日的待辦工作與計畫。

・發誓在下個工作週，至少執行一項從〈**如何完成工作**〉抄來的省時技巧。

住家

・藉著排定接下來這幾週要在何時徹底檢查、酌予刪減每間房裡的個人物品，從而展開精簡之旅。

・按照**操持家務**裡的祕訣，把家裡好好打掃整理一番，以為下週做好準備。

・你若想要測試膠囊衣櫥可不可行，可先從〈**如何打造膠囊衣櫥**〉裡的步驟開始。

■按月編輯

生活

・把你的行事曆帶往另一個層次吧。除了放入每天的廣告紙，也請寫下生日以及購買禮物的提醒，並透過顏色來區分紙本行事曆的種種事務，而你使用的若是數位行事曆，何不試著兩份並行，一份用於私事，一份用於工作呢？平衡生活和工作——名副其實。

・請在一週內固定檢視銀行裡的帳戶餘額數次，參照**理財**章節中的範本建置編列預算的試算表，並在一個月後追蹤帳戶裡確切增加了什麼，又支出了什麼。

・更寵愛自己。一週一次，排定專屬自己的時間——即便只有三十分鐘也好。無論你是在沖澡時盡情高歌，唱著瑞典樂壇傳奇阿巴合唱團（ABBA）的經典歌曲，還是只想靜靜地讀一本書都好，請做一時半刻會讓自己放鬆的事吧。

・從頭到尾讀完**寵愛自己**中備餐的部分，好好想想什麼才最適合你家，然後跟著開始，再盡量養成習慣、自動自發地完成，好讓生活變得更輕鬆。你可能需要打造一份專屬個人的食譜總覽，這樣就不用花上好幾個小時蒐集食譜；或是全數記下自己最愛網購的食材，以便在下回訂購時直接加入購物籃。

・設定「一整個月每週健身兩次」的目標。也許是在街區附近健走，或是參加你一直都想嘗試的瑜伽課。無論是哪種活動，都請盡情地出汗吧。擬定一份可以達成的時間表，並固定在家中經常走動之處，時時提醒自己。

・在月底前給自己設好一個目標，並善用〈**打造目標和未來計畫**〉裡的相關建議。不管是工作、生活，還是住家，哪方面的目標都好，只要能練就「目標設定」的肌肉即可。切記要讓目標變得 S.M.A.R.T.。

工作

・依照〈**規劃工作場所**〉中陳述的方法，在週五晚上或週一早上整理工作場所。

・參照〈**如何計畫工作日**〉那章，瞭解你個人的活力程度，並找出它在你工作時高低起伏的自然變化。留意這些，並在排定一週行程時善用這項資訊。

・花一個月處理收件匣已經綽綽有餘。建立資料夾，刪除沒用的訊息，並制定收發郵件的規則（如一天只查看郵件三次），然後慢慢習慣。

住家

・排定逐一簡化每間房的時程，並遵循〈**如何簡化並規劃住家**〉中的 F.U.L.L. 法。根據你在當月的計畫，就算談不上全部，你也應能篩選家中至少一半的東西。**耶！**

- 依循〈**如何打造膠囊衣櫥**〉裡的步驟，給予所剩衣物些許的溫柔、愛心與照料。學著如何妥善處理手上的衣料，並在必要時修補或修改。
- 整理清潔工具組，並訂好時間把家裡徹底打掃一遍，同時處理**操持家務**中時程排定的一切，然後在行事曆加入每半年或每年一次的提醒，通知自己下次得在何時大掃除。

■ 按季編輯

生活

- 花三個月編列預算真的綽綽有餘。在追蹤完你的支出項目後，請開始熟悉試算表的內容，並依循**理財**中的步驟做出自己那一份。開始落實整年度中每季的省錢祕訣。
- 在這段期間內至少完成一次數位排毒。**你很愛？**那跟自己約好多做幾次吧。
- 除了備餐並規劃每週的食物採買，請確保廚房裡必備的材料工具全都**就緒**。也給自己買來新食譜，並挑戰做些新料理吧。
- 擬定正式的健身習慣，然後遵循**寵愛自己**中的訣竅，你就真能堅持到底。別畏懼嘗試新的事物，並融入你已建立好的習慣。
- 三個月真的很適合用來深入研究並好好思索你的長期目標。請一一做過〈**打造目標**

和未來計畫〉中的練習，旨在把你想達成的一些長期目標具體化，再把這些目標細分成可於每週計畫力行的具體行動。

工作

- 確保你的工作場所乾淨整潔、沒有文件散落，格局也最符合你的個人需求。添加貯存用品，並從眼前工作的區域移除你至少一週都沒用到的東西。
- 在工作日結合常規與習慣可以大幅省時，因此，你要用既定的方式撰寫待辦清單和電郵回覆的範本，還要預設好花多久回覆所有的來信。你制定出的規則實行起來要合情合理，甚至還要讓你在工作時提高效率。
- 從頭到尾讀完〈**如何完成工作**〉中「化境」的部分，並看看如何將其運用到工作上。

住家

- 精簡每間房裡所有的個人用品（就連懷舊的東西也是），並對手上的每樣物事實施F.U.L.L. 法。能賣的就賣，可能的話，樂捐並回收剩下的，然後揮別所有不需要的東西吧。
- 試用一季膠囊衣櫥看看。熟悉一下那些顯示衣物優劣與否的指標，審慎購買（若沒清單可千萬別上街！），然後與其衝動地去買新東西，還不如去找尋如何重新穿搭且回收使用的靈感。持續記下你最常穿戴哪些物件，還有你覺得目前欠缺什麼。利用這些資訊為下一季做好準備。

・整理好清潔工具組，並補齊不足的用品。把屋子裡外徹底打掃一遍，再試試看**〈操持家務〉**中的祕訣。你也許很愛往冷凍庫裡塞東西？還是說，你想不想納入打掃的訣竅，好讓自己做起來至少輕鬆一半？

無論你的具體行動為何，我都希望這些會引導大家開始覺得手上的一切變得像樣**一點**了。不論你是深信「質重於量」，還是開始婉拒他人、轉而尊重自己的行程，我都深信，你將藉由聽從一些我分散在各大章節中的小小建議，而開始善待自己，最後甚至還會擁有更多時間去做更多讓自己開心的事，這也才是我說完這堆蠢話的終極目標。

最後一件事……

人非聖賢。我們不靠譜、亂七八糟、很情緒化，有時做起事來更是毫無條理可言。因此，即使我在此提出了一系列大家都能納入生活、從而受益的建議，也不管經過了多少的編輯或調整，事情有時不成就是不成——縱使你寫了一本教人如何規劃生活的書也一樣。

以下是我在撰寫本書時碰到的一些狀況，挺諷刺的：

- 我迷上了 Candy Crush 的線上遊戲，還喜歡在睡前玩一下。如今我闖關的級別已經到達三位數，也樂於和其他的線上玩家對話（呼叫米麗〔Millie〕！）。
- 說到睡覺，我真正開始享受賴床這事，以前從來沒有這樣過，而且能賴多久就賴多久，幸虧郵差來按門鈴才能把我叫醒；此外，我就連工作也在床上。我晚睡晚起，因此感到產值低落。
- 我吃了一堆洋芋片、餅乾，有次更在做完皮拉提斯回家後用 Uber Eats 訂麥當勞當午餐吃。哇哈哈哈。
- 我有一整個月沒去上皮拉提斯，然後喪失了搆到腳趾頭的能力，而當我重回教室，還得強忍住歡樂的淚水，因為我覺得自己超瞎，怎沒優先做這件能讓我和繃緊的肌腱都感到如此舒暢的事。
- 我在 Net-A-Porter 下過很多訂單，也取消過不少，但我不太確定自己當初花了那麼多錢購買衣物，是不是真有必要。
- 什麼要在工作／生活之間取得平衡？沒錯，那是我編的。我和好友們整夜跳舞，然後週日才上工。我去叨擾我爸媽的次數也不到過去的一半，他倆肯定都在暗自竊喜吧。我還取消了晚宴、會議，更沒現身家族聚會，因為我的時間管理和優先順序已經整個亂成一團，導致我忙到暈頭轉向。

- 我漏接電話，忘記回覆簡訊，開會遲到。我以往都說「我會提早十分鐘！」如今卻改口成了「不好意思，我會晚到十分鐘！」
- 本書的截稿日碰巧撞上我最忙的其中一個月，於是我同時推動品牌工作、錄製podcast、撰寫電子報、出國兩趟，並嘗試在每週固定錄製影片且上傳三篇貼文之下完成一本共達八萬字的英文書。然後你知道嗎？我忙到喘不過氣，計畫停擺，待辦事項也遲未完成，而且無論我做什麼，都仍覺得自己像隻滾輪上的倉鼠，原地踏步。
- 我無視自己的建議，整整三天沒有出門，結果自己覺得無聊至極、實在拖得太過誇張，這才致電髮型設計師，去了趟髮廊大剪特剪，然後離開時大概只剩下六成五的髮量吧。

懂了吧？不知怎的，這些習慣就是完全不符合本書裡所說的，但我仍然努力度過了我最美好的其中一年。我完成了一本書，到過一些很棒的地方旅行，持續更新我的部落格及YouTube頻道，製造了回憶，開懷大笑，還因為喝了太多的普羅旺斯丘粉紅酒「天使絮語」（Whispering Angel）然後太～愛我的朋友而放聲大哭（哈哈哈）。我仍把預算、計畫、行程、膠囊衣櫥保持在一定的水準，努力執行目標，還吃起比去年遠遠較少的外帶披薩。或許我對待辦清單的態度沒有之前那麼嚴格，固定打掃這方面也能做得比以往更好，但一如我在本書中一再重覆的，這關乎在某個當下選定「你覺得怎樣才對」，而我就是這麼做的。我編輯了自己的生活、工作和住家，讓我能夠效率十足、井然有序，還能盡量為我空出時間，去做生活中會令我開心的事。

你是支筆，生活則是張紙，如今你還握有一張教你如何汰劣留良的小抄。是時候當起自己的編輯嘍。

資料來源

有關編輯生活進一步的閱讀與研究……

■ **THEANNAEDIT.COM上可供列印的PDF檔：**

・如何做出預算工作表
・備餐計畫暨購物清單工作表
・例行健身暨目標計畫表
・每週計畫工作表

・如何打造膠囊衣櫥工作表

・度假打包指南（一只登機箱就能解決的旅行和較長的假期皆可適用）

■ **網站：**

INTOTHEGLOSS.COM／基本上與美容相關又可用於寵愛自己的素材。每當我興致一來，想要寵愛自己，就會來這找裡尋靈感。

MONEYSAVINGEXPERT.COM／哎，拜託，**你鐵定聽過這個吧？**一如其名，該網站針對各種不同事物提供了中立又實用的財務建議。

THEFINANCIALDIET.COM／相較於上一個理財相關的推薦網站，該網站的內容比較賞心悅目，卻一樣很有幫助；主筆者為女性，同時也為女性而寫。

MONICABEATRICE.COM／產值、業務、職涯、兩性關係——什麼都略涉一二。網站主人莫妮卡公開了既精采又超容易執行的祕訣及方法。

THEWWCLUB.COM／很棒的網站，充分匯集了事業有成的職場女性所提供的工作建議。我也愛極了網站上可免費列印的工作表，超方便的，特別當你是個體經營戶。

UN-FANCY.COM／我最初就是在此發掘膠囊衣櫥的概念，所以，卡洛琳（Caroline），謝謝！你會在此找到不少這方面的資訊，還有她是如何讓膠囊衣櫥適用一整年的實用貼文。

■ PODCAST：

《從何談起？》（WHERE SHOULD WE BEGIN?）－主持人埃絲特・沛瑞爾（ESTHER PEREL）／這就有如你把耳朵貼上房門，聽著裡面的情侶正在進行兩性諮商。聆聽他人逐一解決自己的問題真的非常療癒。

《樂園》（HAPPY PLACE）－主持人菲恩・卡頓（FEARNE COTTON）／令人愉悅的節目，你在拿下耳機後，會感到恢復精力、大受啟發，從而準備好迎接這一天。

《擺脫悲傷》（GRIEFCAST）－主持人卡里亞德・洛依德（CARIAD LLOYD）／節目內容圍繞在死亡及喪親之痛，但卻出奇地振奮人心。你若正為失去心愛的人所苦，這節目值得一聽。

《CTRL ALT DELETE》－主持人艾瑪・甘儂（EMMA GANNON）／艾瑪會邀請一些很了不得的來賓上節目，經常探討有關創業、創意與個人發展的主題。

《我的創業歷程》（HOW I BUILT THIS）－主持人蓋伊・拉茲（GUY RAZ）／節目的特色在於邀請一些全球最成功的公司創辦人高調進行訪談。當你萎靡不振，很適合快快拿出這個節目來聽。

■ **工具及APP：**

MONZO／多虧了其中實用的圖表和圖示，讓你很容易管理預算，又能馬上看出錢都花到哪裡去了。

HEALTH（iOS系統中名為「健康」的計步器）／我都使用iPhone這款內建的健康APP零星地追蹤我一天走了多少步。這不算是最精確的，但提供概略的步數作為參考已經綽綽有餘。

MOVEGB／你只要登錄這款APP並繳交月費，即可參加你所在地中各種不同的運動課程，因此輕易就能嘗試新的運動。

HEADSPACE／你每每感到空虛，就很適合大聲地聽這款冥想的APP。我發現，我若在飛機起飛前感到忐忑不安，它可為我帶來奇效。

ASANA／由於這款APP可與桌機版同步，還能全方位規劃並進行時間管理，堪稱是產值最高的一款。

■ **書籍：**

《為何社群媒體正在毀掉你的人生》（WHY SOCIAL MEDIA IS RUINING YOUR LIFE）－凱瑟琳・奧默羅德（KATHERINE ORMEROD）。本書嚴謹地檢視我們是如何在生活各大方面使用社群媒體。你在讀完之後，鐵定會想來場數位排毒。

《就我所知關於愛的一切》（EVERYTHING I KNOW ABOUT LOVE）－朵莉・阿爾德頓（DOLLY ALDERTON）。基本上，閱讀朵莉在二十幾歲的經驗就像喝心靈雞湯。請盡快把這納入固定寵愛自己的項目吧。

《女孩愛上跑步：不只是身體，也關乎決心、情感與人生》（RUNNING LIKE A GIRL）－亞莉珊卓・荷敏絲莉（ALEXANDRA HEMINSLEY）。要是有一本書可以加速你採取行動、想要慢跑，甚至是普遍健身一下，那麼，就是它了。

《子彈思考整理術》（THE BULLET JOURNAL METHOD）－瑞德・卡洛（RYDER CARROLL）。你若想把規劃的技巧提升到另一個層次，那就深入探究子彈筆記術的世界吧。

《職場女性手冊》（THE WORKING WOMAN'S HANDBOOK）－羅菲彼（PHOEBE LOVATT）。這真的是本手冊，其中幾乎涵蓋了有關工作的一切——從宣傳設計到募集資金都有。

《不上班賺更多：複合式職涯創造自主人生，生活不將就、工時變自由》（THE MULTI-HYPHEN METHOD）－艾瑪・甘儂。要是你接下來五年的目標是把某個做生意的點子發展成自己的副業，那就確保你已經購入此書、擺在了床頭櫃上。

《黑名冊》（LITTLE BLACK BOOK）－奧特嘉・瓦格巴（OTEGHA UWAGBA）。通勤時就能輕鬆快速嗑完的書。你若對工作有點提不起勁，本書可以助你打起精神。

《怦然心動的人生整理魔法》（THE LIFE-CHANGING MAGIC OF TIDYINGUP）－近藤麻里惠（MARIE KONDO）。一開始正是本書讓我踏上了這整趟旅程。你若想要冒險投入真正的極簡主義，就試試看麻里惠的方法吧。

《精心策劃的衣櫥》（THE CURATED CLOSET）－安努什卡・里斯（ANUSCHKA REES）。你深受膠囊衣櫥的概念所吸引，然後還想瞭解更多？本書囊括了你所該瞭解的一切，從流行指標到當季獨特的用色建議，應有盡有。

致謝

我得向造訪過我個人網站的每一個人致上最誠摯的感謝。因此，所有曾經駐足瀏覽、留下評論、發送推特、撰寫電郵，或是為我其中一支影片按讚的讀者們，**謝謝你們**。我是如此幸運，得以擁有這麼善良、忠實的粉絲，少了你們，我肯定就不會在這裡替此生出版的第一本書撰寫致謝文了。你們的關注和一貫的支持就是我的一切。

感謝我的著作出版經紀人艾比蓋兒・伯格斯特羅姆（Abigail Bergstrom）從很久以前就對《質感生活編輯術》懷抱信心。妳和梅根・斯坦頓（Megan Staunton）的回饋一直都相當寶貴，我也一直很感謝生活中有你們兩位這樣的潮人。謝謝方舞出版（Quadrille Publishing）的蘇珊娜・奧特（Susannah Otter），妳是我一開始就迷戀上的出版人，妳更經由視覺設計而把本書帶往另一個我從沒料想能夠達到的境界。同時，我也要感謝方舞的艾蜜莉・拉普沃思（Emily Lapworth）、莎拉・洛夫喬伊（Sara Lovejoy）、蘿絲・圖克斯柏立（Ruth Tewkesbury）與品牌蜂窩（BrandHive）的愛蜜莉・伯恩斯（Emily Burns）等這群女孩幫！我更要感謝我親愛的經理人露西（Lucy）和米麗會在我悄無聲息時試探地傳送多封「親愛的，妳還好嗎？」的WhatsApp簡訊，關心我好不好；感謝妳們總是為我著想，當起我最有力的啦啦隊。

我也要向所有一路支持我的親友致敬，尤其是容我測試他們有多愛整潔的梅爾、薩米喬

（Sammy-Jo）、羅倫（Lauren）、莎莉和麥特。同時，我更要感謝我的書籍寫作導師莉莉（Lily），她自始至終都牽著我的手，陪著我一起完成本書。

我超感謝先生馬克，當我說我還有一些工作要做但其實意味著還要三個小時，你從不埋怨或是豎起眉毛表示懷疑；也謝謝你來到我的辦公室，並在我每每達到字數的里程碑，就對空氣揮拳以示慶祝。你是最棒的。最後，我想感謝我的爸媽——珍（Jane）和史帝夫（Steve）。老媽，感謝您在聽到我獲得出版合約的當下，整個高興到活蹦亂跳的；您或許是個囤物狂，但確實很讓人崇拜。老爸，感謝您從一開始就相信我當起部落客的事，並在我倆每天通勤前往倫敦的路上，替我謀劃該怎麼進行這番大事業。謝謝您們要我在每週六早上打掃自己的房間。您們永遠都是我最愛的潔癖狂。

Creative 186

質感生活編輯術：讓48萬粉絲信任的安娜主編，一點一滴創造你的理想人生

文字、攝影｜安娜・牛頓（Anna Newton）
譯　　者｜侯嘉珏
出 版 者｜大田出版有限公司
台北市一〇四四五中山北路二段二十六巷二號二樓
E-mail｜titan@morningstar.com.tw http://www.titan3.com.tw
編輯部專線｜（02）2562-1383 傳真：（02）2581-8761

總 編 輯｜莊培園
副總編輯｜蔡鳳儀
行政編輯｜楊雅涵／鄭鈺澐
校　　對｜黃薇霓／侯嘉珏
內頁美術｜陳柔含

初　　刷｜二〇二三年三月十二日　定價：四九九元

網路書店｜http://www.morningstar.com.tw（晨星網路書店）
TEL：（04）2359-5819 FAX：（04）2359-5493
購書E-mail｜service@morningstar.com.tw
郵政劃撥｜15060393（知己圖書股份有限公司）
印　　刷｜上好印刷股份有限公司
國際書碼｜978-986-179-788-5 CIP:192.5/111020582

填回函雙重禮
①立即送購書優惠券
②抽獎小禮物

國家圖書館出版品預行編目資料

質感生活編輯術：讓 48 萬粉絲信任的安娜主編，一點一滴創造你的理想人生／安娜・牛頓（Anna Newton）著；侯嘉珏譯．——初版——臺北市：大田，2023.03
面；公分．——（Creative；186）

ISBN 978-986-179-788-5（平裝）

192.5　　111020582